本书为教育部人文社会科学研究基金规划项目

上海合作组织区域经济合作问题研究

A Study on Regional Economic Cooperation of Shanghai Cooperation Organization

肖 德◎著

人民出版社

目　录

图表索引

图索引

表索引

导　论

一、研究的背景与问题的提出

第二次世界大战以来，世界经济出现了两种整合方式，一种是以WTO为代表的多边贸易体制，另一种是以欧盟为代表的区域经济合作机制。这两种不同的经济整合方式使世界经济的发展出现了两种看似相悖的趋势——全球化和一体化。全球化以跨国公司在世界范围内追求利润最大化为重要驱动力，但因各国在国家利益上存在的巨大分歧，使其在将微观的经济发展趋势上升到宏观的国家政策的过程中频频受阻。WTO坎昆会议失败以后，各国逐渐将热情转移到区域经济一体化上，冀望以区域的经贸安排来实现本国乃至本地区的利益最大化，从而迂回地推动全球化的发展。

在这种背景下，中国参与区域经济合作就成为一种必要的战略选择。自改革开放以来，中国经济一直保持着高速增长，这种高速的经济增长在提升中国综合国力的同时，也使一些发达国家视中国为其潜在的竞争对手和巨大威胁，甚至引起了部分发展中国家不必要的担忧和恐慌。为了逐步摆脱这种不利于发展的国际环境，同时也有效缓解日益严重的国内能源短缺问题，中国在促进本国与其他国家或地区经贸往来的同时，也强调要在优先发展与美国的友好关系之外，实施

"与邻为善、以邻为伴"战略,通过"睦邻、安邻、富邻"加强与亚洲邻国的相互信任与合作,缓解热点地区紧张局势,努力实现亚洲的和平与安宁。① 上海合作组织是第一个由中国倡导建立的区域性组织,它的发展顺应这一战略转型。

上海合作组织的前身是"上海五国",由中国、俄罗斯、哈萨克斯坦、吉尔吉斯斯坦、塔吉克斯坦五国元首在 1996 年 4 月共同发起成立。"上海五国"成立的最初目的是促进中国与俄、哈、吉、塔四国边界问题的解决,加强边境地区信任和裁军。冷战结束以后,由于中亚滋生蔓延的恐怖主义、分裂主义和极端主义"三股势力"活动日益猖獗,经中方积极倡议和大力推动,于 2001 年 6 月 15 日,中国、哈萨克斯坦、吉尔吉斯斯坦、俄罗斯、塔吉克斯坦、乌兹别克斯坦六国决定在"上海五国"机制基础上成立上海合作组织。

随着上海合作组织在政治、军事、安全领域合作中日益制度化和规范化,各成员国拓展其在经济领域合作的愿望也越来越强烈,因此推进和深化上海合作组织的区域经济合作就逐渐成为一种现实需要。而上海合作组织成员国在贸易和能源等经济领域的巨大合作潜力,又为其开展区域经济合作奠定了基础。在贸易合作方面,上海合作组织成员国总面积 3017 万平方公里,占欧亚大陆的 3/5;人口 15.1 亿,占世界的 1/4。其成员国之间不仅在经济上具有互补性,而且相互接壤,有利于边境贸易的开展,具有较大的贸易潜力。在能源合作方面,上海合作组织所处区域的能源储备异常丰富,俄罗斯、哈萨克斯坦、吉尔吉斯斯坦、塔吉克斯坦和乌兹别克斯坦拥有丰富的油气资源,因此上海合作组织成员国之间进行能源合作的潜力巨大。

考虑到这种情况,上海合作组织在成立之初,各成员国就在《上海合作组织成立宣言》中明确提出,上海合作组织将利用各成员国之间在经贸领域互利合作的巨大潜力和广泛机遇,启动贸易投资便利化进程,开展区域经济合作。经过近几年的发展,上海合作组织在

---

① 张锡镇:《中国入世与中国—东盟自由贸易区》,《联合早报》2001 年 11 月 27 日。

区域经济合作方面也取得了一定成果。

首先，各成员国之间的贸易和投资进一步增大。据中华人民共和国驻俄罗斯联邦大使馆经商参处统计，俄罗斯驻华商务总代表齐布拉科夫表示，2007年俄中双边贸易额已达到470亿美元，中国已跃升为俄罗斯第三大贸易伙伴。据中华人民共和国商务部网站资料，2007年中哈双边贸易额达139亿美元，提前3年实现突破100亿美元的目标。双方在能源、铁路、电信、矿产资源等领域的合作不断加深，相互投资和经济技术合作规模日益扩大，两国合作机制逐步建立和完善。据中国海关统计，2007年，中国与乌兹别克双边贸易额达11.29亿美元，比2006年增长16.2%。其中我国对乌出口7.66亿美元，同比大幅增长88.6%，自乌进口3.63亿美元，同比下降35.8%，我方顺差4.03亿美元。其次，各成员国在能源、交通、电信以及其他方面都有经济技术合作项目。据上海合作组织区域经济合作网的资料显示：2005年年底，中哈石油管道一期工程正式竣工投产，中哈第二阶段输油管线已于2008年开工；2006年5月，俄罗斯电信公司开通了从俄罗斯别洛戈尔斯克和布拉戈维申斯克市至中国黑河市间的商业光纤线路；黑河市利用其独特的区位和资源优势，加快新型工业化进程，精心打造边境经济合作区，2004年至2007年，已累计完成固定资产投资近8亿元，新建千万元以上项目13项。随着总体经济实力的壮大和综合竞争能力的提升，黑河边境经济合作区进入了又好又快发展的新阶段。

上海合作组织初步开展区域经济合作取得的成果极大鼓舞了各成员国推进区域经济合作的信心。在2007年8月的上海合作组织成员国元首理事会第七次会议上，成员国元首共同签署了《比什凯克宣言》，并在《宣言》中指出要进一步加强在信息安全和能源等领域的合作。① 中国国家主席胡锦涛出席了会议，并在会上对上海合作组织的发展提出了四点建议。他认为，要将该地区建设成一个持久和平、

---

① 《上海合作组织比什凯克宣言》，《光明日报》2007年8月17日，http://www.gmw.cn。

共同繁荣的和谐地区，就必须要加强战略协作，巩固睦邻友好；要深化务实合作，带动全面发展；要进一步拓展人文交流，夯实社会基础；要坚持开放合作，维护世界和平。胡锦涛主席的讲话，不仅体现了中国始终不渝地奉行"与邻为善、以邻为伴"的方针，而且也显示了上海合作组织在维护国际和地区安全、构建和谐地区方面的独特作用。

上海合作组织的建立，不仅加强了成员国之间的友好关系，为本地区的经济发展提供了良好的政治安全保障，而且也提高了本地区在国际政治经济格局中的地位。在上海合作组织成员国中，除中国和俄罗斯外，其余四国均位于中亚，是新欧亚大陆桥的必经之路，是连接东西方交通的走廊，被誉为"欧亚大陆的巴尔干"。在地缘相邻的国家基础上建立起来的规模较大的上海合作组织，无论是出于经济目的或政治需求都具有重要的战略意义，在国际政治经济格局中占有不可忽视的地位。

该组织国际地位的不断提高，又为上海合作组织的发展提出了更高的目标。在 2006 年举办的首届欧亚经济论坛上，与会的不仅有上海合作组织成员国政府和新近加入的伊朗、蒙古、巴基斯坦、印度这四个观测员国高官，还包括日本、尼泊尔等国的官员及企业家和专家。在这种情况下，上海合作组织推进区域经济合作，既是上海合作组织发展的必然结果，也是"共同发展"的上海精神的本质要求，更是亚洲各国特别是各成员国谋求经济持续发展的共同愿望。

同时，发展区域经济合作也是巩固和加强上海合作组织的需要，完全符合各成员国发展壮大和繁荣经济的根本目的。在经历了 20 世纪 80 年代和 90 年代的高速增长后，进入 21 世纪初的中国经济，依然呈现出强劲的发展态势和活力。经过十多年的转型，如今的俄罗斯已打破了经济混乱与倒退的局面，开始走上以能源增长为基础的经济复兴之路。在阿富汗战争后，随着"三股势力"压力的减轻，中亚各国也把更多的力量投入到经济领域，致力于解决经济和社会发展中的问题。可见，区域经济合作已成为上海合作组织发展中的主要问题。

二、研究思路与主要内容

关于如何拓展和深化上海合作组织在区域经济合作领域已有的成果，应该首先明确上海合作组织区域经济合作的发展前景。要了解上海合作组织区域经济合作的发展前景，就必须先了解全球范围内区域经济合作的形式和机制，以此来铺垫上海合作组织开展区域经济合作的理论基础；在分析全球范围内区域经济合作的现状、成效和上海合作组织开展区域经济合作可行性的基础上，进而确定上海合作组织区域经济合作的形式、领域和内容；然后，分析上海合作组织区域经济合作的效果；最后，从微观和宏观两个层面，分别提出我国政府和企业促进上海合作组织区域经济合作应该采取的措施。

围绕这一思路，本书分为五章：

第一章，区域经济合作及其理论基础。第一节是从合作深度和性质来区分区域经济合作的形式，并简要介绍区域经济合作的发展历程、现状及呈现的新特点。第二节分析了区域经济合作的成因和动力，并从合作博弈理论、联盟理论和交易成本理论等方面进行论述。第三节介绍了区域经济合作的效应，包括经济效应和非经济效应。

第二章，全球区域经济合作成效分析。这一章共四节，分别从WTO多边贸易体制角度、区域经济合作组织的整体层面、成员国层面三个层次分析了全球区域经济合作的成效，并以南方共同市场为例，应用引力模型对其成效进行了实证分析。分析结果表明：第一，从多边贸易体制与区域经济一体化两者的关系来看，区域经济合作不仅加速了多边贸易自由化的发展，而且强化了多边贸易体系；第二，无论是从区域经济合作组织的整体层面还是从成员国层面来看，区域经济合作在经济领域和非经济领域都取得了良好效果。第三，实证分析结果表明，区域经济合作对成员国双边贸易具有重大的影响。

第三章，上海合作组织区域经济合作的可行性分析。第一节在介绍上海合作组织发展历程和现状的基础上，从贸易合作、投资合作、能源合作及其他合作四个方面分析了上海合作组织现行区域经济合作的特点；第二节应用引力模型、贸易结合度、双边贸易专业化指数、显示性比较优势指数、互补度指数等并结合激励相容理论，从贸易与发展潜力、贸易结构与比较优势和政府态度三个角度分析上海合作组织推进区域经济合作的基础条件；第三节从经济、政治、其他因素三个方面分析了上海合作组织区域经济合作可能存在的障碍。

第四章，上海合作组织推进区域经济合作的措施。第一节论述了上海合作组织的宗旨、原则、基本构架；第二节介绍了上海合作组织各成员国及各观察员国的区域经济合作的现状；第三节阐述了上海合作组织推进区域经济合作的发展目标和范围；第四节在综合考虑前三节内容的基础上，从组织层面分析了推进上海合作组织区域经济合作的措施。上海合作组织的长期发展目标是建立自由贸易区，但是就目前情况看，在上海合作组织框架下推进区域经济合作具有极大的挑战性。因此，上海合作组织在推进其区域经济合作时，应遵循市场经济原则、平等互利原则、区域经济合作的机制化原则，循序渐进、由易到难地逐步推进双边与多边经济合作，并要积极发挥中国与俄罗斯的带头作用，通过制度创新与政策激励机制，有步骤地推动上海合作组织区域经济合作。

第五章，中国与上海合作组织区域经济合作。第一节在介绍中国与上海合作组织其他成员国的关系包括已取得的成果以及存在的局限或滞后因素的基础上，分析了中国在上海合作组织中的地位和作用。第二节分析了中国推进上海合作组织区域经济合作的必要性和在政治、经济和军事上的重要战略意义。第三节用引力模型，以中国为例，分析了在上海合作组织框架下成员国将可能获得的经济效应。第四节在分析中国在推进上海合作组织区域经济合作中遇到的问题的基础上，在 GATT/WTO XXIV 条的法律框架下，从政府和企业两个层面，提出了中国政府促进上海合作组织全方位区域经济合作应采取的措施和企业的应对策略。

三、研究现状及相关文献综述

（一）区域经济合作研究综述

国际上对区域经济合作的研究始于 20 世纪 50 年代初期，这些研究是伴随着欧洲一体化的发展进程而进行的。对区域经济合作研究较有建树的学者很多，例如：雅各布·瓦伊纳（Jacob Viner）、贝拉·巴拉萨（Bela Balassa）、戴维·米特兰尼（David Mitrany）、厄恩斯特·哈斯（Emst Haas）、卡尔·多伊奇（Karl W. Deutsch）、罗伯特·基欧汉（Roben O. Keohane）、约瑟夫·奈（Jtxseph S. Nye）、贝妊特·科勒—科赫（BeateKo. Ner—Koch）、安德鲁·莫拉维斯克（Andrew Moravcsik）、詹姆斯·多尔蒂（JaiTles E. Dougherty）和小罗伯特·昔法尔茨格拉夫（Robert L. P. Faltzgraff）等。他们都从不同角度对区域经济合作进行了理论和实践探讨，提出了独特见解。在这之中，比较具有代表性的理论有五种：关税同盟理论、自由贸易区理论、共同市场理论、协定性国际分工理论、综合发展理论。[①] 虽然这五种理论的研究对象和主要内容存在着很大差异，但是其研究的问题却具有共同点，这主要反映在三个方面：第一，区域经济合作与 WTO 多边贸易体制是什么关系？第二，区域经济合作的动因是什么？第三，区域经济合作的成效是什么？由于第二个问题在第一章中会有比较详细的阐述，因此在此就只针对第一、三个问题简要介绍国内外学者最近十几年的研究成果。

1. 区域经济合作与 WTO 多边贸易体制的关系

区域经济合作有多种表现方式，Andrew Wyatt-Walter 认为"从原则上说，经济区域化可以涉及毗邻经济体之间的商品市场一体化（通过优惠贸易区，自由贸易区或关税联盟实现），进而至商品生产

---

① 梁双陆、程小军：《国际区域经济一体化理论综述》，《经济问题探索》2007 年第 1 期。

要素市场一体化（共同市场），再而至市场与政策一体化（经济与金融同盟），以致完全的经济和政治同盟"①。具体而言，根据成员之间贸易自由化程度的不同可划分成六种形式：优惠贸易安排、自由贸易区、关税同盟、共同市场、经济同盟、完全经济政治一体化。其中以自由贸易区和关税同盟最为重要，影响最为广泛。

在区域经济合作的发展过程中自由贸易协定一直占据主导地位，到 2006 年 6 月 15 日为止，向 WTO 通报并已生效的 FTA（自由贸易协定）有 126 个，在所有已生效的区域贸易协定中占 64%。RTA（区域贸易协定）的这种迅猛发展引起了众多学者对于 RTA 与 WTO 多边贸易体系关系的高度关注。

随着 RTA 数量的不断增加，RTA 之间的重叠程度也不断提高，Bhagwati（1992）提出 RTA 是否威胁到了多边贸易体系这个问题，同时 Krueger（1995）也担心区域性 FTA 的建立将会产生寻租者。西雅图 WTO 部长会议的失败使这些问题更加值得关注。Jo-Ann Crawford，Sam Laird（2001）对近年来 RTA 的快速增加所引发的上述问题分别进行了分析、解答。许多学者单纯从法律的角度，如 Foost Pauwelyn 研究 WTO 保障机制针对区域贸易集团做出的对应措施，范黎虹、韩龙（2006）、周阳、张洁（1999）等也分析了区域贸易集团与 WTO 基本规则之间的法律关系。陈泰锋和贺剑瑜（2005）对 20 世纪 90 年代区域经济合作呈现出的许多新特点、新变化和新动向将会对全球经济运行机制和发展格局产生的深远影响进行了剖析，并阐明了多边贸易体制和区域经济合作之间的关系以及相互影响。

在世界多边贸易体制由于种种原因无法一蹴而就的情况下，RTA 不失为迈向这个最高目标的过渡阶段，在各个区域内首先实现贸易自由化，最终通过各个区域经济集团的相互融合实现多边贸易自由化。国内外学者普遍认为 RTA 的实施能够在某种程度上弥补多边贸易体制的不足，Richard H. Snape 对这一问题进行了深入的研究。布瑞

---

① Andrew Wyatt-Walter: *Regional, Globalization and World Economic Order, Regionalism in World Politics*, Oxford University Press, 1995.

恩·麦克唐纳认为 RTA 给予了那些不论是从经济条件还是从地理条件来说都有能力实行自由化并愿意实行自由化的国家很大的贸易自由化空间，以确保世界在寻求解决自身问题的最佳方法时不会停滞不前，也不会浪费时间。传统理论认为，经济发达国家和发展中国家很难结成经济集团，而国内学者古惠冬（2001）针对北美自由贸易区建立问题对这一理论进行了深入分析，提出了自己的观点。

2. 区域经济合作在经济领域的成效

对于全球区域经济合作的静态效应分析主要从两个方面体现：贸易转移和贸易创造。贸易创造效应，是指区域组织内关税和非关税壁垒的降低和取消，导致成员国将高成本的国内生产转为低成本的成员国生产。贸易创造表示，区域组织内形成了规模效应，改善了区域内的资源配置，提高了区域内各国的福利。贸易转移效应，是指区域组织内关税和非关税壁垒的降低和取消，导致成员国从非成员国减少进口，将从非成员国的低成本进口转向从成员国的高成本进口。国内外学者用于静态效应分析的最常用工具就是引力模型。20 世纪 80 年代以来，引力模型在国际贸易研究领域被广泛地加以应用，尤其是在分析区域经济集团的成效上，具有较强的说服力。Celine Carrere（2002）用引力模型对贸易流向进行了实证分析，结果显示大部分区域贸易协定在使区域间贸易增加的同时，通常从世界其他各地的进口和出口也都成倍地减少了，这证明区域贸易协定产生了明显的贸易转向效果。而国内学者舒波（2004）等人通过对北美自由贸易区成效的研究，认为区域经济合作的开展大大加快了其成员国的贸易自由化程度，关税与非关税壁垒的取消不但扩大了地区市场容量，还加强了各成员国间优势互补和地区范围资源的有效配置，从而形成了"贸易创造效应"。刘兴华（2006）等人还对东盟产生的成效进行了分析。此外 Jeffrey Frankel 认为正式的区域安排还对贸易模式产生明显影响，而且远超乎近邻之间的自然通商。石岚、毛志文（2006）对区域经济合作推动跨国公司发展从而促进产业内贸易发展的问题进行了分析。

Lisandro Abrego、Raymond Riezman、John Whalley（2005）使用

了定量方法——一般均衡模型对关税同盟中的国家进行了分析，结果显示关税同盟增加了全球福利。从发达国家之间组建关税同盟的福利效应来看，由于供给和需求曲线较为平坦，贸易创造效应较大，且非成员国的产品成本不占优势，贸易转移效应较小，因而贸易创造效应大于贸易转移效应，福利正效应较为明显。宋岩、侯铁珊（2006）对区域贸易协定成员国社会福利效应进行纳什均衡分析，得出区域贸易协定的建立不但能够进一步深化多边贸易合作，从而维持成员国的福利水平，并能进一步强化非成员国寻求加入某个区域贸易组织以使本国福利水平最大化动机的结论。

布朗、罗布森、库珀和小岛清等人进一步研究了标准的区域经济合作理论对发展中国家的适用性，认为发展中国家之间区域经济合作静态效应不明显，发展中国家借鉴标准的区域经济一体化理论应强调区域经济合作的动态效应和对外保护作用。区域经济合作的动态效应主要包括规模经济效应或市场扩大效应、促进竞争效应和吸引外资效应。张燕（2003）对区域经济合作产生的规模经济效应进行了分析，认为在规模经济和收益递增的驱动下，产出规模扩大带来生产成本下降，而不完全竞争和收益递增的存在，则为国家和区域采取战略性贸易政策创造竞争优势提供了可能。张红霞、李平（2004）对区域经济合作带来的竞争效应进行了分析。希托夫斯和德扭的"大市场"理论即共同市场理论认为区域经济合作的开展使区域外国家为了保持原来的市场和产品竞争优势，会选择将生产转移到区内，绕过关税和非关税壁垒。因此，区域经济合作使外资通过区内设厂生产，绕开区域经济同盟的壁垒限制，从而产生了大量资本流入，吸引了外资。Susan F. Stone，Bang Nam Jeon（2005）分析认为区域经济合作的开展不但使国际直接投资增加，从而扩大了市场，而且还在一定程度上催生出新的贸易流。张红霞、李平（2004）以及庞效民（1998）等都对"南北型"区域经济合作组织能够吸引外国投资的原因进行了分析，并对典型的区域经济合作组织进行了剖析。

除上述经济成效外，王瑛（2004）还认为区域经济发展具有不同的梯度，这种梯度产生了经济技术推移的动力，从而为区域经济合作发展提供了"多赢"的合作动力。陈秀莲（2006）、杨丹辉（2006）等学者研究了区域经济合作对国际产业转移的影响，认为区域经济合作的开展不但推动了区内贸易的增长，还使成员国通过市场竞争机制，充分利用现有要素禀赋发展具有比较优势的产业，实现产业结构升级，并保持较高产业转移增速从而使成员国从中受益，实现资源的优化配置，并促进技术进步。

3. 区域经济合作在非经济领域的成效

国内学者如王逸舟、李少军、李向阳、庞中英、肖欢容、时殷弘、门洪华、袁正清等，国外学者如 Richard N. Cooper、Charles P. Kindleberger、Susan Strange、Robert Gilpin、Keohane、Joseph Nye 等则从国际政治经济学的视角采用基于自由主义的国际机制研究方法、基于现实主义的大国关系研究方法和国内政治研究方法及基于建构主义的社会化研究方法，分析了地区主义和新地区主义。在此框架下，梅学惠、卢光盛（2005）还从地缘经济学的角度对区域经济合作在非经济领域产生的成效进行了分析。研究显示区域经济合作产生的非经济收益主要体现在区域政治、安全、文化融合、公共产品合作及外交等方面。Maurice Schiff、L. Alan Winters 认为区域经济合作稳定了邻国之间关系，潜在的影响是能缓解紧张局面，降低邻国间移民、武装冲突发生的可能性，并改善成员国之间的外交关系，提高其国内安全系数。李向阳（2005）分析认为区域经济合作的不断深化，使各国间的相互依赖度不断加深，从而促进了区域范围内公共产品，如环境保护、能源合作、打击跨境犯罪等方面合作的逐渐增加。国内学者朱显平、李天籽（2006），王萍（1998），张骥、闫磊（2004）等分别对东盟、南方共同体、欧盟等主要区域经济合作组织的非经济成效进行了分析。

除上述在非经济领域产生的成效外，部分学者还对区域经济合作产生的非传统收益进行了分析。刘玉贵、张雯（2006）认为区域经济合作促使各国保持其政策的连贯性、可信性，并不断建立起协调一致的机制，从而锁定改革进程，不断完善政治体制、社会制度，逐步提高政府信誉。Fernandez, R. J. Portes 分析认为一国加入区域合作组织有助于向外界发出清晰而可靠的信号，以吸引投资者。李向阳（2003）认为区域经济合作使小国有机会通过让步获得大国给予的"保险"以获得进入大国市场的保障和免除发达国家歧视性的反倾销行动。Patterson（1966）分析认为区域合作可以使成员国"更好地抵御其他区域集团的歧视性影响"，从而提高自身在国际规则制定中的讨价还价能力和影响力，实现谈判国家利益的最大化。

（二）利用引力模型分析贸易效应的研究综述

引力模型是对双边贸易进行实证研究时经常使用的模型之一，其思想起源于牛顿的"万有引力定律"。最早将引力模型应用到国际贸易领域的是 Tinbergen（1962）和 Poyhonen（1963）。他们指出两国的双边贸易流量的规模与它们各自的经济总量呈正比，而与它们之间的距离呈反比。其中，出口国的经济总量反映了潜在的供给能力，进口国的经济总量反映了潜在的需求能力，双方的距离（运输成本）则构成了两国之间贸易的阻力因素。原始的引力模型采取对数形式后表示如下：

$$\ln X_{ij} = \beta_0 + \beta_1 \ln(Y_i Y_j) + \beta_2 \ln D_{ij} + u_{ij}$$

其中，X_{ij} 代表 i 国对 j 国的出口额；Y_i 和 Y_j 分别表示 i 国 j 国各自的 GDP；D_{ij} 表示 i、j 两国之间的距离；β_0 为常数项，β_1 和 β_2 为 X_{ij} 对 $(Y_i Y_j)$ 和 D_{ij} 的弹性，u_{ij} 为随机误差项。通过对数变换基本上克服了引力方程的异方差问题。

随后，Linnemann（1966）将人口数量作为衡量一个国家规模的变量加入引力模型分析并获得了较好的效果。之后对贸易引力模型的发展主要局限在增加解释变量上。这些不断扩展的解释变量包括：非关税覆盖指数、双边汇率、人均收入、共同语言、人口密度、人口资本密集度、消费者价格指数、消费者偏好差异、运输成本因素等。[1] 20 世纪 80 年代以来，引力模型在国际贸易研究领域更是被广泛地加

---

① 张杰、古斯达·克里斯坦森：《引力模型在国际贸易理论中的发展和应用——兼论欧共体与其他国家（地区）的贸易》，《国际贸易问题》1996 年第 1 期。

以应用，尤其是在分析区域经济集团的贸易效应上，具有较强的说服力。如 Matyas（1997）以混合横截面数据固定效果的方式对区域集团效应所做的分析。① 经济学家为了检验政策、历史、文化等因素对双边贸易流量的影响，又逐步将优惠贸易协定、贸易限制措施、殖民关系、共同语言等指标加入到引力模型中（IMF，2002）从而使引力模型得以更好地解释现实中的经济现象。许多学者应用贸易引力模型对国际贸易流量和流向做了实证分析，主要有 Tinbergen（1962）、Bergstrand（1985，1989）、McCallum（1995）、Balistreri（2003）、Anderson 和 Wincoop（2003）等。他们的回归方程大多为对数线性，虽然他们的解释变量不尽相同，但回归结果大都能有力地解释贸易量。

引力模型的理论基础是传统的 H—O 贸易理论和新贸易理论。传统的引力模型包括以下三个变量：出口国贸易流的经济影响因素、进口国贸易流的经济影响因素以及贸易成员国间存在的加强或限制贸易流的自然因素或人为因素。② Anderson（1979）、Bergstrand（1985，1989）最早从国家产品差异性尝试为引力模型提供经济原理基础，Bergstrand 为我们提供了引力模型完善的理论基础并将传统的引力模型进行了推广。对于一些学者对模型本身提出的不同程度的质疑，如 Baldwin（1994）和 Leamer（1994）认为模型本身缺乏理论基础，引入更多的解释变量固然会使贸易引力模型能够更好地解释实际贸易，但是由于引力模型自身缺乏坚实的理论基础，因此引入过多的解释变量反而会让模型的解释能力变差。这个问题已经由 Deardorff（1998）、Eaton and Kortum（1997），Helpman and Krugman（1985）分别运用 H—O 定理，比较成本模型和新国际贸易理论做了解释，因此引力模型还是能够分析双边贸易流量的。

---

① MATYASL: "Proper Econometric Specification of the Gravity Mode", *The World Economy*, No. 3, Vol. 20, 1997.

② David Karemera, Wilbur I. Smith, Kalu Ojah and John A. Cole: "A Gravity Model Analysis of the Benefits of Economic Integration in the Pacific Rim", *Journal of Economic Integration*, Vol. 14, 1999.

目前国际上采用实证方式分析区域经济合作组织所产生的贸易效应，主要是利用引力模型分析贸易创造效应和贸易转移效应、国家之间的贸易潜力以及贸易与外商直接投资（FDI）之间的关系。现分述如下：

1. 利用引力模型来分析贸易创造和贸易转移效应

解释变量的精确构造和度量依据的不同，使引力模型能以不同的形式准确衡量出区域贸易协定（RTA）所产生的贸易创造和贸易转移效应。Aitken（1973）、Baldwin（1989）、Kreinin and Plummer（1992）、Bhagwati and Panagariya（1996）、M. Kabir Hassan（2000）、Isidro Soloaga and L. Alan Winters（1999）、Clausing（2001）以及Lucian Cernat（2001）通过 RTA 对国家之间双边贸易流量的影响和对 RTA 内外各国贸易条件的影响，分别核算贸易创造和贸易转移效应。在此基础上，Sucharita Ghosh 和 Steven Yamarik（2001）用极端界限分析法检验 RTA 产生贸易创造的稳健性。

Baldwin（1989）研究了欧盟市场的深化所产生的区域经济一体化静态效应。其对 RTA 非成员国的影响是增加了其出口的需求，对 RTA 成员国的影响是提高了成员国国内公司的竞争力。Kreinin 和 Plummer（1992）对 NAFTA 如何影响东盟进行了研究。通过度量贸易条件估计了贸易转移。其研究表明，这些国家为了保持市场份额而降低出口价格，恶化了贸易条件。实证研究表明，贸易转移是东盟向北美出口量的 4%，也有一些部门的投资转移到北美。Bhagwati 和 Panagariya（1996）认为在进行实证分析时，所选择的精确方程形式明显影响了所估计的福利效应。

M. Kabir Hassan（2000）采用 1996 年和 1997 年 27 个国家的数据，建立引力模型分析南亚区域合作联盟（SAARC）内部的贸易。经过实证分析得出，SAARC 产生了贸易创造效应，提高了福利。

Isidro Soloaga 和 L. Alan Winters（1999）采用 1980～1996 年 58 个国家的非燃料进口数据，衡量了贸易创造效应，分别得出优惠贸易区（PTA）对区域内贸易、成员国总进口和总出口的单独作用，检验了除贸易区域创造以外的贸易模式的巨大改变，发现 PTA 并没有显著推动区域内贸易，并且 EU 和 EFTA 还存在贸易转移。

Clausing（2001）估计了在加拿大—美国的 FTA 中，存在大量贸易创造效应。证实了 FTA 推动了美国和加拿大之间的贸易，使两国的贸易量越来越大，但对其与非成员国的贸易无影响。

Lucian Cernat（2001）通过扩展引力模型分析了 9 个 RTA（其中 7 个是发展中国家之间的 RTA）对成员国之间以及成员国和非成员国之间的贸易模式的影响。从而考察了南南 RTA 对贸易流量的影响。通过创新性地将两个虚拟变量引入引力模型，成功地度量出了贸易创造效应和贸易转移效应。实证研究表明，南南 RTA 所产生的贸易转移效应并不比其他类型 RTA 所产生的贸易转移效应更大。南南 RTA 所导致的不断增长的区域内贸易和与非成员国间的贸易不断增长可能是由于 RTA 取消了许多不可见的贸易壁垒所致。

Sucharita Ghosh 和 Steven Yamarik（2001）用极端界限分析法检验 RTA 产生贸易创造的稳健性。通过纳入以往信息并用系统方法对系数进行稳定性检验，得出贸易创造是不稳定的。当用 OLS 将权重全部赋予样本时，12 个 RTA 中有 8 个是贸易创造的。而当估计中的相对权重转移到以往信息时，产生贸易创造的 RTA 为 6 个。在极端界限分析中，当将权重全部赋予以往信息时，没有 RTA 产生的贸易转移。

2. 利用引力模型分析国家之间的贸易潜力

在运用引力模型对一国或多国的国际贸易发展潜力的实证研究方面，国际上的学者主要有 Kalbast（2001）、Christie（2002）、Celine Carrere（2002）、Rahman（2003）以及 Amita Batra（2004）等。

Kalbast（2001）采用 76 个样本国的数据，通过将国家分为发展中国家和工业化国家两类，用贸易流量考察双边贸易发展的阶段所产生的影响，来分析伊朗的贸易量和贸易方向。Christie（2002）选取 1996～1999 年的横截面数据，预测了东南欧的贸易潜力。Rahman（2003）选取了诸如开放度、汇率等经济因素，采用面板数据预测了孟加拉国的贸易潜力。Celine Carrere（2002）采用 1962～1996 年的 130 个国家包括 7 个 RTA 在内的面板数据，通过建立引力模型来度量

RTA，发现大多数 RTA 使区域内贸易的增长超过了引力模型所估计的水平。

Amita Batra（2004）运用扩展的引力模型采用 2000 年的截面数据，将 GDP、人均 GDP、距离、邻国、共同语言、殖民历史、内陆、岛国和区域贸易安排等作为解释变量，来解释包括印度在内的多个国家之间的双边贸易额，估计了收入弹性、距离弹性以及其他一些地理、历史因素的影响。据此分析印度在全球范围内与各区域组织和国家之间的贸易潜力。贸易潜力分析表明，印度与西欧、北美、亚太地区的贸易潜力最大。Laura Marquez-Ramos 和 Inmaculada Martinez-Zarzoso（2005）根据收入水平，将国家分为发达国家和发展中国家两类，采用 1999 年 62 个国家的数据，利用扩展的引力模型，分析了发达国家和发展中国家在双边贸易流量决定因素上的不同。模型中加入了技术创新和交通设施等变量，用不考虑 0 值的最小二乘法（OLS）和考虑 0 值的 Tobit 模型两种方法进行估计。经过比较，由于相对于 OLS 而言，Tobit 模型在系数估计上有很大不同，所以应该将 0 值包括在模型中。估计结果显示，与发达国家相比，发展中国家的贸易流量比地理、文化等因素更为重要。而发展中国家技术创新和公共设施的系数非常显著。因此，投资技术创新和交通设施将会促进发展中国家的贸易发展。

3. 贸易与 FDI 之间的关系

学术界对于 FDI 与贸易之间的关系是互补还是替代的问题，一直存在争议。部分学者通过建立引力模型，用实证方法证明了 FDI 和贸易之间的关系。他们认为：一方面 FDI 会代替部分出口，但另一方面 FDI 也会促进贸易发展。

Mundell（1957）认为在生产要素自由流动、生产函数相同的前提下，FDI 可以完全替代贸易。Lipsey 和 Weiss（1981）采用 1970 年美国和 13 个其他主要出口国家向 44 个出口目的国的工业层次出口数据，得到美国跨国公司向外国的出口，随着其在外国生产的增加而增加，随其他国家在那里生产的增加而减少，即贸易与 FDI 是互补的。Markuson 和 Svensson（1985）通过改变 H—O 模型中的假设条件进行研究，得出如果贸易和非贸易要素是合作的，那么贸易和 FDI 互补，否则为替代。

Graham（1996）采用美国和日本的数据建立了两个引力模型，一个是出口的，另一个是 FDI 的，然后将这两个回归方程的残差做 L 回归。若这两个残差正相关，则表明 FDI 和出口之间的关系为互补，反之为替代。这种处理方法去掉了共同因素对 FDI 和出口的影响，有效地衡量了 FDI 和出口之间的关系。

Brainard（1997）研究跨国公司进行生产区位决策时，在很大程度上涉及对外直接投资与对外出口之间的相互抵消作用。Brainard 用不受外国和美国子公司影响的出口（进口）作为总出口（进口）来进行净出口水平回归，阐述同步性。她采用 1989 年美国的数据，通过实证分析得出，相对于出口而言的国外生产，随着贸易壁垒、运输成本、公司层次的规模经济、语言相似、政治风险以及与投资国邻近的增长而增长。东道国投资壁垒越高、投资国在工厂层次上的规模经济越大，那么在国外生产的比例就越小。她同时发现，美国跨国公司在国外销售和以往相同地区出口之间的关系是互补的，美国境内外国子公司的销售和外国母公司向美国的出口之间的关系也是互补的。值得指出的是，为了进行层次上的回归，用来表示同时性的工具变量在每一对外销售、出口、对内销售以及进口的引力模型都被单独用到。但是，不足之处是并没有进行同时性估计。

Brenton 和 Di Mauro（1999）在 Graham 的研究模型基础上，除了美国外，还加入了欧洲国家如法国、德国和英国的对外 FDI 流量。引力模型的实证结果表明 FDI 和出口之间是互补的。

Richard E. Baldwin and Gianmarco I. P. Ottaviano（1998）构造了一个拥有联产品①和最终产品的公司同时进行产业内 FDI 和产业内贸易的模型，这种双向 FDI 的思路与 Brander—Krugman 相互倾销模

---

① 联产品是指用同一种原料，经过同一个生产过程，生产出两种或两种以上的不同性质和用途的产品，这些产品在经济上有不同性质和用途，这些产品不仅在经济上有重要的意义，而且属于企业生产的主要目的。

型中的双向贸易类似。联产品公司通过在国外生产一些产品来降低贸易成本，从而减少品种之间的竞争。因为品种各不相同，所以所有的品种在所有的市场上进行销售。因此，当 FDI 取代一部分出口时，它也通过反向进口创造了贸易。这导致了贸易和 FDI 模式的平行性和相似性。该项研究以 FDI 的新动向为基础，阐述了最终产品部门的双向贸易和投资，得出贸易和投资是互补的结论。

Francesca Di Mauro（2000）用引力模型分析了 RTA 对 FDI 的影响，其中解释变量包括关税、非关税壁垒和汇率变动。实证结论是 FDI 和出口为互补关系。其突破在于，在前人的研究基础上，引入了关税、非关税壁垒和汇率变动，进一步排除了残差中仍存在的相同信息。

Walid Hejazi and A. Edward Safarian（2002）采用 1970～1998 年加拿大和其 29 个贸易伙伴的数据，考虑到 H—O 理论、新增长理论、公共政策和制度等因素，分析了汇率波动、金融市场流动性、R&D 投入、制度质量以及政策导向对 FDI 的影响，利用引力模型来实证分析加拿大的 FDI。将前一期对外 FDI 作为决定贸易的变量包括在出口贸易的引力模型中，而将前一期出口作为解释变量包括在对外 FDI 的模型中，考察出口和对外 FDI 之间的关系。并用类似的方法考察进口和对内 FDI 的关系。经过实证分析，得出贸易和 FDI 之间的关系是互补的。

Walid Hejazi and A. Edward Safarian（2004）采用 1970～2000 年的 53 个国家的数据，用引力模型估计 NAFTA 对美国分别与 52 个国家的贸易和 FDI 的影响，以及其贸易和 FDI 的相互关系的影响。通过分别建立两个引力模型，实证得出贸易和 FDI 之间为互补关系，且 NAFTA 对成员国和非成员国的影响不同。对成员国而言，NAFTA 产生了贸易创造。对于非成员国而言，NAFTA 大大减少了美国的 FDI，且美国对成员国的 FDI 大大减少。而美国对非成员国的 FDI 是：当非成员国越发达时，美国对其 FDI 越少。

（三）关于上海合作组织的国内外研究现状综述

伴随上海合作组织的发展，上海合作组织成员国及有关国家对上海合作组织特别是对其区域经济合作进行了广泛的研究，并取得了较多的成果。这主要表现在如下三个方面：

第一，中俄两国出版了一批学术著作。中国出版的相对多一些，有中国现代国际关系研究所民族与宗教研究中心著的《上海合作组织：新安全观与新机制》（时事出版社 2002 年版）、李钢主编的《上海合作组织——加速推进的区域经济合作》（中国海关出版社 2004 年版）、杨恕著的《转型的中亚和中国》（北京大学出版社 2005 年版）和俞新天主编的《在和平、发展、合作的旗帜下——中国战略机遇期的对外战略纵论》（中共中央党校出版社 2005 年版），等等。其中，笔者认为比较全面、比较有影响的是《上海合作组织——加速推进的区域经济合作》一书。该书对推进区域经济现实的基础条件、发展方向及成员国之间的双边经贸关系、中国在上海合作组织区域经济合作中的地位和作用都做了较深入的分析，是目前比较系统地研究上海合作组织区域经济合作问题的代表作。

《上海合作组织：新安全观与新机制》一书从追溯"上海五国"到"上海合作组织"的全部发展过程入手，客观地评价了这一组织在短短几年中取得的成功，分析了它在现阶段面临的任务和问题，并对其今后的发展趋势进行了预测性研究。在《转型的中亚和中国》一书中，作者认为上海合作组织所倡导的"上海精神"昭示着一种新型的安全观、一种国家间的关系和区域合作模式，它所体现的是一种结伴而不结盟，不针对第三国、开放性的新型合作模式，为国际社会开展区域合作提供了有益的启示。在《在和平、发展、合作的旗帜下——中国战略机遇期的对外战略纵论》一书中，作者阐述了上海合作组织作为以中亚为地理依托的区域合作组织，它是中国次区域合作的主要平台之一，上海合作组织的特点在于它是在中国直接倡导和推动之下启动的次区域合作组织，它最集中地体现了中国发展次区域合作的原则和理念。

俄罗斯对上海合作组织的研究也取得了一些成果。由俄罗斯战略研究所的科米辛娜、库尔托夫合著的《上海合作组织：新现实的形成》是俄罗斯学者有关上海合作组织的第一部专著。该书对上海合作组织的成立过程及内部的机构设置、现阶段的主要活动方向做了系统的介绍，分析了上海合作组织扩大的可能性及今后的发展前景。

第二，研究上海合作组织问题的论文也越来越多。目前中国对上海合作组织的效应分析大多进行的是定性研究，分别从不同角度考察上海合作组织在政治、军事、经济等领域进行合作的成因、机制、发展态势、现状、成效和必要性。比如梅俊杰（2004）评述了上海合作组织框架内经济合作的已有进展，分析了上海合作组织作为区域经济合作体的特殊作用，并提出了有关上海合作组织向区域经济合作体转型宜采取的对策。张陟遥（2005）在分析了全面推进上海合作组织区域经济合作的必要性和基本条件之后，提出上海合作组织区域经济合作应依次按以下四阶段路径进行，即：完善各国国内基础设施、政治、经济和法律法规环境；加强在重点和急需领域的合作；推进贸易和投资便利化，同时开展通讯、农业、环保、制造业等领域的合作；建立自由贸易区。狄湛和任飞（2005）在分析了上海合作组织区域一体化的理论基础和法律保障后，提出上海合作组织区域经济一体化进程为从贸易投资便利化到自由贸易区。而在有关上海合作组织区域经济合作的定量研究方面，迄今为止，笔者仅见到商务部欧洲司和国际贸易经济合作研究院联合课题组在分析了上海合作组织开展区域经济合作的有利条件和不利条件后，利用引力模型分析了该组织成员国在贸易便利化方面的现状、存在的问题及未来的改进方向，同时论述了成员国在投资领域的现状、问题及促进投资的主要措施，并在此基础上阐述了上海合作组织未来开展区域经济合作的基础原则、中长期发展目标和实施机制，以及中国在推动该组织区域经济合作中应持有的立场。

俄罗斯在这一方面比较有影响的是《上海合作组织的形成问题及俄罗斯和中国在中亚的协作》，该论文集是由俄罗斯科学院远东研究所就上海合作组织问题举行了两次有俄罗斯外交部、国防部专家参加的圆桌会议的内容整理形成的。该论文集收录的论文分析了中亚在国际政治关系体系中的地缘战略地位以及上海合作组织在维护中亚地区安全中的地位和作用，指出了在上海合作组织框架内经济合作、人文合作的前景及存在的问题。

第三，有一些有关中俄区域经济合作的论著也有助于我们分析上海合作组织的经济合作问题。如俄罗斯科学院远东研究所的亚历山德罗娃的《中国与俄罗斯：改革时期区域经济协作的特点》是研究中俄区域合作的重要著作，该书分析了中俄边境及区域合作的发展条件、中俄合作的法律基础、中俄之间的经济合作情况及特点、中俄双方在经济合作中的组织机构等，同时也指出了中俄区域合作的前景及存在的问题。该书的最大特点是有大量可供参考的数据，有助于分析在上海合作组织框架内经济合作的可能性问题。

在日本、德国及其他西方国家，有些学者也发表了一些研究上海合作组织包括对区域经济合作的文章。比较有代表性的是德国科学与政治基金会亚洲研究组组长 Gudrun Wacker。①

四、本书的研究方法与创新之处

（一）研究方法

通过分析全球经济合作的领域和经济合作的模式选择、全球区域经济合作的成效、上海合作组织区域经济合作的进程及各成员国开展区域经济合作的可行性，在数据许可的条件下，利用引力模型不仅可以实证分析区域经济合作在全球范围内的成效（以南方共同市场为例），而且还可以分析上海合作组织对中国产生的效应。

本书采用定量和定性分析相结合的研究方法。在上海合作组织推进区域经济合作可行性的问题上，站在中国加入 WTO 后所面临的新

---

① 华玉洁（Gudrun Wacker）：《上海合作组织：地区安全与经济合作》，《世界经济与政治》2005 年第 1 期。

的国际经济环境和区域经济合作已成为上海合作组织的关注重点的历史背景下，综合运用引力模型、贸易结合度、双边贸易专业化指数、显示性比较优势指数、互补度指数等多种数学工具和激励相容理论、新经济地理学等相关经济学理论来研究在 GATT/WTO XXIV 条约束下的上海合作组织区域经济合作问题。在上海合作组织对中国产生的影响这一问题上，以前人的研究为基础，采用上海合作组织内各成员国和观察国的数据，定量分析了上海合作组织对中国所产生的贸易创造效应、贸易转移效应、市场扩大和投资增加对中国出口的促进效应，定性分析了竞争效应。

（二）创新之处

1. 从构筑中国地缘战略体系的高度论述了推进上海合作组织区域经济合作对于中国的重要意义

在 2007 年 8 月的上海合作组织成员国元首理事会第七次会议上，中国国家主席胡锦涛在会上对上海合作组织的发展提出了"必须要加强战略协作，巩固睦邻友好；要深化务实合作，带动全面发展；要进一步拓展人文交流，夯实社会基础；要坚持开放合作，维护世界和平"的四点建议。这四点建议不仅体现了中国始终不渝地奉行"与邻为善、以邻为伴"的方针，而且也显示了中国在推进上海合作组织区域经济合作中的独特作用。中国作为上海合作组织的发起建立国，本身就对上海合作组织的发展具有天然的引导作用。同时，中国作为区域经济合作发展的主力，又对上海合作组织成员国的发展具有示范作用。而且，推进上海合作组织区域经济合作，也是"上海精神"的客观需要。因此，在这种情况下，中国开展与上海合作组织成员国的区域经济合作，不仅是解决中国实现可持续发展面临的国内外市场空间不足的客观需要，而且还能构筑起中国的地缘战略体系，具有重要的政治、经济和军事的战略意义。

在政治上，中国推进上海合作组织区域经济合作能够形成有效的地缘政治战略，最大限度地维护中国的国家战略意义。上海合作组织其他成员国，特别是中亚四国，所处的重要地理位置和丰富的自然资源对中国的战略安全具有举足轻重的作用，发展与这些国家的区域经济合作，不仅有利于解决中国与这些国家的一些政治难题，维护地区和世界的和平与稳定，而且有利于中国在新世纪打破美国对华的围堵战略，为中国进一步拓展市场提供有利的条件。

在经济上，中国推进上海合作组织区域经济合作是中国全方位区域经济合作战略的重要组成部分，这不仅有利于提高中国的经济地位，为全球经济合作积累经验，而且有利于提高区域内的社会福利，实现中国与上海合作组织成员国的共存、共享、共荣，更有利于我国与上海合作组织成员国共同抵御全球化带来的挑战，从而分散风险。

在军事上，中国推进上海合作组织区域经济合作有利于保障军事利益的协调性。以经济的一荣俱荣、一损俱损来和平地解决中国与上海合作组织成员国在军事上的各种争议和矛盾，继续优化中国经济发展的战略环境，维护地区乃至世界的繁荣与稳定。

2. 从 WTO 多边贸易角度、区域经济合作组织的整体层面和成员国层面分析了全球区域经济合作的成效

虽然目前国内外学者对全球区域经济合作的成效有不同的分析方法，但是从 WTO 多边贸易体制角度、区域经济合作组织的整体层面、成员国层面等三个层次分析全球区域经济合作的成效还是比较鲜见的。而且，目前不同类型的区域经济集团区域贸易自由化进展不一，但是从总体上来说，全球区域经济合作的效果显著。基于上述考虑，笔者就从 WTO 多边贸易角度、区域经济合作组织的整体层面和成员国层面分析了全球区域经济合作的成效，并以南方共同市场为例，应用引力模型对其成效进行了实证分析。

分析结果表明：第一，从多边贸易体制与区域经济一体化两者的关系来看，区域经济合作不仅加速了多边贸易自由化的发展，而且强化了多边贸易体系；第二，无论是从区域经济合作组织的整体层面还是从成员国层面来看，区域经济合作在经济领域和非经济领域都取得了良好效果；第三，实证分析结果表明，区域经济合作对成员国双边贸易具有重要影响。

3. 应用引力模型预测了上海合作组织框架下中国参与区域经济

合作的经济效应

国际上分析区域经济合作效果的最常用模型是引力模型，尽管上海合作组织区域经济合作还处于初级阶段，本书也采用这一模型，以中国为例，分析了在上海合作组织框架下成员国将可能获得的经济效应。之所以选取中国作为分析对象，原因之一是其他五个成员国的数据较难获得；二是中国虽然也是处于经济转轨时期的发展中国家，但是其对区域经济合作的态度比较积极，而且是一个大国，经济实力较强，其开展区域经济合作本身就具有一定的示范作用和号召力；三是上海合作组织区域经济合作的动力主要来自于中国和俄罗斯两国开展区域经济合作的效率，但是由于利益诉求不同，俄罗斯参与区域经济合作的进程相对缓慢，因此就目前情况来看，中国对上海合作组织区域经济合作进程的影响要比俄罗斯强。

应用引力模型对中国在上海合作组织框架下的效应（包括贸易创造效应和贸易转移效应）、贸易潜力、市场扩大和投资增加对出口的效应进行了实证分析。分析结果表明：（1）在上海合作组织框架下，中国产生了贸易转移效应，提高了其他成员国的福利；同时也产生了贸易创造效应，促进了各成员国之间双边贸易增长，提高了中国的福利。（2）市场扩大将会对合作国出口有促进作用，上海合作组织在区域经济合作领域实质性合作的有效开展，将会扩大中国的出口市场；来自国外的投资将会促使区域内垄断行业的竞争，而成员国之间的良性竞争使各产业在区域内产生规模效应，具备了竞争优势。（3）贸易潜力预测分析显示，中国不仅与其他五个成员国存在着贸易潜力，而且与该组织的四个观察员国也存在着巨大的贸易潜力。因此，上海合作组织将这四个国家吸收为观察员国，不仅更有利于该区域的政治稳定，还更有利于区域经济的长远发展。

4. 分别从上海合作组织层面和中国立场提出了推进区域经济合作的对策性思考

在组织层面上，结合上海合作组织的宗旨、原则、基本架构和发展目标以及各成员国开展区域经济的现状，提出了从整体上推进上海合作组织区域经济合作的应对策略。上海合作组织在推进其区域经济合作时，应遵循市场经济原则、平等互利原则、区域经济合作的机制化原则，循序渐进、由易到难地逐步推进双边与多边经济合作，并要积极发挥中国与俄罗斯的带头作用，通过制度创新与政策激励机制，有步骤地推动上海合作组织区域经济合作。

　　在成员国层面，主要是从中国立场出发，结合中国在上海合作组织框架下开展区域经济合作过程中遇到的具体问题，探讨了中国政府和企业推进上海合作组织区域经济合作的措施。上海合作组织作为中国构筑地缘战略体系的重要部分，应该从中国的整体利益出发，政府要转变观念，加强引导，尽快完善区域经济合作的相关政策，建立起相应的制度和法律体系，制定出对外经济合作指南，建立畅通的经济信息服务网络，同时加快基础设施建设和人才培养，促进文化交流，奠定企业开展区域经济合作的基础；企业也要及时转变观念和经营机制，充分利用政府资源，掌握市场信息，实施企业集团化发展，建立战略联盟，提高企业的综合竞争力，从而减少经营风险。

第一章 区域经济合作及其理论基础

　　区域经济合作表现为相临近的两个或两个以上国家获取区域内国家的经济聚集效应和互补效应，为促使产品和生产要素在一定区域内自由流动和有效配置而建立的跨国性区域经济联盟。随着区域经济发展水平的提高，区域经济合作也日益向纵深方向发展。

　　在一般情况下，区域经济合作需要建立超国家的决策和管理机构，制定共同的政策措施，实施共同的行为准则，规定较为具体的共同目标（如消除成员间的关税和非关税壁垒，实现商品和生产要素的自由流动）。它一般要求参加经济合作的国家让渡部分国家主权，由区域经济合作组织共同行使这一部分主权，实行经济的国际干预和调节。

第一节　区域经济合作的形式及发展态势

一、区域经济合作的形式

（一）按合作发展的程度划分

根据区域合作的传统理论，要实现区域经济合作的发展目标，通常必须经历一个渐进的、由低级到高级发展的过程。特定的合作组织大致可分为六种类型，即优惠贸易协定、自由贸易区、关税同盟、共同市场、货币同盟和经济联盟等几个渐进过程。这一发展模式，从欧盟的发展过程可以得到充分的体现。

1. 优惠贸易协定（Preferential Trade Arrangement）

优惠贸易协定是指成员方之间，通过协定或其他的形式，对全部商品或部分商品规定较为优惠的关税。这是区域经济合作的最低级和最松散的形式，如1932年建立的英国特惠制度。

2. 自由贸易区（Free Trade Area）

自由贸易区是指签订有自由贸易协定的国家组成的贸易区。在自由贸易区内，各成员方取消了它们之间的关税和非关税壁垒，使区域内各成员方的商品可以完全自由流动，但是各个成员方保持独立的对外非成员方的贸易壁垒。

3. 关税同盟（Customs Union）

关税同盟是指成员方之间完全取消关税和其他贸易壁垒，并对非成员方实行统一的关税税率而缔结的同盟。关税同盟是比自由贸易区更高一级的区域经济合作的组织形式，它除了包括自由贸易区的基本内容外，而且成员方对同盟外的国家建立了共同的、统一的关税税率。关税同盟开始带有超国家的性质。

4. 共同市场（Common Market）

共同市场是指成员方之间完全取消贸易壁垒，建立对非成员方的统一关税税率，而且共同市场成员方之间的生产要素（劳动力、资本）可以完全自由流动。

5. 经济同盟（Economic Union）

经济同盟是指成员方之间商品和生产要素可以完全自由流动，逐步统一对外关税，成员方制定并执行一些共同的经济政策和社会政策，逐步消除各国在政策方面的差异，形成一个庞大的超国家的经济实体。

（二）从合作性质划分

按合作性质，区域经济合作可分为三种形式，分别为功能性合作、制度性合作和介于功能与制度性合作之间的一种过渡型合作。[①]

第一，功能性的合作，即区域内各国为实现某个具体目的而进行的多边合作。最普遍的是区域经济合作通常以市场为导向，以贸易和投资为主要形式，以互相谋求经济利益为目的。这种合作的主要推动力量来自民间和地方政府，在必要时中央政府偶尔介入，但并不起主导作用。这种合作形态称为"无形的功能性合作"。

第二，制度性的合作安排，它建立在一个共同的区域协定基础上，也称为有形的制度性合作。这种合作有长远的目标，主要由参与的各国中央政府来推动，合作范围不仅仅局限在某个项目或局部的功能上，这种区域合作可以说是经济的合作，也可以延伸到更广泛的多个领域，东盟、欧盟都属于制度性区域合作形式。

第三，介于前两种形态之间的一种过渡型的区域合作形态，也称为"准制度性"合作形态。它具备一种非约束性的"软制度"，但又非散沙一盘，它既有长远目标，也有实现目标的手段。APEC 是其典型代表。

二、区域经济合作的发展历程、现状及新特点

(一) 区域经济合作的发展历程

最早的区域经济集团可以追溯到 1241 年成立的普鲁士城邦间的汉萨联邦（赵春明，2003）。而在 1664 年法国就有在各省间建立关税同盟的提议，1789 年法国大革命胜利后，废除了各省之间的贸易壁垒，建立了最早的关税同盟。20 世纪初，先后出现了南部非洲关税同盟、比利时卢森堡关税同盟以及英联邦特惠关税区。1948 年 1 月正式成立的比荷卢关税同盟是第一个现代意义上的区域经济集团，也正是它拉开了第一次区域化浪潮的帷幕。在此之后的 20 多年间包括像欧洲煤钢共同体、欧洲自由贸易联盟等一系列有重大影响力的区

---

① 崔颖：《上海合作组织的区域经济合作研究——兼论中国的地位和作用》，2006 年暨南大学博士学位论文，第 26 页。

域经济集团不断涌现，区域经济合作进入了一个新的阶段。

伴随着多边贸易体制的形成与发展，战后区域一体化首先从西欧兴起，而且大多是以区域集团的法律形式表现出来，并在 20 世纪 80 年代得到了迅速发展，到 90 年代已经颇成气候，几乎所有国家和地区都不同程度地参与其中。1958 年创建的欧洲经济共同体和 1960 年建立的欧洲自由贸易联盟开始了欧洲国家及与其他国家之间的区域一体化进程。1994 年，北美自由贸易区建立。自乌拉圭回合开始以来，发展中国家对区域一体化的兴趣重新加强，尤其在拉美、非洲和欧洲。1991 年 3 月南方共同市场建立。中美洲共同市场、安第斯集团、加勒比共同体等区域组织也加快了一体化步伐。东南非优惠贸易区等非洲大陆各经济组织也正在推进非洲国家之间的经济合作。1991 年 6 月关于建立非洲经济共同体条约的签订，表明非洲区域经济一体化正在逐步朝更大区域的经济合作方向发展。在亚洲，经过 25 年政治上的合作，东南亚联盟于 1992 年正式成立自由贸易区。

在所有这些区域集团中以"欧盟"和"北美自由贸易区"的建立最具有实践意义，其不但发展迅速，影响力大，而且具有活力。WTO 多哈发展议程的久拖不决，会刺激一些国家谋求以双边贸易谈判替代多边贸易谈判，这就使得区域经济合作逐渐成为一种潮流和一种全球性的发展趋势，并在全球范围内掀起了来势凶猛的第二次区域化浪潮。到 2005 年 6 月，区域经济集团已经达到了 330 个，其中大部分为双边贸易协定。截至 2004 年年底，世界上绝大多数国家都参与至少一个区域贸易协定。根据世界银行的统计，全球只有 12 个岛国和公国没有参与任何区域贸易协议。全球已有 174 个国家和地区至少参加了一个区域贸易协议。

GATT 产生以来，一直以建立多边贸易体制为目标，其对缔约方实行最惠国待遇和非歧视原则。但 1958 年欧洲经济共同体产生时，这种区域性经济合作与关贸总协定所倡导的全球自由贸易观念发生了冲突，欧共体作为一个关税同盟对内实行自由贸易，对外执行统一的关税和贸易政策，这就直接违反了关贸总协定的非歧视原则。但最终 GATT 还是做出了让步：在坚持非歧视原则的同时，允许区域贸易协定的存在。GATT 第 24 条允许区域贸易协定作为一个特例存在，条件是它在促进区域内贸易流动的同时不得提高对外部世界的壁垒，换句话说，区域贸易协定应该补充而不是威胁多边贸易体系。①

与 20 世纪 80 年代以前的区域贸易协定相比，90 年代以来的"新一代"区域贸易协定的开放程度更高，大多数协定除了涉及关税减免之外，还涉及劳工标准、环境标准、知识产权等领域的内容，某些协定甚至比 WTO 所涵盖的规则领域更广，如政府采购、投资或竞争政策等（WTO，2001）。② 参与区域经济合作的国家放弃了"进口替代"的战略思想，不再寻求建立区域内互补产业结构、免受外部竞争的产业政策，更大的区域市场成为提高生产率和竞争力的前提条件。与此相对应，各国参与区域经济合作的动机以及区域经济合作的方式都发生了一系列变化。

（二）全球区域经济合作现状

自第二次世界大战以来的半个多世纪里，尤其是 20 世纪 90 年代以来各种区域经济合作组织如雨后春笋般出现，其发展趋势可谓如火如荼。各国积极参加区域经济合作，签订贸易协定，其目的在于避免一国实施贸易政策时陷入由贸易条件变化导致的"囚徒困境"。③ 同时，由于区域贸易协定的签订还能够纠正贸易条件的变化所导致的非效率现象（Johnson，1953），并有助于建立和完善多边贸易体系。因此，到目前为止世界上几乎所有的国家都在不同程度上参与了区域经济合作。美洲有北美自由贸易区，南美洲有安第斯共同体，欧洲有欧盟、欧洲自由贸易联盟，拉丁美洲有南方共同市场，亚洲有东南亚国家联盟等等，其中最为成功的就是欧盟和北美自由贸易区，而近年来发展较快的还有亚太地区的亚太经合组织和东盟自由贸易区。

---

① 曹建明、贺小勇：《世界贸易组织》，法律出版社 2004 年版，第 65～66 页。

② 李向阳：《全球化时代的区域经济合作》，《世界经济与政治》2002 年第 5 期。

③ 这里的"囚徒困境"专指关税政策选择的"囚徒困境"。即对一国而言有效的关税政策，在两国同时使用时所达到的却是一个非效率的纳什均衡。

根据 WTO 的统计，到 2007 年 6 月，总共有 380 个区域贸易协定通报到 WTO 秘书处（及其前身 GATT），其中 206 个区域贸易协定是在 1995 年 WTO 成立后通报的；205 个区域贸易协定现在正在实施；还有其他一些区域贸易协定虽然未曾通报，但相信也已经开始运转。依据区域贸易协定生效的时间划分，超过一半的区域贸易协定是在 WTO 时代完成的，而在 GATT 时代完成的 124 项 RTA 中，尚在实施的只有 48 项，1960 年以前仅有 2 项，1960～1969 年间有 4 项，1970～1979 年间有 18 项，1980～1989 年间有 6 项，1990～1995 年间有 18 项。图 1—1 总结了已通报的 RTA 在不同阶段（实施中、通报中等）的数量。

(单位:项)

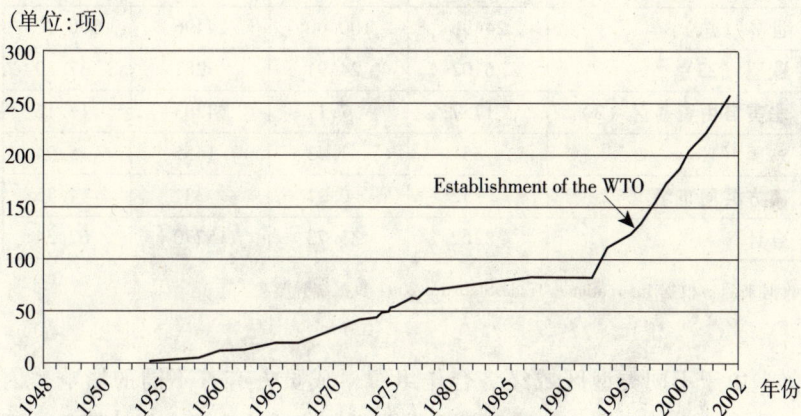

图 1—1　不同阶段 RTA 的数量
资料来源：WTO Secretariat。

从图 1—1 及上文中的具体数字可以看出，区域贸易协定的数量在 20 世纪 90 年代以来，尤其是 WTO 成立以来发展极为迅速。WTO 146 个成员方至少参与了一项区域贸易协定，有些成员甚至参加了 20 个或更多的区域贸易协定。RTA 的蓬勃兴起，表明通过区域经济合作来推进国家或地区的经济贸易增长，已成为当今国际经济发展的重要趋势。最明显的例子就是欧盟和北美自由贸易区的出现。

从表 1—1 中可以看出，目前在世界上几个主要的区域经济合作组织中，越是成熟、完善的区域经济组织，在国际经济中的地位就越重要。全球区域贸易协定的扩张提高了区域内贸易的比重。根据表1—1数据我们可以看到，2006年世界前4位的区域经济合作组织区内贸易额就已占到全球贸易总额的33.73%。这就意味着全球贸易的一半以上并不受制于多边贸易规则的WTO约束而是遵从形态各异的区域贸易规则。

表1—1　2006年主要区域经济合作组织货物贸易额及其比重

（单位：10亿美元,%）

区域经济合作组织	区域内		区域内外	
	贸易额	百分比	贸易额	百分比
世界（总）	24496	100.00	24496	100.00
欧盟（25）	6102	24.91	9281	37.89
北美自由贸易区（3）	1757	7.17	4203	17.16
东盟（10）	351	1.43	1455	5.94
南方共同市场（4）	52	0.21	331	1.35
合计	8262	33.73	15270	62.34

数据来源：根据International Trade Statistics 2007数据统计整理。

由于不同类型区域经济合作组织对成员方有着不同的影响，因此，尽管全球范围内区域贸易协定获得了快速的发展，但地区间的不平衡却相当严重。欧洲是区域贸易协定最集中的地区，有近60%的RTA是在欧洲国家之间缔结的；发展中国家之间缔结的区域贸易协定大约只占总数的15%。[1] 而且尽管FTA的数量在过去的10年中不断增加，如欧盟—地中海地区、欧盟—智利、欧盟—墨西哥、欧盟—南非、美国—约旦、美国—以色列、美国—新加坡、加拿大—智利、加拿大—哥斯达黎加，但南北间签订的FTA的数量仍然相对较少。[2]

---

① 李向阳：《全球化时代的区域经济合作》，《世界经济与政治》2002年第5期。

② Dr Sanoussi Bilal: "North-South Agreements: Integrating Developing Eountries into the World Trading System?", *WTO Secretariat Seminar*, 14 November 2003.

过去 10 年间，美洲是区域经济合作发展最快的地区，目前美洲自由贸易区的谈判已经初步完成，虽然到目前为止协定仍未能如期实现，但正在积极努力，其目标是建立统一的囊括整个美洲大陆的自由贸易区。在北非和中东地区，以"欧洲—地中海伙伴关系"为基础，该地区国家正在通过第二代双边区域贸易协定加强与欧盟的联系，目标是在 2010 年建立自由贸易区，"美国—中东自由贸易区"构想也正在酝酿之中；撒哈拉以南非洲地区的区域合作在 20 世纪 90 年代以后取得了突破性进展，尤其是 2001 年"非盟"的建立已成为了非洲联合的新起点，其区域经济合作的发展方向是在现有基础上的深化。

在次区域合作上，以南部非洲发展共同体的合作最具成效。① 非洲各国在"非盟"加速非洲一体化步伐的指引下，不断加强地区间的合作。其主要区域贸易协定组织已经提出在 2028 年建立非洲经济与货币联盟的目标，以实现非洲经济一体化。相比之下，亚太地区尤其是东亚地区由于受政治和经济等诸多方面因素的影响，至今尚未在区域经济一体化方面取得像西欧和北美那样实质性的进展，区域经济合作发展水平总体较为滞后，但近年来亚太经合组织和东盟自由贸易区均有较快发展。除此之外，世界其他地区的区域经济合作也正不断开展并逐步深化。

（三）区域经济合作的新特点

与 20 世纪 80 年代以前的区域经济合作相比，90 年代以来的区域经济合作是在经济全球化的大背景下发展起来的，因此呈现出了一些新的特点：

1. 区域经济合作的开放度越来越高，所涉及的内容和领域更加广阔，合作程度不断加深

传统的区域经济合作仅涉及货物贸易领域，主要内容是降低关税水平，削减非关税壁垒。而目前大多数 RTA 除了涉及关税自由化之外，还涉及世贸组织所包含的其他领域，如服务贸易、贸易投资便利

---

① 刘芝平、钟成：《撒哈拉以南非洲经济发展之我见》，《西华师范大学学报》2005 年第 1 期。

化、人力资源开发、中小企业合作、政府采购、电子商务、知识产权、贸易技术壁垒、贸易争端解决机制和超国家制度安排等。某些RTA 所涉及的经济自由化领域比世贸组织所涵盖的规则领域更广，还有的甚至提出要用共同的竞争政策代替各自的反倾销程序等，明显超出了 RTA 多边贸易谈判和早期的区域贸易协定的范围。仅 1990 ~ 1998 年间在 WTO 接受审核的 RTA 中就有 43 个覆盖了 100% 的工业品，涉及的农产品也明显增加，而在 1990 年以前签订的 RTA 中，只有 11 个具备类似特征。除了管束减让之外，大多数 RTA 还对进口数量限制和出口补贴的使用做出了限制。[①] 开放性区域经济合作的崛起，表明国际经贸合作出现了多边形式与双边形式相结合的趋势。

2. 南北型自由贸易区成为发展中国家区域经济合作的方向

区域经济合作出现了新形式——发达国家和发展中国家之间的区域经济合作，即"南北型"区域经济合作方式。这种合作方式促使成员方的经济绩效差距逐渐缩小，换句话说它能促使成员方收入水平趋于收敛（Venables, 1999），而且也有助于成员方的经济增长（Vamvakidis, 1998），而南南合作的这种功能则并不明显。Schott (1991) 分析认为成功的区域集团通常都具有相似的人均 GDP 水平、地理位置相接近、贸易领域具有相似或兼容特性等基本特征。[②] 大多数成功的发达国家区域经济合作组织（"北北型"）都基本符合这些条件，但北美自由贸易区的成功示范效应证明这一理论并不完善。这种南北型合作模式通过发达国家与发展中国家的区域内垂直分工，同样实现了规模经济，其成员在经济、贸易方面存在的互补性，不仅有利于解决发达国家资金相对过剩和市场狭窄的问题，而且有利于解决发展中国家就业和经济增长的问题。

北美自由贸易区的成功运行促使全球出现了许多南北型区域经济合作的构想和行动，例如，美国已开始推进一个雄心勃勃的南北合作

---

① 林其屏：《开放型区域经济合作：一种新的世界经济合作模式》，《亚太经济》2004 年第 3 期。

② Paul Bowles and Brian Maclean: "Understanding Trade Bloc Formation: The Case of the ASEAN Free Trade Area", *Review of International Political Economy*, 1996.

计划——建立一个涵盖除古巴之外的所有 34 个美洲国家，世界上面积最大，拥有 2 亿人口的美洲自由贸易区；欧盟将向两个方向扩大——同东欧和俄罗斯建立自由贸易区，同地中海南北部地区订立协定。这里可能产生一个从大西洋到太平洋、从北极到撒哈拉的自由贸易区；美国已提出了 2013 年与中东国家建立自由贸易区的建议；在亚太地区，许多南北合作构想也已经提出，南北合作已逐渐替代南南合作，成为发展中国家区域经济合作的发展方向。

3. 区域经济合作使全球的竞争更趋激烈，大国之间的竞争正逐步深化为区域经济合作组织之间的竞争

20 世纪 60 年代，日本经济的崛起从外部刺激了西欧各国加快经济合作的步伐。欧共体的建立与良好发展对美国造成了极大威胁，为了抗衡并维护自身的霸主地位，美国于 1992 年与加拿大、墨西哥签署了《北美自由贸易协定》，建立自由贸易区。北美自由贸易区的产生和欧洲统一大市场的形成，标志着美欧之间的竞争进入一个新的阶段。大国之间的竞争由此开始演变为区域经济合作组织之间的竞争。随着欧盟三次东扩的完成，美国也加快了自身开展区域经济合作的步伐，除了与以色列、约旦、新加坡、澳大利亚、巴林、新西兰、东盟、非洲国家和地区之间商谈缔结自由贸易区协定外，美国正致力于建立一个世界最大的自由贸易区——美洲自由贸易区。美欧区域经济合作的迅猛发展使亚洲各国也开始意识到开展本地区区域经济合作的重要性。东亚地区也开始在"10＋3 机制"下积极推进东亚自由贸易区的建设。各国各地区围绕 APEC 与 RTA 的外交活动日趋活跃。在亚洲，作为世界经济重要一极的日本，也正在加快参与区域经济合作的步伐。

区域经济合作组织的形成和发展推动了世界经济向纵深发展，而且已成为当代世界经济发展的重要趋势，反映了世界经济竞争已从国家之间和不同意识形态阵营之间的竞争转变为区域整合为条件的区域集团之间的竞争。

4. 各个区域经济合作组织之间相互交叉重叠的现象突出

20 世纪 90 年代以前开展的区域经济合作数量少、范围小而且合

作程度也比较低，因此传统的区域经济合作组织边界清晰，成员关系单一，一般一个国家或地区只参加一个区域经济合作组织。但是随着 RTA 的不断增加，各国对双边自由协定的偏爱逐渐显现，产生了区域经济合作组织相互交叉重叠的现象，或者是大区域组织包容次区域组织，或者是一个国家或地区参加多个不同层次的区域经济合作组织，相互关系错综复杂。因为每个 RTA 都试图发展其自身的小贸易政体，于是在一个国家中出现根据不同 RTA 成员制定不同贸易政策的现象越来越成为 RTA 的一种常见特征。① 如在 APEC 内部，不仅存在着北美自由贸易区、澳大利亚新西兰紧密经济协定和东南亚国家联盟，而且还充满了建立次区域经济合作的计划。随着区域经济合作组织的发展，今后这种交叉重叠现象将更加突出。

5. 区域经济合作的范围不断扩大，跨地区、跨洲际的双边自由贸易成为新的亮点

随着区域经济合作的不断深化，所覆盖地域的逐步增多，区域经济合作已超越了传统以区域为主来构建区域集团的特点，出现了跨洲际合作的新现象。社会制度、意识形态、经济发展水平的差异对区域经济合作发展的制约正在弱化，经济发展水平悬殊的发达国家与发展中国家之间的区域贸易协定正逐步增多。例如，欧盟同阿尔及利亚、埃及等 27 个成员方建立了自由贸易区，这些成员方都是远离欧盟的非洲和拉美地区；② 美国也改变了对区域合作的态度，从旁观者转变为积极的参与者，除了积极推动美洲自由贸易区建立外，还在努力构建美国中东自由贸易区；东盟则利用"10 + 3"首脑会议加强与中国、日本和韩国的经济合作；2004 年 9 月，日本与墨西哥签署了一项自由贸易协定，这是日本继与新加坡签订自由贸易协定后的第二项协定。国际社会还在进一步兴起双边自由贸易谈判和签订双边自由贸易协定，尤其是跨地区、跨洲际的双边自由贸易谈判更是如火如荼。

---

① 资料来源：http://www.wto.org.

② 李向阳：《全球区域经济合作发展趋势及其对策》，《世界风云透视》2004 年第 7 期。

目前正在进行谈判的双边 FTA 中，有 2/3 是在不同地区和国家之间进行的。[①]

第二节 区域经济合作的成因与动力

一、区域经济合作的成因

（一）经济因素

20 世纪 90 年代以来，在世界范围内掀起了第二次区域经济合作的高潮。区域经济合作的发展并不是一种偶然现象，有其一定的客观基础和必然性。[②]

1. 第二次世界大战后社会生产力的发展和国际分工深化的需要

以电子计算机和空间技术的发展和应用为标志的第三次科技革命，极大地促进了生产力的发展，生产专业化和国际化进一步加强，发达国家之间的水平型分工成为国际分工的主导形式。这种分工方式，一方面降低了发达国家对发展中国家的原材料的依赖，另一方面加强了发达国家之间的联系，并逐步形成了国际生产的流水线。于是，国际投资和国际贸易就更多地集中在发达国家之间，并使得贸易的商品结构也逐渐改变，最终产品比重不断下降，而中间品的比重则日益增大。

国际分工的变化提高了发达国家，特别是相临近的国家之间的经济联系。这种经济联系的加强，要求冲破民族和国家界限，使生产要素在世界范围内能够自由流动、自由配置。但这种经济发展的客观要求不可能一蹴而就，只能逐步地实现，而区域经济合作作为实现经济全球化的一个必要阶段，就在经济发展水平接近、国际分工密切的国家之间产生了。

---

① 周泽红：《世界区域经济合作的新趋势与我国的战略选择》，《经济纵横》2004 年第 9 期。

② 贾建华、阚红：《国际贸易理论与实务》，首都经济贸易大学出版社 2002 年 6 月第三版，第 97～98 页。

一般来说，经济发展水平越高，相互依存关系越紧，消除障碍和实现区域经济合作的要求就越迫切。各国间生产力发展水平越接近，地理位置越临近，经济、文化和宗教越相仿，越容易消除障碍，从而达成区域经济合作协定，如美加自由贸易区。而其后建立的北美自由贸易区，则为发达国家与发展中国家实现区域经济合作提供了一个成功的模板。

2. 世界经济发展的不平衡

世界经济发展的不平衡促进了区域经济合作的产生和发展。第二次世界大战以后，美国登上了世界霸主的宝座，而当时的欧洲各国正处于经济恢复阶段，单个国家很难凭一己之力与美国抗衡。这些国家为了加快经济发展的步伐，重建欧洲经济，进一步提高其在世界经济中的竞争力，于是联合起来，逐渐走上区域经济合作的道路。区域经济合作使这些国家逐渐融合为一个大的经济整体，提高了其在世界经济中的竞争力。

自20世纪80年代后半期以来，美国经济力量日益下降，而日本、欧盟的地位不断上升。针对这种客观现实，为了实现自身经济发展战略以及与其他国家和地区抗衡，美国也积极在世界范围内逐步开展区域经济合作，如1989年的美加自由贸易区和1994年的北美自由贸易区。面对美国和欧盟的强大压力，日本为了能在世界经济和国际贸易中取得更有利的地位，也逐步在亚洲开始了区域经济合作；而中国作为亚洲人口最多的国家，其所拥有的广大市场和对资源的进一步需求也使其逐步参与到区域经济合作之中。由此，在欧洲、北美之后，亚洲也掀起了区域经济合作的浪潮。

3. 国家对经济生活的干预不断加强

区域经济合作也是国家对经济生活干预不断加强的产物。在石油危机以后，各发达国家对经济生活的调节和干预职能得到了扩大和加强，其不仅广泛地干预国内经济，而且其干预和调节经济的职能日益升级。而对发展中国家而言，国家对经济的干预和调节作用一直很强，因此，区域经济合作也是发展中国家捍卫自己利益的必然结果。

（二）非经济因素

进行区域经济合作除了受到经济因素的驱动外，还常常受到外交政策和国家安全等非经济因素的驱动，其主要出发点，包括追求贸易利益，确保市场准入，配合内部改革，组建策略联盟和加强在多边谈判中的地位等。① 具体总结为以下四个方面：

1. 关贸总协定或世贸组织体制在推进多边合作上遇到障碍，促使部分国家组建区域经济合作组织，规避 GATT 关于非歧视性要求

由于受各成员方经济发展水平和发展阶段的差异及不同利益追求的制约，WTO 成员方难以就某项议题达成广泛共识，而且一部分想法相似的国家可能会在开放贸易方面比 WTO 大部分成员方走得更远，而关贸总协定或世贸组织却无法满足这一部分国家在开放贸易方面的需求，这就迫使一些相似的国家另辟蹊径，撇开国际组织组建区域经济合作组织。

与区域经济合作协定有关的调整代价比在多边贸易谈判的情况下小得多，这就使得许多贸易自由化措施得以首先在区域经济合作组织内部实施，并被当做一种工具用以向贸易伙伴施加压力。20 世纪 80年代中期美国决定同其贸易伙伴（如以色列）进行自由贸易区谈判，部分原因就是对关贸总协定缔约方拒绝在 1982 年启动新一轮多边贸易谈判感到不满。因此在多边贸易谈判中无法达成的协定却经常能够在双边或诸边贸易谈判中达成。WTO 西雅图会议的失败促使各国更倾向于通过区域贸易协定来推进贸易自由化进程，在亚洲，就连一直奉行贸易多边主义的日本也开始寻求双边贸易协定。

2. 为了维护国家经济利益，增强各成员方在国际经济事务中的地位

区域经济合作组织建立后，通过成员各方取消各种歧视性政策障碍，促进商品和生产要素的自由流动，使得生产要素向具有区位优势和比较优势的区域集聚，从而加剧了成员方市场竞争，使专业化分工

① Tohn. Whalley: *The Regionalization of the World Economy*, University of Chicago Press, 1998.

不断向纵深拓展，进一步发挥比较优势，优化区内资源配置，扩大消费者选择范围。通过扩大市场，产生明显的贸易创造效应，实现规模收益递增。

由于主、客观原因，区域经济发展的不平衡是存在的。区域经济发展的不同梯度产生经济技术推移的动力，并形成区域经济的梯度发展，而产业转移是区域经济梯度发展的主要体现，为区域经济合作发展提供了"多赢"的合作动力。① 建立区域经济合作组织还有利于促进区内技术、人才流动，带动区内科技发展，促进产业结构升级，从而推动区内各成员方经济、社会综合发展，维护并不断扩大经济利益，提高整个地区和成员方的国际经济地位及其在国际经济事务中讨价还价的能力。

进入世贸组织时代后，区域经济合作组织在国际经济规则制定过程中的作用越来越大。加入区域经济合作组织有利于维护自身的利益，因为在一个范围较小的组织内，一国的呼声更容易得到尊重，这种呼声进而可以通过合作组织在全球谈判中得到放大，这种考虑即使对美国这样的大国也不例外。

3. 制约与竞争的需要——"多米诺骨牌效应"

对非成员方而言，任何形式的区域贸易协定都会为其带来某种程度的歧视。为了保障市场准入，克服这种负面影响，非成员方面临着三种选择：一是加强多边贸易谈判；二是组建新的合作组织；三是加入到业已存在的合作组织中去。区域经济合作的进一步发展，尤其是大国的参与，会使原有区域经济合作组织得到加强，同时新的区域经济合作的建立又会增加其他非成员方的压力并加剧这些国家对区域贸易协定保护主义效应的担忧。非成员方被排斥在区域贸易协定外的成本被提高，从而增强了国内出口利益集团游说的动力。因此在这种情况下非成员方要么加入已有的区域经济合作组织，要么组建新的区域经济合作组织。从而促进更多区域贸易协定的签订或已有区域经济合作组

---

① 王瑛：《区域经济一体化发展的驱动机制分析》，《企业经济》2005 年第 4 期。

织的深化，这一现象被 Baldwin（1993）形象地称为"多米诺骨牌效应"。

欧洲的区域化进程就是一个典型的例子。它从 6 个成员扩大到目前的 25 个，在某种程度上说，加盟是出于保证市场准入的动机，更重要的是为了消除应急保护措施的威胁，以及希望加强近期单边自由化和体制改革努力的可信性。以南亚为例，南亚地区面对亚太地区经济合作的加强，担心被周围的区域集团化发展边缘化，于 1993 年 4 月成立"南亚区域合作联盟"作为贸易自由化的谈判基础以加快其内部合作进程。同时出于制衡与竞争的需要，世界经济格局中 EU、NAFTA、东亚"10＋3"三足鼎立的态势已日渐明朗，这就是对"多米诺骨牌效应"的最好说明。

4. 出于非传统收益的驱动，将区域经济合作作为一种锁定贸易自由化或制度改革进程的机制

区域经济合作的非传统收益表现在五个方面：（1）保持政策的连贯性，提高政府信誉（Time Inconsistency）；（2）发信号（Signaling）；（3）提供保险（Insurance）；（4）提高讨价还价的能力（Bargaining Power）；（5）建立协调一致机制（Coordination Device）。① 因此，这些因素使得支持自由贸易的人比反对自由贸易的人更难协调起来。与此相比，区域经济合作组织能把那些从自由贸易中获益的国家组织起来，减少自由贸易利益分散和不确定的负面影响，因此很多国家将区域经济合作作为在超越国界范围内实现贸易自由化的工具。

二、区域经济合作的动力

实现区域经济合作的动力和条件，一般认为既有经济利益的追求，也有政治利益的驱使，还有文化、制度等利益起作用，是多种利益综合的结果。在此，我们在介绍自由主义、现实主义和构建主义等理论主要观点的基础上，② 再结合实际情况进行较深入细致的分析。

---

① 席艳乐、王雪飞：《区域经济一体化的非传统收益：文献综述》，《当代经理人》2006 年第 9 期。

② 王子昌：《东亚区域合作的动力与机制》，中国社会科学出版社 2004 年 10 月第一版，第 1～2 页。

（一）三大流派的观点

1. 自由主义

自由主义的核心是主张产权至上、市场万能。即只要社会上每一样东西的所有权和收益权是清晰的，追逐私利的个人或团体就会为了自己的私利而进行交换和合作。因为交换与合作是不断重复的，因此每一个个人或团体都会自觉地遵守相互之间达成的合作契约。这就是所谓的古典自由主义，它是以信息充分、不存在市场垄断、交换不存在交易成本、个体选择不存在外部性为假设前提的。在此情况下，政府是不需要干预市场的。在这些问题存在的情况下，需要政府进行干预，即建立相应的制度，以解决合作所需要的信息沟通问题，以便降低合作的交易成本来促进合作，但是政府的所作所为其目的不是代替市场，而是更好地促进市场的运作，这就是所谓的现代自由主义。

根据自由主义的理论观点，国家间区域合作的动力主要来源于国家间互通有无的需要，政府提供的只是一种制度便利。推动区域合作不断前进的是一种合作的外溢机制，即一个领域合作的成功可以使人们养成合作的习惯，积累合作的经验，从而推动合作程度的不断深化和合作范围的不断拓展。

2. 现实主义

现实主义认为，国家是国际关系中最主要的行为体，它为了自己的安全而追求自己的最大权力，合作不过是增强自己权力的一个手段。根据其理论观点，国家间区域合作的动力来源于国家对自己安全的追求。根据不同的情况，一个国家可能会采取制衡政策，即与其他弱小国家合作，制衡一个力量最强大的国家；也可能采取顺风使舵的政策，即与最大的国家结盟，来保证自己的安全。相对平衡地分配合作收益是合作得以持续的一个主要因素。

3. 构建主义

构建主义的核心是强调国际文化即国家间对彼此的认识以及它们之间共有的认识，是决定一个国家对外行为的最主要的因素。该学派认为共同的认识是合作的动力。合作固然有收益的分配问题，但合作成员出于对自己身份的自觉意识和对自己行为的相对克制是区域合作能够得以持续的主要因素。合作意识的不断深化和拓展是合作不断深化和拓展的主要因素。

（二）三大动力来源

从这三个流派对区域经济合作动力的分析我们可以看到：在区域经济合作进程中，单靠市场需求来推动是不够的，政府必须主动参与并在其中起主导作用，还必须有一套完整的、得到各成员认可和共同遵守的制度做保障。简言之，强烈的利益追求、政府的积极主导和制度保障是实现区域经济合作的三大动力来源。

1. 强烈的经济政治利益追求是实现区域经济合作的基础动力

利益的追求既有经济利益，也有包括安全在内的政治利益。对这些利益的追求和合作愿望是否强烈，是区域经济合作得以启动和不断深化的动力。就经济利益的追求来说，所有合作成员都希望通过合作能为本国本地区带来经济利益的最大化，但由于区域内各成员经济结构和经济发展水平不一，加上所带来的利益结构也不尽相同，所以对合作的期望值也不一样。一般来说，发达国家希望通过合作进而实现合作后，能给本国带来发展中国家广阔的劳动力和产品消费市场；对发展中国家来说，参与区域经济合作希望发达国家能提供本国经济发展所需要的技术、资金和先进的管理经验。

就政治利益的追求来说，安全保障可以说是第一要务。无论是欧洲经济合作、东盟国家的合作，还是北美自由贸易区的建立，都把安全利益放在首要位置。安全包括主权安全、经济安全、文化安全等。第二次世界大战结束后，欧洲各国把重新获得安全保障、经济繁荣和政治稳定作为欧洲各国的最重要目标，其中的安全保障就被当做是第一要务。东盟的成立不仅仅是为了获得经济利益，更是为了减少或消除来自内外部环境的安全威胁，因此，东盟成立初期乃至相当一段时间里，其性质实际上是一个国际性的区域政治合作组织，只是20世纪90年代以来随着世界经济合作的迅猛发展趋势，东盟各国意识到加强区域经济合作的重要性并开始规划逐步走向合作组织的进程。墨西哥加入北美自由贸易区其实也是为了本国的安全利益而已。所以，包括安全利益在内的政治利益追求也是实现区域经济合作的动力之一。

2. 政府主导是实现区域经济合作的主要动力

强烈的合作愿望是合作得以启动和不断深化的动力。而强烈的合作愿望可以来自对合作收益的强烈预期，也可以来自内外部环境的挤压。在现有的合作条件理论中，强烈的合作收益预期是一个暗含的前提条件，而这又是以社会多元化的发展为假定的。这就需要政府来起主导作用，推动国家间的合作向纵深方向发展。

所谓政府主导是指在区域经济合作进程中，不能单靠市场需求去推动。单靠市场发挥作用，会使经济合作和合作进程缓慢，甚至合作得不到保障，因此政府应该在其中发挥主导作用。欧洲合作和北美自由贸易区的建立，就充分说明了政府主导的重要性。

3. 制度是实现区域经济合作的重要保障

所谓制度保障是指制度建设及其运行机制，这是实现区域经济合作的重要保障。这可以从欧洲合作的实现和北美自由贸易区的建立以及东盟合作中得到进一步的启示。如果没有一套各国公认的共同遵守的合作制度做保障，没有能保持这一超国家组织正常运转的机制，那么合作是不可能实现的。此外，相同或相近的历史文化背景，对合作的实现也具有促进作用。

三、几种解释

由于在理论上难以将区域经济合作的成因和动力完全区分开来进行研究，因此国际上大多数学者都将二者一起进行分析。在此，本书只简要介绍与之相关的三个理论观点。

（一）合作博弈理论

在区域经济合作实践中，获利动机会促使各国求同存异，通过有效磋商，协调彼此的政策，最终达成共同认可的、有约束力的协定，分享合作带来的收益。在此前提下，我们可以运用合作博弈论的方法，将区域经济合作的达成看成是各国间的一个合作博弈，进一步揭示区域经济合作的内在机制。在区域经济合作机制的理论研究中，Riezman（1985）在一个三国交换模型中，研究了单一国家或一个关税同盟与全球自由贸易的关系，但是，他排除了国家间收益转移的情形。

1. 合作博弈模型

一个标准形式的博弈定义为：

$$\Gamma = \left\{ N,(C_i)_{i \in \mathbf{N}},(u_i)_{i \in \mathbf{N}} \right\}$$

其中，N 是非空的局中人集合，$\forall i \in \mathbf{N}$，C_i 是局中人 i 可行的所有策略所组成的非空集合，$u_i:C_i \rightarrow R$ 是局中人各自的收益函数。

对 n 人合作博弈，每个局中人都要考虑是单独行动，还是与其他局中人合作。不仅如此，他还要考虑当他被其余合作在一起的局中人排斥在外时，是否有必要向其中某些局中人略施小惠，以使之背信弃义，另寻新的合作伙伴。因此，在合作博弈中，对各个局中人来讲，重要的不是他在其策略集中选取一个什么策略，而是与哪些局中人结成联盟（Coalition），统一协调行动。在这种情况下，需要引入特征函数这一概念来刻画局中人合作的可能性。

定义1　任意的非空的局中人集合 $N = \{1,2,3,\cdots,n\}$ 的子集 $S \subseteq N$，称之为联盟（Coalitions），所有联盟的全体记为 $P(N)$。

定义2　n 人合作博弈的特征函数是指定义在 $P(N)$ 上的一个实函数 v，其中 $v(S)$ 表示联盟 S 通过协调其成员的策略所能保证得到的最大收益（Payoff）。按照这一定义，$v(\phi) = 0$。

由此定义知：若 S、T 是两个不相交的联盟，则它们联合在一起时的收益至少与两个联盟单独行动时各自所得收益之和一样多，即 $v(S \cup T) \geqslant v(S) + v(T)$，$S \cap T = \phi$，特征函数这一性质称为超可加性（Superadditivity）。

当用特征函数来研究 n 人合作博弈 (N,v) 时，实际上是假定了各个局中人都用相同的效用尺度来衡量他们的收益。同时我们还假定在我们研究的合作博弈中各联盟的收益 $v(S)$ 可以按任意方式分给各个合作者，即局中人收益（效用）是可转移的（这里，收益是可以用货币来衡量的），每支出一个单位的货币，支出者的收益就损失一个效用单位；反之亦然。

定义 3 如果对任意的 S，$T \subseteq N$，有：

$$v(S) + v(T) \leqslant v(S \cup T) + v(S \cap T)$$

则称 v 为凸博弈。

对合作博弈中各局中人从联盟的收益中各自分得份额，我们用 n 维向量 $x = (x_1, x_2, \cdots, x_n) \in \mathbf{R}^n$ 来表示，称为支付向量，其中 $x_i (i = 1, 2, \cdots, n)$ 表示第 i 个局中人所得的份额。

定义 4 满足以下两个条件的支付向量称为合作博弈 v 的分配，分配的全体用 $E(v)$ 表示。

$$x_i \geqslant v(\{i\}), \qquad i = 1, 2, \cdots, n \tag{1-1}$$

$$\sum_{i \in N} x_i = v(N) \tag{1-2}$$

（1-1）式称为个体理性条件，它表明每个局中人所获收益至少与其单干时所得一样多。（1-2）式称为集体理性条件，它表明满足（1-2）式的支付向量使合作成员最大限度地获得了合作带来的好处。这实际上是在满足超可加性，甚至是凸性的假设下，假定各局中人合作成最大联盟 N 是最合理的。因为如果将 N 分解成若干互不相交的联盟，$N_1, N_2, \cdots, N_k$，则根据超可加性有：

$$v(N) \geqslant v(N_1) + v(N_2) + \cdots + v(N_k)$$

对区域经济合作，这一假定实际上是要求相关国家都参与合作才能在最大限度地获得共同利益的同时增加各自的收益，这是符合现实区域经济合作的实践特征的。

定义 5 对于分配 x 和 y 及联盟 S，如果：

$$x_i > y_i \qquad \forall i \in S$$

$$\sum_{i \in S} x_i \leqslant v(S) \tag{1-3}$$

则称 x 关于 S 优超 y，记为 $x >_s y$。满足（1-3）的分配 x 称为可行的分配。

定义 6 对于 n 人合作博弈 (N, v)，分配集 $E(v)$ 中不被任何分配优超的分配的全体，称为核（Core），即核是由满足

$$\sum_{i \in S} x_i \geqslant v(S) \qquad \forall S \subset N \tag{1-4}$$

$$\sum_{i \in N} x_i = v(N) , \qquad\qquad (1-5)$$

的全体支付向量组成，记为 $C(N,v)$。（1-4）式称为联盟合理性条件。

显然，核是闭凸集。如果博弈的核非空，就可以将合作总收益 $v(N)$ 按照这样一种方式分配给各局中人，使之不仅满足个体理性条件和集体理性条件（帕累托最优），而且满足联盟合理性。反之，如果一个可行的分配 x 不在核中，那么必然存在一个联盟 $S \subset N$，S 中的局中人通过合作，共同分配联盟的收益 $v(S)$，使得每个局中人所得收益都严格优于在分配 x 中的所得。所以，位于核中的分配是联盟中的局中人可以接受的分配，除非联盟中有人同意让自己的收益小于其应得的收益。

定理 1 凸博弈 (N,v) 的核非空（Shapley, 1971）

分配联盟收益的方法很多，如果根据各局中人给联盟带来的增值比例来分配合作带来的收益，我们有如下的分配方案（Shapley, 1953）：

$$\varphi_i(N,v) = \sum \frac{|S|!(|N|-|S|-1)!}{|N|!} [v(S \cup \{i\}) - v(S)]$$
$$(1-6)$$

$(i = 1, 2, \cdots, n)$

其中 $|S|$ 和 $|N|$ 是联盟 S 和 N 中局中人的个数。

定理 2 如果 v 是凸博弈，则 $\{\varphi_i(v)\}_{i \in N} \subseteq C(N,v)$

对一般的合作博弈，Shapley 值未必属于核。但根据定理 1 及定理 2，我们可以证明区域经济合作博弈具有凸性，那么按照式（1-6）分配合作带来的收益一定是合作各方愿意接受的分配方案，且分配具有联盟稳定性。

2. 区域经济合作的原因

在竞争与合作并存的区域经济合作实现的过程中，达成合作各方共同认可的有约束力的协定，对实现区域经济合作是十分重要的。而有约束力协定的达成是通过合作成员之间的有效磋商来实现的。

定义 7　合作成员可以进行有效磋商是指：如果合作成员各自策略的一个可行变化可以使所有合作成员都受益，那么在实际磋商中，他们就会同意做出这样的策略变化。除非参与合作的某些成员可以与没有参与合作的其他成员达成协定，形成与之同样有效的合作。

能否进行有效磋商是区别合作博弈与非合作博弈的关键。通过有效磋商，合作各方可以建立一个利益平衡机制，使得合作中获益较少的成员确信暂时的获益减少可以从长期稳定的合作中得到补偿，而获益较高的成员会自愿在某些方面为其他成员的利益承诺一定的让步。也就是说，从长期看，一种稳定的经济合作会使所有合作成员分得大致公平的收益。

命题 1　参加区域经济合作的各成员收益的提高至少要等于参加经济合作而引起的各成员的直接收益损失。

命题 2　如果 $S \subseteq S'$，i 不能同时参加联盟（合作）S 和 S'，则 i 参与联盟 S' 使联盟收益的增加量要大于 i 参加 S 而使联盟收益增加的量。

定义 8　成员 i 对联盟 S 收益的边际贡献为 $[v(S) - v(S \setminus \{i\})]$，其中 $v(S \setminus \{i\})$ 表示 i 不是联盟 S 的成员时，联盟 S 的值。

对 $S \subseteq S'$，如果 i 参加 S' 的边际贡献大于 i 参加 S 的边际贡献，即：

$$v(S') - v(S' \setminus \{i\}) \geqslant v(S) - v(S \setminus \{i\})$$

则容易验证，这样的合作博弈也满足定义 3 的凸性不等式，即这样的博弈是凸性的。由命题 2 得知，我们分析的区域经济合作博弈是凸博弈。

于是，由定理 1 我们得出结论，区域经济合作博弈的核非空，即区域经济合作中一定存在各方都能接受的利益分配方案，（1－6）式就是其中一种分配方案。当然，实现各方都能接受的利益分配方案的前提是各方有机会进行谈判与协商。

由于参加区域经济合作各国的发展水平不同、经济实力各异，各国对参与合作的预期收益就会各不相同，预期收益较少的成员如果得不到合理的利益补偿，合作是不会稳定的。因此，如果按照（1-6）式分配合作的最终获益，其中一定含有成员国之间的利益转移，以保证稳定的合作，那么具体的转移量是多少才是合理的呢？

引理1　对效用可转移的博弈（N,v），如果对 $i,j \in \mathbf{N}$，存在固定的数值 g_j^i，使得对所有 $S \subseteq N$ 和所有的 $i \notin S$，$v(S \cup \{i\}) = v(S) + v(i) + \sum_{j \in \mathbf{N}} (g_i^j + g_j^i)$，则 Shapley 值为

$$\varphi_i(N,v) = v(i) + \frac{1}{2} \sum_{j \in \mathbf{N}} (g_i^j + g_j^i) \tag{1-7}$$

为了分析方便起见，我们假定参加区域经济合作的全体成员国之间的合作行为对非成员国没有影响，成员国对非成员国的政策在参与合作前后保持一致。特引入特征函数：$v(S) = \sum_{i \in S} \{R_0^i + \sum_{j \in \mathbf{N}} K_j^i - \sum_{j \notin S} \delta_j^i + \sum_{j \notin S} \pi_j^i\}$，其中第一项是未合作之前各成员国各自的保留效用，第二项是形成联盟 N 时联盟 S 全体成员国获益之总和，第三项是未参加联盟 S 的成员国（但仍在 N 内）对 S 造成收益损失，第四项是联盟 S 的成员国倘若与联盟 S 外的其他国家（N 内的）合作所可能获得的收益。通过上述特征函数进行处理，我们可以得到如下定理：

定理3　对区域经济合作博弈（N,v），Shapley 值由下式给出：

$$\varphi_i(N,v) = R_0^i + \sum_{j=1}^{n} K_j^i + \frac{1}{2} \sum_{j=1}^{n} [(\pi_j^i - \delta_j^i) - (\pi_i^j - \delta_i^j)],$$
$$i = 1,2,\cdots,n \tag{1-8}$$

如果结成联盟 N 但没有效用转移发生，则成员国 i 的获益为：

$$R_0^i + \sum_{j=1}^{n} K_j^i, \qquad i = 1,2,\cdots,n \tag{1-9}$$

由（1-8）式和（1-9）式可以看出：每个成员国参与合作的收益等于合作但没有效用（收益）转移时的收益加上相互停止合作时的收益之差的一半，两式之差即为执行 Shapley 值分配时的效用（收益）转移量。由此，我们可以得到如下的政策建议：

命题3　在全体成员国均参与合作时，位于核的 Shapley 利益分配矢量将给每个成员国的利益补偿量为：

$$T_i = \frac{1}{2} \sum_{j=1}^{n} [(\pi_j^i - \delta_j^i) - (\pi_i^j - \delta_i^j)] , \qquad i = 1, 2, \cdots, n$$

$$(1-10)$$

对任意成员国 i, j, π_j^i 是 i 不与 j 合作（与其他成员国合作）的收益, δ_j^i 是 i 不与 j 合作造成的损失, 所以 $\pi_j^i - \delta_j^i$ 是 i 不与 j 合作的净获益; 同理, $\pi_i^j - \delta_i^j$ 是 j 不与 i 合作的净获益。

因此, 补偿给 i 的总的净收益或从 i 之处补偿其他成员国的总的净收益 (即 T_i 值可正也可负), 就是 i 与其合作伙伴国全部净收益之差的和。任意比较双边的利益补偿量, (1-10) 式的建议是: 从不合作中获益较多的国家应从获益较少的国家得到利益补偿 ($T_i \neq 0$), 但这与区域经济合作的目标背道而驰。因此, 在区域经济合作中获益较多的国家应给获益较少的国家以一定量的利益补偿, 只有这样才能有望达成合作协定。同时, 获益成员国在补偿受损成员国后的福利应该仍然比未参加合作前有所提高。一国所以能在合作中比另一国获得更大的利益, 原因很多, 以互惠贸易合作为例: j 国获益较 i 国多, 原因可以是: (1) j 国对 i 国商品的需求缺乏弹性; (2) i 国的生产成本较高; (3) i 国对 j 国商品的需求富有弹性; (4) j 国的生产成本较低。

如果所有成员国均参与合作但没有收益转移发生, 则有:

$$v(S) = \sum_{i \in S} \left\{ R_0^i + \sum_{j \in N} K_j^i \right\} \qquad S \subseteq N \qquad (1-11)$$

比较引入的特征函数 $v(S) = \sum_{i \in S} \left\{ R_0^i + \sum_{j \in N} K_j^i - \sum_{j \notin S} \delta_j^i + \sum_{j \notin S} \pi_j^i \right\}$ 和 (1-11) 式, 我们有:

命题 4 没有收益转移发生的区域经济合作 (全体成员均参加) 位于核的充要条件是:

$$\sum_{i \in S} \left\{ R_0^i + \sum_{j \in N} K_j^i \right\} \geqslant \sum_{i \in S} \left\{ R_0^i + \sum_{j \in N} K_j^i - \sum_{j \notin S} \delta_j^i + \sum_{j \notin S} \pi_j^i \right\}$$

$$或 \quad \sum_{i \in S} \sum_{j \notin S} \delta_j \geqslant \sum_{i \in S} \sum_{j \notin S} \pi_j^i \qquad (1-12)$$

当各成员国情况相同 (例如偏好和生产成本相同), 则式 (1-12) 简化成为

$$s(n-s)\delta \geqslant s(n-s)\pi$$

因此，发展水平相同（或几乎相同）的国家之间进行区域经济合作是不需要收益转移的。

应当指出，在实际的区域经济合作中，由于影响各国对各自利益认识的因素很多，（1 – 10）式的收益转移量要与其他形式的补偿方案配合使用方能有效。

上述分析的结果与早期的相关研究结果是一致的。在 Riezman（1985）提出的三国交换模型中，单一国家也会阻止全球自由贸易，即使其他国家组成一个关税同盟，并制定了最优的对外关税。他指出：如果各国都相似，全球自由贸易是很难被阻止的；在分析国家大小对全球自由贸易的影响时，Kennan 和 Riezman（1988）用两个国家的交换经济模型论证了大国因为其富有弹性的供应曲线，而很可能在关税大战中获益。此后，Kennan 和 Riezman（1990）将上述结果推广到对三个国家的分析中，指出由两个国家组成的关税同盟（或自由贸易区）会阻碍全球自由贸易的进程。

分析至此，我们可以得出结论：区域经济合作形成的必要条件是合作各方之间的经济互补性，而充分条件是合作各方能够通过有效磋商，协调彼此之间的利益分配并最终达成有约束力的利益分配协定，约束彼此的经济行为。满足这些条件的区域经济合作一定会给各成员带来大于不合作时所能获得的利益（命题1），并且任何破坏合作的行为都会导致其收益下降，也即只有真诚地与所有合作者合作，才能获得更大的收益（命题2）。对这样的区域经济合作，虽然各方都想通过有效磋商使自己的获益尽可能得多，表现出在利益分配上的冲突，但至少存在一种使各方均能接受的利益分配方案，它要求区域内各国均参与合作，并且在合作中获益较多的国家应给获益较少的国家以一定量的利益补偿。在一定的假定条件下，这个补偿（转移量）是确定的（命题3），并且这种利益补偿机制有可能吸引那些对其他国家有较大的正的外部效应的国家参加区域经济合作，区域经济合作的参加者追求各自利益最大化的行为本身会促使这种外部效应的内部化，这不但可以使具有这种正的外部效应的国家，同时也使其他参与者获得更大的合作收益。对经济发展水平差异较大的国家之间的经济合作，由于经济发展水平较低的国家基本上都采用高关税来保护本国工业，在实行关税优惠或关税减让时，在合作组织内部必然竞争不过发展程度较高的国家，因此，上述的利益补偿机制则是必需的，以保证各参与者最终的获益大致均等。

（二）联盟理论

这里的联盟是指"相互联合的或协调的国家或国家行为"。① 国际关系中关于联盟的理论主要有均势理论（Balance of Power Theory）、威胁理论（Balance of Threat Theory）和利益均衡理论（Balance of Interest Theory）。这三种理论在方法上都是现实主义的，即都是将国际无政府状态作为分析的前提，都把国家这一理性行为体作为主要的分析对象。

1. 均势理论

尽管学术界对均势概念的界定不一，但是一般都认为：（1）均势表示力量均衡；（2）均势是国际斗争中的一种特殊稳定状态；（3）均势是处理国际关系的一种特殊手段和一种特殊政策。均势理论认为，国家之所以会采取均势政策，是为了增加自己的权力，或是为了自己的最大安全利益。

古典现实主义的代表人物汉斯·J. 摩根索（Hans J. Morgenthau）提出了制衡型联盟理论。② 他认为，权力平衡（均衡）是社会和个体存在的一个必要条件。这种平衡可以通过两种方式达成：一是减轻天平较重一侧的分量，具体做法包括分而治之、补偿政策（主要是瓜分弱国的领土）等；二是增加较轻一侧的分量，其主要做法是加强军备和国家间组成联盟。国家间结成联盟，不仅是为了共同的利益，更主要是为了明确相互之间要采取的政策。依据利益与政策之间的关系，联盟可以分为三类：利益和政策完全一致的联盟；利益与政策互补的联盟；利益与政策属于意识形态性质的联盟。

---

① 王子昌：《东亚区域合作的动力与机制》，中国社会科学出版社 2004 年 10 月第一版，第 32 页。

② 汉斯·J. 摩根索：《国家间政治——寻求权力与和平的斗争》，徐昕、郝望、李保定译，中国人民公安大学出版社 1990 年版，第 223 页。

新现实主义国际关系理论提出了两种联盟理论，即相互制衡型（balancing）与顺风使舵型（bandwagoning）联盟理论。相互制衡型联盟理论认为，搭便车与相互制衡行为是截然不同的两种行为模式。从权利平衡的角度来看，制衡行为是弱弱联盟以制衡强者，形成的是一种均势态势；顺风使舵行为是弱者加入强者一方，形成的是一种霸权态势；一个国家采取何种对外政策，是相互制衡还是搭便车，均视体系的结构情况而定。

2. 威胁理论

威胁平衡理论是由斯蒂芬·M. 沃尔特（Stephen M. Walt）在批判均势理论的基础上提出来的。沃尔特认为，虽然权力是政治家谋划中的一个重要因素，但并不是唯一的因素。国家结盟不仅是对权力结构的一种反应，也是对最有威胁的国家的一种反应。这种反应可以是对威胁国家结盟，或其他国家结盟反对威胁。"制衡意味着与他者结盟反对明显的威胁，而顺风使舵则指的是与危险之源站在一起。"[1]

把结盟作为对威胁的反应，一个国家在结盟时必须要考虑各种可能导致威胁的因素。沃尔特认为主要有四种因素：第一，总体权力（aggregate power）。一个国家的总体资源越多（如人口、工业和军事力量、技术力量等），它对其他国家的潜在威胁也就越大。第二，周边的权力（proximity）。国家的结盟行为也可能是对周边国家威胁的反应。第三，进攻能力（offensive capability）。在其他条件相同的情况下，具有较强进攻能力的国家比进攻能力较弱或只具备防御能力的国家更可能导致一个国家的结盟行为。第四，进攻意图（offensive intentions）。表面上具有攻击性的国家可能会激起其他国家对其进行制衡。他认为，国家为了保持自身行动的自由，在绝大多数情况下宁愿采取制衡行为，而不愿采取顺风使舵行为。

3. 利益平衡理论

利益平衡理论是由兰道尔·L. 斯圭勒（Randall L. Schweller）提

---

[1] Stephen M. Walt: *The Origins of Alliance*, Ithaca, N. Y.: Cornell University Press, 1987, p. 17.

出来的。他认为，国家的顺风使舵行为主要是为了获利。这种"利"主要是从国际关系体系变迁的角度来讲的，在一定程度上推动着国际关系体系的变迁。"与正在崛起的、试图推翻现状的扩张主义国家或同盟站在一起的胡狼型顺风使舵行为（jackal bandwagon）会减弱体系的稳定，相反与主张维持现状的强大的国家同盟在一起的顺风使舵行为则会增强体系的稳定。其他形式的顺风使舵行为也会对体系的稳定产生不同的影响。然而所有形式的顺风使舵行为都有一个共同点：受到可能的收益的激励。"①

斯圭勒认为，利益平衡有两层含义：一是单位层次上的；二是体系层次上的。在单位层次上，它意味着一个国家为捍卫自己的所得而愿意付出的代价与为拓展自己的收益而愿付出的成本之间的平衡。他将国家分为四种类型，分别为狮子型国家、羔羊型国家、胡狼型国家和狼型国家。国家类型不同，其目标和行为也不同。体系层次上，它是指主张维持现状与改变现状的国家之间的力量均衡。

（三）交易成本理论

相近的国家间能否合作不仅取决于各个国家是否有合作的愿望，也取决于合作所需要的成本。在国家间经济合作关系中，交易成本主要表现为国家间合作的制度成本，交易成本的大小对国家间合作具有重要影响。

交易成本理论主要观点为：第一，交易主体的经济人的人性及其拥有各种资源的稀缺性是交易成本产生的根源；第二，交易环境影响交易成本；第三，交易对象对交易成本的影响。将之拓展到国家间关系的研究中，可概括为：第一，每一个国家资源的相对稀缺性和国家的经济人特性决定了国家间交易和交易成本的存在；第二，国家间交易存在着信息的不对称性和机会主义倾向，这主要表现为国家政策的不透明性和不稳定性；第三，国家间的地理距离和某些技术的垄断性

---

① Randall L. Schweller: "Bandwagoning for Profit", in Michael E. Brown, Sean Lynn-Jones and Steven E. Miller, eds.: *The Perils of Anarchy: Contemporary Realism and International Security*, Cambridge, Mass: MIT Press, p. 256.

也影响到国家间的交易成本。[①]

国际经济合作制度实际上就是国家间经济合作条件的有关规定。国家间之所以要就合作条件达成某一种制度，目的就是为了减少交易成本，而对交易成本的分析，可以从交易的约束条件入手。其具体可表现为国家间经济合作制度达成的成本和执行制度所要花费的成本。

第三节　区域经济合作的效应

区域经济合作的效应是指，由于取消了内部关税，对区域外的国家征收差别关税或共同关税而产生的影响，在此我们将之分为经济效应和非经济效应。

一、区域经济合作的经济效应

由于西方学者一般都把关税同盟作为区域经济合作的典型形式，而在现实中各国参与区域经济合作更多的是以建立自由贸易区的方式，因此，我们对区域经济合作经济效应的分析主要集中在关税同盟和自由贸易区的经济效应上。

（一）关税同盟

一般认为，关税同盟的经济效应表现为：（1）静态效应，即贸易创造效应和贸易转移效应；（2）动态效应，即促进竞争、规模经济、刺激投资、促进技术进步、提高要素流动性、加速经济增长等效应。对此，美国普林斯顿大学经济学教授 Viner J（1995）和 R. G. Lipsey（1957）做过很好的研究。

1. 静态效应

1950 年，Viner 发表了《关税同盟问题》一书，这标志着系统的区域经济合作理论研究的开始，Viner 提出了两个重要的概念：贸易创造（Trade Creation）和贸易转移（Trade Diversion）。Viner 的分析

---

① 王子昌：《东亚区域合作的动力与机制》，中国社会科学出版社 2004 年版，第 133～134 页。

揭示了，关税同盟的效应就是由贸易创造的收益，减去贸易转移造成的损失所取得的实际利益。Viner 运用局部均衡分析方法做了解释。

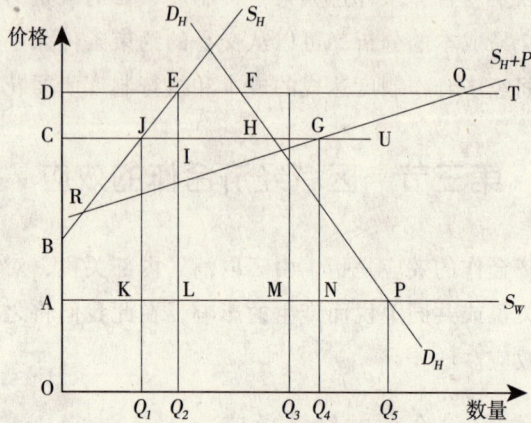

图 1—2　贸易创造和贸易转移

图 1—2 中假定商品和要素市场完全竞争，资源充分利用，生产要素在国内完全流动，但在国际间则完全不流动，价格由成本决定。H 表示本国，P 表示潜在的关税同盟伙伴国，W 表示世界其余国家。图中 S_W 为在无关税条件下某种商品的世界其余国家的供给曲线，S_H 为本国的供给曲线，而 $S_H + P$ 为本国对伙伴国免税时的供给曲线。当对外部世界按税率 T_H 统一征税时，该国的有效供给曲线为 $BREFQT$，即其本国的供给曲线到 E 点为止，而外部世界的供给曲线经纳税后为 $S_w(1 + T_H)$。所以，国内价格为 OD，从而国内生产量为 OQ_2，国内消费为 OQ_3，而进口为 Q_2Q_3，对这部分进口，该国进口商支付为 Q_2LMQ_3，而国内消费者支付为 Q_2EFQ_3，差额 $LEFM$ 为该国政府的收入。政府收入可以看做是由消费者转移给政府的。如果该国与全部世界其他国家结成关税同盟，那么就是恢复自由贸易，该国就会消费 OQ_5，而且这个量是从世界市场进口的。如果该国与伙伴国结成关税同盟，对世界其余国家仍然征收关税，对伙伴国不征税。在这种情况下，有效供给曲线为 $BRGQT$，价格下降到 OC，国内生产为 OQ_1，消费增加到 OQ_4，而进口增加到 Q_1Q_4，现在这些进口来自伙伴国。

我们仍借用消费者剩余和生产者剩余的概念来说明关税同盟对福利的影响。由于消费增加，消费者剩余提高 $CDEJ$ 是因国内生产下降引起的，是生产者剩余的减少。另一部分 $IEFH$ 是关税收入。剩下的三角形 JEI 和 HFG 是关税同盟形成后的所得。但是，这两部分是否属于净收益需要考察整个影响。国内生产从 OQ_2 下降到 OQ_1，导致了进口增长 Q_1Q_2，这部分从伙伴国进口，成本为 Q_1JIQ_2，而原来由国内生产时成本为 Q_1JEQ_2，所以节约了 JEI。消费从 OQ_3 上升到 OQ_4，导致向伙伴国进口 Q_3Q_4，其成本为 Q_3HGQ_4。这给消费者带来的福利为 Q_3FGQ_4，所以增加了 HFG。但是原进口 Q_2Q_3，该国成本为 Q_2LMQ_3，这部分现从伙伴国进口，成本为 Q_2IHQ_3，所以这些进口的损失相当于 $LIHM$ 政府收入的减少（$IEFH$ 为再次转移的）。所以，三角形 $JEI+HFG$ 的收益与交税损失 $LIHM$ 比较，才能确定关税同盟形成后是否有净收益。很明显，Q_2Q_3 为贸易转移，而 $Q_1Q_2+Q_3Q_4$ 为贸易创造，或者说，$JEI+HFG$ 为贸易创造，而 $LIHM$ 为贸易转移。

就这种单一商品的情况来说，一方面，贸易创造和关税同盟获得的利益显然是较大的，本国的供求弹性越大，本国与其伙伴国间成本差别就越大，伙伴国和外部世界间的成本差别就越小。另一方面，贸易转移损失较大，是由于本国的供求曲线的弹性越小，本国与其伙伴国间的成本差别就越小，伙伴国与外部世界间的成本差别越大。贸易转移的最坏情况是进口需求无弹性和与生产成本高的伙伴国之间组成关税同盟；贸易创造的最好情况是要保证进口需求有很大弹性和关税同盟内成本不比外部世界市场高多少。

因此，从世界的角度看，利益与贸易创造相联系，而损失是与贸易转移相联系的，这就是关税同盟的静态效应。

2. 动态效应

关税同盟的动态效应可以简单归纳如下：

第一，关税同盟使成员方之间的竞争加强，专业化程度加深，资源使用效率提高。Scitovsky 认为关税同盟建立后，促进商品流通，可以加强竞争，打破独占，经济福利因此可以提高。

第二，获取规模经济。内部规模经济主要来自对外贸易的增加，以及随之带来的生产规模的扩大和生产成本的减低。外部经济来源于整个国民经济或区域内部的经济发展。

第三，刺激投资。关税同盟成立后，成员方之间关税全免，对外统一关税，会吸引同盟外国家到同盟内设立避税工厂（Tariff Factory），以获取豁免关税的利益；同时迫于竞争的压力，同盟成员方原有的厂商也将追加投资，提高自身竞争力。

第四，促进技术进步。关税同盟成立后，市场扩大、竞争加剧、投资增加、生产规模扩大等因素，均使得生产厂商更加愿意投资于研究和发展计划，导致技术不断革新。

第五，提高要素的流动性。关税同盟成立后，市场趋于统一，生产要素可在各成员方之间自由流动，促进了要素的合理配置，降低了要素闲置的可能性。

第六，加速经济成长。如果以上各有力点均能成立，则关税同盟建立后成员方经济势必加速成长。

（二）自由贸易区

关于自由贸易区的经济效应由 Robinson 根据关税同盟原理运用到自由贸易区，并从资源配置效应的角度进行分析而得。①

1. 从单一国家角度看自由贸易区的经济效应

假设两个国家，本国为 H、伙伴国 P，两国都在国内生产同样产品 X，两国对该产品征收不同的关税，P 国征收较低的关税 $P_W T_P$，H 国征收较高关税 $P_W T_H$。如果两国建立自由贸易区，其中原产地原则阻止了第三国产品经 P 国流入 H 国。在 H 国和 P 国之间的市场，只有原产于区内的产品才能享受免税流动。这一区别待遇可能会也可能不会造成原产于区内产品和区外产品之间出现价格差异。现参照图1—3分析这种自由贸易区对单一国家产生的效应。

为简便起见，假定合作之前 H 国的关税是禁止性的，即该关税排除了一切进口。H 国的供给曲线是 S_H，关税是 $P_W T_H$，价格为 OT_H

---

① ［英］彼得·罗布森：《国际一体化经济学》，戴炳然等译，上海译文出版社2001年版。

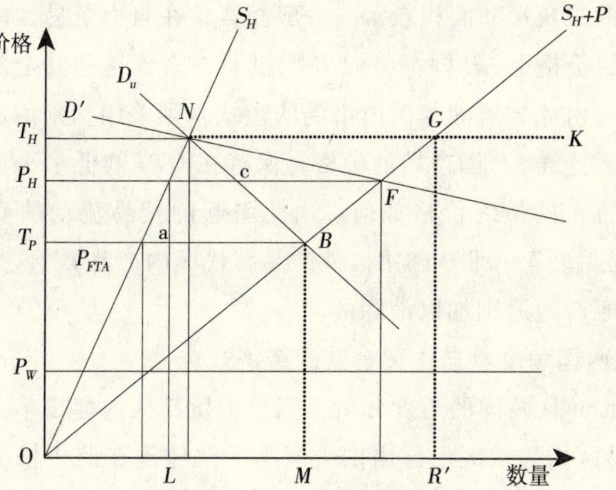

图 1—3　自由贸易区效应

时其产量为 OL。P 国的关税是 $P_W T_P$，把其供给曲线水平加于 H 国供给曲线之上，得出曲线 $S_H + P$。P_W 表示世界供给价格。

如果建立了自由贸易区，那么，只要该自由贸易区在总体上仍是净进口区域，原产于区内产品在 H 国内的价格就绝不会降到 OT_P 以下。与此同时，价格也绝不会超过 OT_H，它等于 OP_W 加上 H 国保护性关税 $P_W T_H$。因此，从 H 国的角度看，包括区内和区外产品在内的该产品有效供给曲线是 $T_P BFGK$。在自由贸易区内，P 国愿意供给的数量取决于价格，而可得到的价格取决于 H 国的需求曲线。

图 1—3 考虑了两种可能性，对应于 D_H 和 D' 两种需求曲线。如果 H 国对该产品的需求用 D_H 表示（在价格 OT_H 时，与 D' 相比较缺乏弹性），那么，H 国的价格为 OT_P，在该价格下，P 国供给量为 OM。在这一例子中，三角形 a 代表贸易区引起的 H 国内产品 X 价格下降而产生的消费效应。

现在换一种可能，即 H 国的需求用 D' 表示，那么，H 国内的价格（OP_H）将更接近 OT_H 的上限，超过上限后进口就将由世界其他国家提供。在这一例子中，H 国供给本国市场的限度是 OL，P 国供给 H 国的限度是 MR'。这样，贸易创造就将由 D' 和 S_H 交点以下，P_H 水平线以上的三角形 c 面积表示。一般而言，在自由贸易区内，在高于 OT_p 的任何价格下，P 国都将向 H 国供货，直到达到其全部供给能力为止，而对由此导致的其国内市场的短缺，则采用从别国进口的办法加以满足。这样，P 国市场的价格将保持在 OT_p 的低水平上，而不管 H 国内产品 X 的最终价格如何。由此引起的贸易流动的变化被称为"间接贸易偏转"（即 P 国用区外产品替代区内产品）。这是无法用自由贸易区原产地原则加以消除的。

2. 从两国角度看自由贸易区的经济效应

Robinson 从两国的角度分析了当自由贸易区内存在单一均衡价格（自由贸易区内需求大于国内供给但小于伙伴国在此价格下的供给能力）和存在两种均衡价格（自由贸易区内需求大于供给并且大于在此价格下伙伴国的供给能力）时自由贸易区的效应，在与关税平均化的关税同盟效应比较后，结论是自由贸易区优于关税同盟；但他同时指出，就静态效应看，自由贸易区比关税同盟更可取，但不能就此说明应当建立自由贸易区，而不应当建立关税同盟。因为上述分析论证是基于最终产品的贸易及与这种贸易有关的关税，如果在中间产品或原材料的贸易中也存在关税不一致的情况，自由贸易区形成之后，成员方对其他非成员方的这种关税差异会引致在该自由贸易区内生产模式的扭曲。这会影响到自由区内各成员方的有关利益，但在关税同盟的情况下是可以避免的。

二、区域经济合作的非经济效应

自 20 世纪 80 年代起，在世界范围内再次掀起了区域经济合作的浪潮。一般认为，此次区域经济合作浪潮的掀起，除了各国追求区域合作的经济效应以外，还有政治方面的诉求，即非经济收益。[①]

（一）获取保险效应（Insurance）

参加区域贸易协定可为成员方提供防范未来或有事件的保险，这

---

① 席艳乐、王雪飞：《区域经济一体化的非传统收益：文献综述》，《当代经理人》2006 年第 9 期。

些保险收益包括防止贸易伙伴实行贸易保护、防止在世界贸易战中受损、防止经济方面的外部冲击、取得更有利的条款保障以及能吸引更多的投资等。这就解释了在新地区主义中出现小国愿意以较为不利的条件与大国组合并达成协定，其所反映出的小国加入区域合作组织的一个动机：为未来发生的意外事件向发达国家购买"保险"。

但是，提供"保险"似乎并不适用于解释发展中国家之间的区域贸易协定，因为发展中国家的商品主要出口到发达国家，而当发达国家采取贸易保护主义措施时，发展中国家相互之间并不能提供出口市场的保障。因此，小国之间签订区域贸易协定并不能带来"保险"收益，但小国之间达成区域经济合作似乎可以用 Baldwin（1995，1997）提出的所谓"多米诺骨牌效应"（Domino Effects）来解释。他认为，一种区域一体化的出现会促使下一种区域一体化的发生。

（二）增强政策的一致性和可信性（Time Inconsistency）

Kydland 和 Prescott（1977）认为：当政府能够选择政策时，它总是会因无法抵制"诱惑"而采取出人意料的贸易政策。出于稳定经济的考虑或受到国内利益受损集团的压力，政府常常会有改变政策的意图。在缺乏有效约束的情况下，自由化政策或国内改革很可能被逆转，这将动摇政府政策的可信度。① 但在存在外部约束的条件下，出现这种情况的可能性则大为降低。而区域性贸易协定恰恰能够提供一种比多边协定更有效的约束和执行机制，通过惩罚机制、激励机制和承诺机制实现区域协定对政府政策的约束力，以建立政府政策的可信性。

（三）发射信号（Signaling）

对于作为信号机制运行的区域贸易协定来说，其作用在于在不确定环境下加入区域贸易协定本身。一国加入区域合作组织有助于向外界发出清晰而可靠的信号：本国的贸易自由化体制和改革具有长期的稳定性，它们将受到合作组织的约束（Fernandez and Portes，1998）。同时这种信号也可能是关于本国或本地区经济状况的信号或区域内政

① 刘玉贵、张雯：《全球区域经济一体化浪潮的特点及动因探析》，《特区经济》2006 年第 3 期。

府间关系的信号。对于外部投资者而言，这是极为重要的。

（四）提高讨价还价的能力（Bargaining Power）

国家可能会寻求加入一个已有的区域组织以增强它们与该区域组织现有成员国的讨价还价能力。例如欧洲自由贸易联盟（EFTA）的国家逐步加入欧盟。虽然加入后，这些国家必须分摊欧盟的一部分预算，需要与欧盟协调自己的农业政策，但重要的是，它们获得了欧盟未来决策中的投票权。增强讨价还价的能力还表现为扩大对国际经济规则的影响力。对于小国来说，在一个范围较小的组织内，它们的呼声更容易得到尊重。对于大国来说，通过推动区域经济一体化合作，获得区域内的主导权，不仅可以获得区域合作的内部收益，而且更重要的是可以获得国际经济规则制定过程中的主导权的外部收益。

（五）建立协调一致机制（Coordination Device）

一般来说，从贸易自由化中的获益范围广、带有不确定性，而且获益的效应要在一段时间以后才能显现。而贸易自由化所带来的损失却是即时的、显著的，能够马上被发现的。这些因素使得支持自由贸易的人比反对自由贸易的人更难协调起来，而区域经济一体化组织能把那些从自由贸易中获益的国家组织起来，减少自由贸易利益分散和不确定的负面影响。

（六）改善成员方安全状况

区域经济合作不但有助于改善国内安全，而且通过组建区域经济合作组织可以对抗来自第三国的威胁。因此出于安全威胁的考虑，相邻的国家会有组成区域经济合作组织的动力。近年来，最为典型的要属南方共同市场中巴西和阿根廷的关系。历史上，巴西与阿根廷的关系一直不融洽，长期处于军备竞赛状态，甚至一度有军事冲突的危险。1986 年两国签署的"一体化和经济合作计划（PICAB）"大大缓解了相互间的不信任或敌视关系。正是这项合作计划为 1991 年的南方共同市场奠定了政治基础（Preusse，2001）。①

---

① 李向阳：《全球化时代的区域经济合作》，《世界经济与政治》2002 年第 5 期。

第二章 全球区域经济 合作成效分析

虽然不同类型的区域经济集团区域贸易自由化进展不一，但是从总体上来说，全球区域经济合作的效果显著。本章就从 WTO 多边贸易体制角度、区域经济合作组织的整体层面、成员国层面等三个层次分析全球区域经济合作的成效，并以南方共同市场为例，应用引力模型对其成效进行了实证分析。分析结果表明：第一，从多边贸易体制与区域经济一体化两者的关系来看，区域经济合作不仅加速了多边贸易自由化的发展，而且强化了多边贸易体系；第二，无论是从区域经济合作组织的整体层面还是从成员国层面来看，区域经济合作在经济领域和非经济领域都取得了良好效果；第三，区域经济合作对成员国双边贸易具有重大的影响。

第一节 区域经济合作成效：从多边 贸易体制角度分析

坎昆会议失败后，多边贸易体制遭到重创，多边贸易谈判的步履更加艰难。为应对这种局面，各国将注意力更多地转向双边或多边区域经济合作来发展本国的贸易。如今经济全球化与区域经济一体化已成为世界经济发展的两大并行趋势。区域一体化协定到底是否与多边自由化趋于一致，要看区域一体化协定的对外贸易政策立场在其内部所产生的激励因素，以及非成员国的反应。在一般情况下，区域经济合作尤其是 RTA 与多边贸易体制客观上具有一种相辅相成的"互补性竞争"关系，两者取长补短、相互补充，从而加速了多边贸易自由化总体进程，强化了 WTO 多边贸易体系。

一、区域经济合作加速了多边贸易自由化的发展

在世界多边贸易体制由于种种原因无法一蹴而就的情况下，RTA 不失为迈向这个最高目标的过渡阶段，在各个区域内首先实现贸易自由化，最终通过各个区域经济集团的相互融合实现多边贸易自由化。

第一，RTA 给予那些不论是从经济条件还是从地理条件来说都有能力实行自由化并愿意实行自由化的国家很大的贸易自由化空间，以确保世界在寻求解决自身问题的最佳方法时不会停滞不前，也不会浪费时间。① 欧盟是推动贸易自由化的典型区域实体，欧盟实行经济一体化已经有 40 多年的历史了，欧盟内部在地理、语言、风俗等方面相当接近，在经济上也存在着密切的分工关系和共同的经济利益，因而易于推进贸易自由化，其目标与涉及的贸易自由化领域都远远超过了 WTO 多边贸易体制。欧盟取得的经验，对保证欧洲各行业经受住全球自由化的潜在威胁起着十分重要的作用。尽管全球达成一致协定关系重大，但是从本质上来说，其速度和深度是无法和诸如欧盟这样的地区性协定相提并论的。

第二，随着全球经济贸易竞争的加剧、各国相互依赖性的加深，发展中国家已成为发达国家争夺贸易、投资场所和经济势力范围的战略要地。传统理论认为，经济发达国家和发展中国家很难结成经济集团，因为两者经济发展水平差距过大，民族经济利益矛盾尖锐，很难实现真正平等互利的经济合作；即使达成某种经济或贸易协定，发展

---

① 布瑞恩·麦克唐纳：《世界贸易体制》，上海人民出版社 2002 年版，第 63 ~ 69 页。

中国家也会始终处于被动地位，难以摆脱发达国家对发展中国家的控制。而北美自由贸易区的建立则是对这一传统理论认识的突破。[①] 北美自由贸易区的实施，使三个成员国从自由贸易中都获得了益处。基于北美自由贸易区的经验，三国各自都展开了其他的双边自由贸易活动。以墨西哥为例，从 1994 年至今墨西哥已与智利、欧盟、欧洲自由贸易协会、以色列、玻利维亚、哥伦比亚、委内瑞拉、尼加拉瓜、中美洲北方三角、哥斯达黎加和乌拉圭签订了自由贸易协定。

美欧带头组建区域贸易集团，尤其是北美自由贸易区的建立对发展中国家起到了很大的示范效应。鉴于墨西哥在加入北美自由贸易区后的迅猛发展，广大发展中国家也开始纷纷加入发达国家组建的经济集团，或仿效美欧组建自己的区域贸易集团，从而进一步推动了世界经济区域集团化趋势的加速发展。同时，区域贸易集团通过吸收新的成员、进行不同区域集团的合并、实现多边贸易自由化，较好地弥补了多边贸易体系中存在的不足，从而推动了全球多边贸易自由化的发展，并向一体化的全球经济目标迈进。

二、区域经济合作强化了多边贸易体系

由于多边贸易体系涉及的成员国面广，特别是在经济发展阶段上存在着很大的差异，同时存在着地理、语言和风俗等方面的差异，多边贸易体系受到多方面的限制，即意味着其在推进贸易自由化中的缓慢性，这种推进速度显然不能满足各成员方在贸易自由化方面的需求。[②] 由于 RTA 的目标是消除贸易壁垒，实行区域内的贸易自由化。因此，RTA 的实施能够在某种程度上弥补多边贸易体制的不足。区域贸易自由化使区域内进一步开放贸易，这样就增强了成员方对多边贸易体制的承受能力，这种承受能力正是保证多边贸易体系得以存续的重要前提条件；在区域贸易协定下对非成员国的外部壁垒没有被提

---

① 古惠冬：《北美自由贸易区的解析及其对区域经济合作的启示》，《改革与战略》2001 年第 6 期。

② 沈玉良：《多边贸易体制与我国经济制度变迁》，上海社会科学院出版社 2003 年版，第 93 ~ 102 页。

高，而且这些壁垒更加透明；区域合作组织有意愿也有能力就非成员国的壁垒问题进行磋商；原产地原则与争端解决程序规则也具有一致性；协定对与现有成员国条件类似的新成员国开放。① 因此，区域贸易协定完善并强化了多边贸易体系。

首先，大多数区域贸易协定的条款与 WTO 的规定是一致的，区域贸易协定一直允许成员国就规则和所承担的义务进行磋商，这些规则和义务是超越当前的多边体系的。反过来，其中一些规则又为 WTO 多边贸易协定的发展铺平了道路。如服务贸易、知识产权、环境标准、投资以及竞争政策等，这些条款都是在区域磋商中首先提出来，进行不同程度的磋商，并就某些问题达成共识后，才又成为了 WTO 谈判中的内容或成为其协定的一部分，这样各成员参与 WTO 多边贸易谈判的接受程度相对比较高。因此，区域贸易协定被用做一种工具，通过它试行一些尚未在多边贸易体制中提到的问题，并且向贸易伙伴施加压力。总的来说，发达国家之间签订的区域贸易协定内容一般都会超过 WTO 谈判的范围，进一步推动了敏感领域的多边贸易自由化，在某种意义上讲，对多边贸易谈判的方向起着一定的引导作用。

其次，各国从单独参与多边贸易的谈判转变为作为独立经济主体的区域集团的一员直接参与多边贸易谈判，这种谈判方式的转变不但大大节约了谈判成本，而且在很大程度上提高了谈判效率，这对于发展中国家尤为重要。区域贸易协定使各方做出更加可信的承诺，也为监督协定的实施提供了便利。有限的成员国数量、相似的国情和相近的地域意味着产业界对于违约的竞争对手和国外政府采取的行动会有更加详细的了解。②

最后，成员方之间的经济利益关系是非常复杂的，不仅要制定成员国之间的利益平衡机制，而且在处理各种贸易争端时，也要制定一

---

① Richard H. Snape: *NAFTA, the Americas, AFTA and CER: Reinforcement or Competition for APEC*, Pacific Economic Paper No.254.

② ［美］伯纳德·霍克曼等：《世界贸易体制的政治经济学》，法律出版社 1999 年版，第 121～123 页。

套行之有效的磋商程序，以得到公平、公正和合理的解决。这些区域经济合作组织超前的贸易规则的制定对 WTO 多边贸易体制的变迁起到了借鉴作用，并为开辟自由化新领域和制定国际纪律提供了宝贵经验与技巧。以欧盟为例，在贸易方面，欧盟从一开始就不仅仅将自身界定为一个单纯的自由贸易区，而是赋予自身更加丰富的内容，因为它需要建立超过国家的机构以在国家之间磋商外部关税和税收分配；它还涉及人员、资本以及商品和服务的自由流动；欧盟还创建了超越国家的机构，包括立法（欧洲议会）、执行（欧洲委员会）、内阁、欧洲中央银行、欧洲投资银行等机构，从而减少了在实施和执行协定方面的不确定性。

除了上述三点，区域经济合作还将会在很多方面超越多边贸易体制，形成推动世界贸易发展的新动力。区域经济合作通过巩固成员国国内改革开放的成就，传播自由经贸思想巩固并强化了多边体制的基础，从而加强了多边贸易体系。近年来，欧盟全球外交攻势明显：第一，调整了与美国的关系，在诸如中东问题、伊拉克重建等问题上与美国拉开了距离；第二，加强了与中、俄等国的交流与合作，共同维护国际政治中的多边主义原则；第三，积极推动欧盟与地中海沿岸国家的合作。欧盟的全球外交大大提升了欧盟的国际"能见度"，增强了欧盟对世界事务的影响，也促进了世界的多极化进程。

第二节　区域经济合作成效：从合作组织整体层面分析

从区域经济合作组织的整体层面来看，区域经济合作促进了世界经济的增长，促进了民族文化的融合，在一定程度上维护了世界的和平与安全。在经济领域：区域经济合作使区域内部逐步取消了贸易壁垒，加剧了区域内部竞争，扩大了市场并推动了规模经济的形成；促进了技术的创新和进步，提高了劳动生产率，改善了成员国的贸易条件；改善了投资环境，扩大了国际直接投资，并产生了投资效应；推动了区域集团成员国的经济持续增长，从而使其对第三国的进口增加，因此区域经济合作又促进了区域集团外的经济增长。在非经济领域：区域经济合作不仅促进了区域的政治合作和公共产品合作，更促进了文化的融合，加强了区域的整体安全。

一、区域经济合作在经济领域的成效

区域经济合作在客观上促进了经济发展所必需的资金、技术、信息、人才、资源和市场等日趋全球化，使各区域经济的发展采取市场化取向的调整策略，从而促进了区域经济的发展。但由于宏观政策层面和微观层面的多方面原因，在"南南型"区域经济合作组织中，除了南方共同市场外，其他组织至今经济绩效基本都没有起色，其经济收益也均趋向于分散，所以本书对区域经济合作的经济成效分析主要是以"北北型"和"南北型"区域经济合作组织以及南方共同市场为研究对象进行的。

（一）区域经济合作推动了世界经济的增长

区域经济合作的发展，推动着经济活动的全球化。一般来说，区域内部取消贸易壁垒，加剧了区域内部竞争、扩大了市场、推动了规模经济形成；促进了技术创新和进步、提高了劳动生产率；推动了区域内成员国经济持续增长、扩大了对第三国的进口，并促进了区域外的经济增长。因此，从总体来看，区域经济合作组织对于世界经济的总体增长起到了积极的推动作用，尤其是显著地提高了区域内成员国总体国民生产总值，到 2007 年世界国内生产总值已达到 543470 亿美元，其中欧盟和 NAFTA 区域内的国内生产总值就占到了一半以上，充分说明区域经济合作组织对世界经济的发展具有重要的影响。

有学者采用实际贸易量分析法对欧洲统一大市场的增长带动作用进行评估，认为欧洲统一大市场建立对区域总体经济增长可能产生的作用是使国民生产总值每年增长 0.16%。自 1957 年罗马条约签署至 1985 年，欧盟的国民生产总值翻了一番，而同期美国只增长了 70%。2000 年欧盟 15 国 GDP 为 79160 亿美元，而到 2007 年欧盟 25 国 GDP 已经达到 121793 亿美元，经济总量与美国不相上下，占世界 GDP 总额的 1/4 强。

随着 NAFTA 的不断深化，北美地区在世界经济中的地位也越来越重要。NAFTA 成员国在经济水平、文化背景、资源禀赋等各方面的差别，使区域内经济具有很强的互补性，从而为其提供了更多的专业化生产和协作的机会，提高了劳动生产率，促进了整体经济的发展，提高了人民的平均生活水平。

从表 2—1 中可以看到美加墨三国自 NAFTA 成立以来，国内经济有了大幅增长。2007 年美国的 GDP 为 138112 亿美元，比 1993 年增长了 107.5%；加拿大的 GDP 达到了 13264 亿美元，比 1993 年增长了 135.2%；墨西哥的 GDP 达到了 8934 亿美元，比 1993 年增长了 121.6%，在拉美地区名列前茅。研究表明，NAFTA 对墨西哥的影响最为广泛，对其经济增长、失业下降、进出口增加、政府收支改善等经济指标的贡献最为显著，并在很大程度上提高了其总要素生产力，使贫困率缓慢下降，并对就业机会的数量和质量都产生了积极影响。2000 年通胀率为 8.96%，这是自 1994 年墨西哥金融危机以来首次实现将通货膨胀率控制在个位数以内；同年，墨西哥创造了 529348 个正式就业机会，年平均失业率仅为 2.21%，为墨西哥的历史最低水平。

表 2—1　1993~2007 年 NAFTA 成员国国内生产总值变化

（单位：10 亿美元）

成员国＼年份	1993	1995	1997	1999	2001	2003	2005	2007
美　国	6657.4	7397.7	8304.3	9268.4	10128.0	10960.8	12455.8	13811.2
加拿大	563.9	590.7	637.7	661.3	715.6	868.5	1132.4	1326.4
墨西哥	403.2	286.2	400.9	480.6	621.9	638.7	768.4	893.4
总　计	7624.5	8274.6	9342.9	10410.3	11465.5	12468.0	14356.6	16031.0

数据来源：根据 World Development Report 2007 和世界银行网站数据计算整理。

从区域贸易协定成员国社会福利效应的纳什均衡分析来看，区域贸易协定的建立，一方面使得多边贸易合作进一步深化，从而维持成员国的福利水平；另一方面进一步强化了非成员国寻求加入某个区域贸易组织以使本国福利水平最大化的动机。① 所以，区域贸易协定的形成进一步平衡了各成员国之间的净福利，并深化了多边贸易合作，促进了世界经济的总体增长。

（二）区域经济合作改善了贸易条件，促进了成员国间的贸易增长，推动了国际贸易的发展

区域经济合作为国际贸易开拓一个更大和更开放的市场。在货物贸易、服务贸易、投资自由化和便利化安排及其他众多经济领域的促进措施促进了基于比较利益的分工深化和自由贸易的扩大，促进了区域内贸易的增长，使合作体内部各成员国间的相互依存关系进一步加深，并促进了产业内贸易的发展。区域经济合作组织内部贸易的快速发展，推动了国际贸易的质变，从而加速了经济全球化的发展。虽然贸易转移效应也会同时产生，但并不必然导致区域外贸易下降。而且从动态效果来看，贸易转移在某些情况下也不一定是坏事。正式的区域安排对贸易模式产生的明显影响，远超乎近邻之间的自然通商。②

1. 促进了区域内部贸易的增长

目前，一半以上的世界贸易是在贸易集团内发生的。据联合国相关数据资料显示，仅 2000 年发生在区域贸易组织内部的贸易额就占了世界贸易额的 60%，特别是欧盟、东盟、北美自由贸易区、南方共同市场、中欧自由贸易区、安第斯共同体六大区域组织内部的贸易量就占世界贸易额的 40%。区域经济合作的开展，大大加快了其成员国的贸易自由化程度，关税与非关税壁垒的取消不但扩大了地区市场容量，还加强了各成员国间优势互补和地区范围资源的有效配置，从而形成了"贸易创造效应"，如 NAFTA 成立后，由于独特的原产

---

① 宋岩、侯铁珊：《区域贸易协定成员国社会福利效应的纳什均衡分析》，《财经问题研究》2006 年第 1 期。

② Jeffrey Frankel: Regional Trading Blocs in the World Economic System, Washington D. C. .

地规则，直接庇护了区域内纺织品服装贸易①；同时由于区域内各成员国市场相互开放，相互提供优惠，使得区域外的国家或地区因享受不到优惠而形成了实际上的贸易壁垒，外来产品的竞争力下降，从而又产生了"贸易转移效应"。

因此，区域经济合作产生的贸易创造与贸易转移效应促进了成员国间贸易量的增加，并使区域内各成员国通过发展相互贸易及商品和各种生产要素的自由流动而获得利益，从而也意味着它们内部合作关系的更为加强和内部贸易的更加活跃，② 这具体表现在区域内部贸易额的更快增长和区域内贸易比重的提高上。从表2—2中可以看到，20世纪90年代以来，新一轮区域经济合作浪潮的到来在不同程度上促进了各区域集团区域内贸易的发展。

表2—2　主要区域经济合作组织区域内进出口贸易额

（单位：10亿美元）

区域组织 \ 进出口 \ 年份	2003		2004		2005		2006		2007	
	进口	出口	进口	出口	进口	出口	进口	出口	进口	出口
世界（总）	7863	7585	9569	9220	10857	10485	12428	12113	14244	13950
EU（27）	2156	2166	2576	2577	2754	2756	3133	3135	3622	3622
NAFTA（3）	632	652	705	739	782	825	855	902	905	952
MERCOSUR	13	13	18	17	22	21	26	26	34	32
ASEAN（10）	97	116	113	145	148	165	173	191	190	216

数据来源：根据 International Trade Statistics 2008 整理。

自1958年欧洲共同市场建立以来，其一体化进展极大地促进了区域内贸易的发展，即使是在内部统一大市场建成之前，欧盟区域内贸易在对外贸易（包括区域内外）中的比重也已由1957年的51%上升到了1992年的60%。内部统一大市场的建立消除了成员国之间的

①　Customs Unions, Development Research Department World Bank.

②　王宪磊：《经济全球化中区域经济合作的新发展》，《江西社会学院学报》2002年第9期。

贸易障碍，在区域内实现了大市场基础上的比较优势的国际分工，使欧盟各成员国内部的贸易从此不再有汇率波动的风险；同时，统一大市场的建立还降低了交易成本，扩大了产品市场份额，实现了贸易创造效应和贸易转移效应，也让消费者有了更多的选择，成员国之间的经济联系进一步加强；共同经济政策的执行为区域内的贸易与投资增加了透明度以及稳定性，这对欧盟内部降低失业率和增强经济活力都有较强的积极作用，从而有力地促进了区域内贸易的发展，其在对外贸易中所占的份额也呈不断上升趋势。欧盟的经济实践还证明了其贸易创造效应远远大于贸易转移效应，尤其是 2004 年 5 月欧盟的东扩使原来 15 国的内部市场扩大为 25 国的大市场，基本实现了欧盟和中东国家的自由贸易，得到强化的专业化生产以更大的规模进行，区域内贸易得以迅速发展。如今欧盟的区域内贸易在其对外贸易中的比重已由 1992 年的 60% 上升到了 2006 年的 65.74%。

尽管北美自由贸易区成立时间不长，一体化程度比欧盟低，但是其成效也是显著的，其进出口总额已经占到世界进出口总额的 1/5 左右，在世界经济中占有越来越重要的地位。NAFTA 的建立突破了以水平分工为基础的一体化模式，成立不久就基本实现了自由贸易区的目标，消除了几乎全部的关税和非关税壁垒，大大加快了墨西哥与美、加两国的贸易自由化程度，实现了商品和投资的自由流动，产生了"贸易转移"与"贸易创造"效应，极大地推动了区域内贸易的发展，区域内贸易占成员方贸易总额的比重也持续提高。如表 2—2 所示，北美自由贸易区自成立以来，区域内贸易额已从 2003 年的 12840 亿美元增加到了 2007 年的 18570 亿美元，2007 年北美自由贸易区的区内贸易额占其贸易总额的比重为 40.9%。可以说北美自由贸易区的建立使北美地区成为世界上一个极具经济竞争力与经济最为繁荣的区域。北美自由贸易区的建立促进了墨西哥劳动力密集型产业的发展，扩大了出口，有力地拉动了墨西哥经济的增长。如今墨西哥已获得了美国大部分的服装与纺织品市场，并取代亚洲的发展中国家成为美国最大的服装与纺织品出口商。美、加经济也受益匪浅，主要表现为扩大了对其他两个成员国的出口。1990～2006 年，美国对加、

墨两国的出口额从 1113 亿美元增加到了 2999 亿美元，增长了
169.5%；加拿大对美、墨两国的出口额从 957 亿美元增加到了 2701
亿美元，增长了 182.2%；墨西哥对美加两国的出口额从 325 亿美元
增加到了 1704 亿美元，比 1990 年增长了 424.3%，增幅最大。如今
墨西哥已成为世界第八贸易大国、美国的第二大贸易伙伴和加拿大的
第五大贸易伙伴。美加的贸易额也连年增长，两国已成为世界上最大
的双边贸易伙伴。

其他区域经济合作组织如欧盟—地中海自由贸易区，建立后其区
域内贸易额也不断增加。2001 年欧盟向地中海国家的出口达 750 亿
欧元，出口额每年以 5% 至 7% 的速度增长，但是与欧盟和北美自由
贸易区比较起来，进展不大。这些区域经济合作组织的建立未能在很
大程度上促进区域内贸易的增长是因为区域内贸易的增长取决于区域
内各国经济结构的相似程度，以及经济是竞争性还是互补性占主导。
区域内各国的经济结构越相似就意味着各国的外贸结构越相近，因而
越难进行贸易上的互补，导致区域内的相互贸易潜力不大，对于区域
内贸易的促进作用就越小。这对于主要由发展中国家和地区构成的区
域集团来说尤为明显，再加上发展中国家和地区与区域外的贸易联系
较强，对区域外市场依赖性很大，更加导致了区域内贸易的增长不显
著。东盟就是一个典型的例子。长期以来，区域内贸易都是东盟各国
对外需求的核心和基础，东盟在后危机时期也强化了对这一理念的认
识，因此，东盟区域内贸易额不断增加。但是东盟自建立之初就由于
其成员国并不打算大规模扩大区域内贸易而缺少经济合理性，而且由
于区域内各国经济和贸易结构的雷同化、对外部工业化发达国家市场
的依赖性过高等不利因素限制了东盟内部贸易创造效应的发挥。因
此，其区域内贸易发展缓慢，区域内贸易额一直徘徊在其贸易总额的
20% 左右，相比之下同期欧盟和北美自由贸易区的内部出口额占其总
出口额的比重则分别高达 54.6% 和 62.6%。

2. 区域经济合作带动了区域外贸易的发展

虽然某些区域经济合作组织，特别是经济发达国家之间以及经济
发展水平不同的国家和地区组成的区域集团，由于其内部成员国间优

惠政策与共同对外关税和非关税政策之间相差悬殊，发生贸易转移而造成该区域集团成员国与第三国贸易下降的可能性比较大。但是迄今为止根据主要研究所得到的结论是：任意一组国家组成的区域集团，在促进区域内贸易增长和福利增加的情况下，并不必然引起区域外贸易下降。从表2—3中可以看到，虽然增长幅度不同，但主要区域集团的对外贸易额也均呈不断上升趋势，至今为止，只有欧盟是唯一一个区域内贸易扩大明显高于区域外贸易扩大的区域集团。

表2—3　主要区域经济合作组织区域外进出口贸易额

（单位：10亿美元）

区域组织　　年份进出口	2003		2004		2005		2006		2007	
	进口	出口	进口	出口	进口	出口	进口	出口	进口	出口
世界（总）	7863	7585	9569	9220	10857	10485	12428	12113	14244	13950
EU	1058	983	1278	1185	1468	1310	1697	1456	1952	1698
NAFTA（3）	1083	511	1291	585	1487	654	1669	773	1779	902
MERCOSUR	56	93	77	118	91	143	114	164	151	192
ASEAN（10）	313	359	398	423	455	490	515	580	584	649

数据来源：根据 International Trade Statistics 2008 整理。

欧盟作为世界上重要的贸易集团，对国际贸易的依赖较强，不计欧盟各成员国之间的贸易额，欧盟的区域外（进出口）贸易额占世界贸易进出口总额的比重也居首位。从表2—3中可以看到，欧盟的建立与不断扩大不但极大地促进了区域内贸易的发展，而且也带动了其区域外贸易额的不断增加。1957~1985年的28年间，欧盟区域外贸易总额增长了6倍；1985~1992年，区域外贸易额增长了36%；截至2007年，这一数字已达到了36500亿美元，在世界进出口贸易总额中所占份额增加到了12.95%以上。除欧盟以外，NAFTA的建立也在不同程度上促进了其成员国区域外贸易额的上升：1990~2005年，加拿大对区域外国家和地区的出口额增长了70.8%，美国对区域外国家和地区的出口额增长了102.9%，而墨西哥这一数字则达到了219.5%；截至2007年，NAFTA区域外贸易总额已高达26810亿美元。

20 世纪中期以来，东盟的经济发展虽经历了大起大落的颠簸，但其对外贸易总体仍呈低速增长的"温和"上升趋势。2002 年东盟六国初步建成自由贸易区，这不但改善了东盟对外贸易的环境，也降低了区域内贸易的交易成本，促使了东盟对外贸易"拐点"的出现。2002 年东盟对外进出口额都有较大幅度的增加，贸易收支也转而出现盈余。此后，东盟对外贸易一直在正增长和顺差的轨道上不断向前发展。①

3. 区域经济合作促进了产业内贸易的发展

从区位来看，主要区域经济合作组织的成员国通常具有较近的地缘关系，因此区域内具有生产特征相似、运输成本低廉和便于开展边境贸易等有利于产业内贸易开展的特点。区域经济合作的开展使区域内出现了更加活跃的相互依赖关系，不但促进了区域内产业结构的调整、升级与国际分工的深化，还推动了区域内规模经济效应的产生和跨国公司内部贸易迅速增长。跨国公司通过内部化市场以克服中间产品交易中的市场缺陷，形成了区别公开竞争的外部市场的内部市场，并大大增加了国际贸易流量。由于跨国公司实力强大，其内部市场在国际贸易中的作用非常明显，从而推动产业内贸易的发展。② 除此之外，区域经济合作还使区域内成员国的经济发展水平和人均收入水平逐步提高，消费结构不断优化。当成员国之间人均收入水平趋于相等时，其需求结构也趋于接近，从而使产业内贸易发展的趋势得以加强。人均 GDP 越高，消费者对差异产品的需求就越高，也更加复杂和多样化，进而推动产品向差异化方面发展，促进产业内贸易的发展。

大多数成功的区域一体化协定，欧盟、欧洲自由贸易区以及北美自由贸易区，成员国之间无论是货物贸易还是服务贸易，产业内贸易

①　刘兴华：《从地缘经济合作看今年来的东盟对外贸易》，《当代财经》2006 年第 1 期。

②　石岚、毛志文：《东盟自由贸易区的产业内贸易发展研究》，《沿海企业与科技》2006 年第 4 期。

水平都很高。区域经济合作的深化，使产业内贸易得以进一步发展。以东盟为例，东盟的建立及发展，促进了其成员国的经济发展，各国人均国民生产总值得到了较大幅度的增长，工业生产能力也有了较大的提升，产业内部的分工也更细，从而形成了多样化的供给市场。市场容量的迅速扩充，使东盟与其他国家和地区的需求越来越重叠，需求结构的日益趋同，从而使产业内贸易得到了较快的发展。

（三）区域经济合作改善了投资环境，扩大了国际直接投资，产生了投资效应

国际投资作为衡量经济全球化不可忽视的重要指标，近十年一直保持快速增长的势头（2001 年除外）。从区域经济合作的实践来看，区域内成员国通过建立自由、便利、透明和具有竞争力的投资体制有效改善了自身的投资环境；对区域内部行业惯例、贸易服务以及投资规则等各项基础政策的规定，以及这些政策在未来很长一段时间内的持续性，为区域内外投资者提供了一个很好的投资环境，确保了长期投资所需要的信心与稳定性，从而促进了区域内资本流动并增强了对区域外 FDI 的吸引，对国际直接投资的增长起到了推波助澜的作用。从表 2—4 中可以看出，1990 年至今，仅欧盟和北美自由贸易区产生

表 2—4　欧盟与北美自由贸易区 FDI 流入、流出额

（单位：亿美元）

FDI	流入					流出				
	1990 ~ 2000 年均	2004	2005	2006	2007	1990 ~ 2000 年均	2004	2005	2006	2007
世界	4926	7177	9587	14110	18333	4925	9202	8808	13232	19965
EU	2095	2143	4984	5624	8043	2804	3680	6093	6045	11422
NAFTA	1346	1583	1527	3188	3662	1084	3426	515	2701	3759
美国	1095	1358	1048	2367	2328	920	2949	154	2666	3138
加拿大	157	−4	270	628	1087	158	433	296	391	538
墨西哥	94	229	209	193	247	6	44	65	58	83

数据来源：根据 World Investment Report 2008 数据整理。

的 FDI 就占了世界 FDI 流量的 50% 以上，推动了国际直接投资的发展。国际直接投资的增加又扩大了市场，并在一定程度上催生出新的贸易流，[①] 促进贸易的增长，推动国际贸易的发展，从而有利于经济增长的良性循环。

1. 区域内成员国间资金的自由流动促进了相互间的投资

根据罗布津斯基定理，投资的增加将导致资源在初级产品和制造业之间及轻工业之间的优化配置，由此提高生产效率、扩大产出、推动经济向更大规模和更高水平发展。区域经济合作组织的建立提高了区域内贸易自由化程度，促进了区域内的分工在更广和更深的层面展开，从而增加了成员国之间的资本流动。同时在区域经济合作体内部，由于减少或解除了成员国之间的投资限制，投资环境更有利于各成员国间的相互投资，从而刺激了跨国公司在区域内成员国间进一步发展和相互投资的增加。企业市场空间的扩大，使在任何成员国的投资企业都能以较低的成本进入其他成员国，从而增强了区域集团作为一个整体对外资的吸引力，使成员国从中受益。对于"南北型"区域经济合作组织来说，随着区域内市场的扩大，风险与不稳定性逐渐降低，发展中成员国能够吸引其他成员国厂商增加新的投资；另外，为了提高竞争能力，发展中国家内部原有的厂商也会增加投资，改进产品质量，降低生产成本，从而增强发展中成员国外向型经济的抗风险能力。区域内相互直接投资的增长深化了产业内及企业内的国际分工，促进了区域内贸易的增长，从而在区域内形成经济增长的循环机制。

近年来，随着区域经济合作的不断深化，区域内成员国之间的相互投资已逐渐成为国际投资的重要来源和去向，并且其在国际投资中所占的比重越来越大，从而促进了国际投资的增长。欧共体的发展经验告诉我们，区域经济合作促进了其区域内成员之间的资金流动，而且区域内直接投资的增速快于同期第三国对欧共体的直接投资。从欧

---

① Susan F. Ston, Bang Nam Jeon: "The Role of APEC and the Relationship between FDI and Trade in the Asia-Pacific Economies", *Journal of Economic Integration*.

盟内部各成员国之间的相互投资来看，如今欧盟各成员国已成为欧盟国际投资的重要来源和去向，区域内投资占其吸收投资的一半以上，这就推动了科技攻关和开发，以及新技术的推广应用和产品科技含量的提高，从而促进了区域内成员国内部产业和布局的优化，并提高了劳动生产率。

NAFTA 实施以后，美、加之间 FDI 增长基本比较稳定，双方已互成为世界上最大的贸易伙伴；美国和加拿大在墨西哥的投资也增长迅速，其在墨西哥外资中所占的比重也有所增长。1990～2007 年，流入北美自由贸易区的外国直接投资占同期全世界外国投资总额的17.7%。其中，美国年均吸收 1276 亿美元的外国直接投资，加拿大的年均吸收外资额达到 247 亿美元。1990～2007 年间墨西哥年均吸收外国直接投资额约为 127 亿美元，而仅 2007 年一年墨西哥吸收外国直接投资额就已达到 247 亿美元，与拉美地区外资总流入量大幅减少的情况形成反差。如今墨西哥吸收的美资已占到美对外投资的60%，加拿大在墨西哥金融、电信、运输、采矿等行业的直接投资也不断加大。墨西哥已从 NAFTA 的成功运作中受益，其外汇储备稳中有增，外资流入持续增加，抗风险能力也显著提高，经济发展呈现持续增长的趋势。

2. 区域经济合作吸引了区域外直接投资，促进了区域内外资金流动

区域经济合作组织的成立，使成员国在吸引区域外直接投资方面展开竞争，从而加速全球对外直接投资的流动。例如，欧共体统一大市场成立之初，法国曾对外国直接投资持较为消极的态度，但在意识到针对外国直接投资的壁垒措施最终将惩罚自己而有利于其他成员国的现实后，转而实行积极的鼓励外国直接投资的政策，从而迅速进入世界吸引外资大国之列。同时，区域外非成员国为了保持原来的市场和产品竞争优势，会想尽办法在区域内部展开直接投资活动以绕过地区性贸易壁垒，将生产转移到区域内，投资设厂，就地生产就地销售，形成一种不出口的出口，从而继续占领和扩大区域经济合作体内的市场，更多地从外部直接打入内部，防止被排斥在具有大规模市场

优势和要素自由流动优势的区域经济合作组织之外。因此，区域经济合作的开展吸引了大量区域外资本的流入。例如，日本丰田公司在英国投资设厂，目的是打开欧盟市场，而在发现英国未加入欧元区后，随即在法国北方城市新建汽车厂。可见，与单一国家相比，区域性经济合作组织的成立，更易激发跨国公司的投资积极性，从而引发区域外投资的热潮。

除了上述动态刺激，区域经济合作还使发展中国家吸引更多的区域外投资。① 南方共同市场建立后，其投资环境得到很大改善，宏观经济的稳定也使外部投资者的信心普遍增强，区域外的资本大量涌入。目前，欧盟在南方共同市场的投资份额最大；美国的大企业也把以巴西为中心的南美投资看成是在竞争中求生存的必要条件之一。受区域经济合作组织动态经济效益因素吸引所产生的区域外主动投资主要集中于资金技术密集型行业，而且大都是发达国家作为第三国的主动投资计划；而受其保护主义政策影响所产生的被动投资在资金技术密集行业和劳动密集型行业都有所发生。在"南北型"区域经济合作组织中对于劳动密集型行业的投资一般会进入经济发展相对落后、鼓励吸引外资的发展中成员国，然后再把投资生产的产品出口到其他成员国。例如，北美自由贸易协定达成后，一些东亚、拉美国家和地区的大量直接投资涌向墨西哥，其最终目的是以墨西哥为跳板绕过美国贸易壁垒，打入美国市场。

（四）区域经济合作产生了规模经济效应

克鲁格曼认为，国家之间的贸易代表了这些国家根据规模收益递增原理而发展专业化的结果。在规模经济和收益递增的驱动下，产出规模扩大带来生产成本下降，而不完全竞争和收益递增的存在，则为国家和区域采取战略性贸易政策创造竞争优势提供了可能。②

Baldwin（1997）认为生产要素的积累与流动都是一个循环过程，

---

① 张红霞、李平：《经济全球化、发展中国家与区域经济合作》，《山东理工大学学报》2004 年第 3 期。

② 张燕：《西方区域经济理论综述》，《当代财经》2003 年第 12 期。

市场规模越大的区域，投资额越大，又会进一步增大市场规模。在区域经济合作中，贸易壁垒的消除推动了具有贸易互补性的成员国之间生产要素的跨国流动，优化了区域内产业分工结构，使区域内市场规模不断扩大，从而促进了生产要素积累与流动的循环。区域经济合作开展以后，不同经济体分散的小市场结成统一大市场，通过大市场内的激烈竞争，打破了原来各成员国国内的垄断，使企业摆脱了市场规模的限制，能够在更大范围内配置资源。市场的扩大不仅使厂商规模逐渐扩大，实现静态规模经济，而且能带来累计产量增加，从而实现动态规模经济。随着市场的扩大，厂商数量也不断增加，竞争日趋激烈，导致技术创新速度逐渐提高；同时市场的扩大还刺激技术密集型行业的研究与开发。

区域经济合作在促进国际产业转移与成员国产业调整的同时，不但优化了资源配置，扩大了市场容量，使各国得到了更多的专业化生产与协作机会，而且还使区域内成员国能够在更大程度上共同使用外部基础设施、服务设施、公共信息资源和市场网络，共同利用某些辅助企业，使区域内的中小生产企业可以与流通企业开展某些方面的纵向合作，构建稳定的渠道和流通网络关系，从而推动区域内产业集群的不断出现。流通产业集群中的中小流通企业之间可以进行横向联合以获得规模经济，使各成员国有更大的可能获得发挥规模经济的效果，促进生产效率的提高，并由此产生"区域外部规模经济"，并通过协定使各成员方分享规模经济效益。产业集群作为地区经济的增长极，其自身规模扩张优势远优于单个企业。它在短时间内形成巨大规模，其生产规模的扩张带来的单位固定成本的降低，地理位置的集中，减少了能源和原料损耗，缩短了原料和产品运输距离，从而节约生产和运输成本，提高产业集群的竞争优势，实现规模经济效应，进而拉动区域经济快速增长，增大企业群的外部效应，增强成员国产业竞争力。规模经济也是发展中国家经济一体化的重要动力。

NAFTA的建立为其成员国提供了一个3.6亿消费者的巨大市场，区域内企业从规模经济中获益，产品的成本不断降低，并获得了竞争优势。欧盟的建立扩大了区域内的市场规模，使得欧盟内部贸易的流量和结构以及直接投资都发生了有利于产业更合理地分布以降低成本、提高效率方面的变化，而不是单向地朝发达地区集中。欧洲各国选择合适的道路，创新了一体化发展模式，汇聚参与国的竞争优势，形成了规模经济效应，取得了巨大的收益，提升了各成员国的竞争力。

（五）区域经济合作推动了区域内共同竞争政策的建立，产生了竞争效应

竞争政策的制定旨在通过控制和消除一国国内市场的限制性竞争行为，以保证市场的有效运作和资源配置的流畅顺达。[①] 20世纪90年代以后，世界贸易组织作用的加强、经济全球化趋势的加快以及区域经济合作的不断深化，促进了区域内成员国之间竞争政策的不断协调，推动了区域内共同竞争政策的建立，使各国竞争政策在存在差异的前提下呈现趋同的现象。共同竞争政策的建立使各国竞争政策得以优化，从而强化了区域内竞争，激化了收益并逐步纠正了贸易条件所导致的非效率现象。成熟的区域一体化组织通过在区域内达成相似的法律规章（至少在竞争政策领域采用相同的法律概念的解释，相同的法律管辖），并通过相应的程序和手段实施这一法律，从而在区域内建立共同的竞争政策。

欧盟的竞争政策产生于20世纪50年代欧洲一体化的特定历史条件下，其演进与欧洲一体化进程同步进行，其倡导的公平竞争原则是欧洲经济一体化的重要根基。欧盟的竞争政策是世界上第一个跨国性反托拉斯政策体系，其不但维护和促进了共同市场的竞争，限制了市场主体的违反竞争行为和某些市场结构，而且还推动了欧盟内部统一市场的形成。欧盟竞争政策不仅在欧洲一体化进程中发挥了重要作用，而且其政策实践亦为世界经济全球化背景探索建立国家间共同的反垄断实践提供了有益的借鉴模式。

理论上，从不同市场结构来看，如果其他条件不变，市场竞争程

---

① 李婧：《多边贸易自由化与贸易保护主义》，《首都经济贸易大学学报》2001年第1期。

度越高，其效率越高，资源配置就更趋合理。区域经济合作促进了区域内投资自由化，在投资自由化带来资本、技术、管理经验全球流通的同时，市场份额的不变，生产者或服务者的增加，必然导致竞争的加剧；区域内产业集群的出现更是推动了竞争效应的实现。产业集群的出现促进了企业间实现纵向合作，合作产生集体效率，可以与强大的竞争对手抗衡，竞争又会促进企业的发展，扩大产业集群的竞争力。南北型区域经济合作组织的建立，摧毁了原来发展中国家受保护的市场，区域内竞争的激化，迫使区域内企业不得不努力改进经营管理、研发和采用更先进的科学技术，从而带动了整个区域的科学技术水平和生产水平的提高，推动了合作国家的国际分工和专业化生产，提高了资源使用效率，增加了市场竞争所带来的收益。①

（六）区域经济合作加速了国际产业的转移，优化了资源配置，促进了产业结构升级及技术进步

虽然区域经济合作组织成员由于经济发展水平参差不齐而使得合作伙伴之间的经济技术合作进展缓慢，但还是在一定程度上推动了国际产业和技术的发展，从而不断改善着区域产业分布的动态格局，促进了技术进步和产业结构的升级。

1. 区域经济合作加速了国际产业转移，扩大了国际产业转移规模

国际产业转移是发达国家调整产业结构，实现全球战略的重要手段，也是发展中国家改造和调整产业结构，实现产业结构升级和技术进步的重要途径。经济全球化和区域经济一体化进程的加快使国际产业结构调整获得了长足的发展，区域经济合作组织中的产业转移更是得到了迅速的发展。由于主、客观原因，区域经济发展的不平衡是存在的。因此，区域经济发展具有不同的梯度，这种梯度产生了经济技术推移的动力，为区域经济合作发展提供了"多赢"的合作动力。②

---

① 张红霞、李平：《经济全球化、发展中国家与区域经济合作》，《山东理工大学学报》2004 年第 3 期。

② 王瑛：《区域经济一体化发展的驱动机制分析》，《企业经济》2005 年第 4 期。

东亚地区已经或正在经历雁行产业形态说所描述的阶梯性过程，目前东亚地区区域内的水平分工已有所发展，这一点可以从区域内的相互投资和贸易增多看出。

区域经济合作使成员各方通过取消各种歧视性政策，促进了商品和生产要素的自由流动，使得生产要素向具有区位优势和比较优势的区域集聚，同时还为成员国提供了更为广阔的国际产业转移空间。具有比较优势的成员国在某些生产领域的专业化发展，以及相应的生产活动向生产成本较低的国家集中，加剧了成员国市场竞争，使专业化分工不断向纵深拓展，优化区域内资源配置，扩大消费者选择范围，并通过扩大市场，产生了明显的贸易创造效应，实现规模收益递增，并出现了一些产业集聚现象，从而形成了使每个国家的总体利益都增加的区域性专业化地域分工，并在一定程度上使得生产力水平不同的国家的经济互补性不断加强。汉森（1953）通过实证分析还发现经济一体化对各国生产的空间组织有重要影响，其中对发展中国家企业的区位选择影响大于发达国家。在区域内部，发达国家往往集中精力发展高新科技产品，而通过发展中国家的劳动力密集部门的产品补充其薄弱产业的不足。区域合作组织中的发展中成员国一方面利用发达国家在本国新兴工业部门的直接投资，促使其产业结构升级；另一方面则通过减少国家干预和实现非国有化，使本国企业更具竞争力，从而在一定程度上推动了本国经济结构的调整。具体来说主要体现在以下三个方面：

第一，产业转移区域内部化。区域经济合作的开展实现了集团内各国之间商品、人员、资本和其他生产要素的自由流动，区域内各国之间互相取消关税，实现贸易自由化，从而促进了产业转移区域内部化，其表现形式就是区域内贸易占总贸易额的比重不断上升。欧盟就是一个明显的例子，其区域内贸易额占总贸易额的比重从 1958 年煤钢共同体成立时的 33.87% 已上升到了 2004 年的 80%，这说明了欧盟的建立极大地促进了国际产业转移的区域内部化。NAFTA 的建立，使美国和墨西哥在其后 10～15 年内取消所有商品的全部关税和非关税，关税的下降推动了三国的贸易发展和投资的内部化，三国间的贸易总额迅速增加，资本流动和产业转移也迅速增长。从欧盟和北美自由贸易区国际产业转移的实践可以看出，区域经济一体化组织的建立，使国际产业转移日趋区域内部化。同时，从区域内外的贸易和投资来看，无论是总额还是增长速度，都有很大提高。随着产业转移速度的加快，区域内各成员国均从中受益匪浅，这种趋势将会持续下去。

第二，产业转移规模逐步扩大。区域经济合作的深化，进一步使国际产业转移突破特定区位和流向的限制，在全球范围内寻求该产业或产业链条上特定环节最佳的投资区位，从而使国际产业转移出现了多方向、跳跃式的发展态势。在这种模式下，国际产业转移的规模迅速扩大，并使各国的产业发展及其结构调整之间的互动性显著增强，各国之间的产业关联和相互依赖程度大大提高，为各国带来了更多的分工效益。国际资本流动是国际产业转移的内在机制，引进与利用外资是接纳国际产业转移的主要方式，随着集团内成员国相互之间投资规模的增长可以看出产业转移的规模正在逐步扩大。

欧盟自成立以后，其内部产业转移一直保持着较高的增速，虽然在20世纪90年代增速有所减缓，但90年代中期以后产业转移的规模仍在扩张。1998年欧元启动后发展更快，2003年猛增至1180亿欧元。欧盟东扩更是进一步加速了产业转移，而且其规模会进一步扩大。北美自由贸易区的组建，使各国投资者对三国，特别是对墨西哥的经济前景信心不断上升，使流入墨西哥的外资保持良好的势头，仅仅是在协定生效的1994年1月1日到1995年12月间，流入墨西哥的外国直接投资就达到143.014亿美元，其中19.8%投向了因合作协定生效而开放的采矿、银行、电话等经济部门。①

第三，产业转移方式多样化、发展格局多方向化。欧盟的建立，使区域内国际产业转移已突破原来单一的直接投资和单一股权安排，逐步形成了独资、合资、收购、兼并和非股权安排等多样化投资和产业转移方式并举的格局，投资呈迅速增长态势。国际产业

---

① 陈秀莲：《产业转移与区域经济集团》，《大经贸》2006年第3期。

转移的国家也已不仅仅只限于发达国家的跨国公司，国际产业转移已由发达国家→发展中国家的单一模式演变为发达国家→发展中国家、发达国家→发达国家、发展中国家→发达国家共存的多方向格局。

随着区域经济一体化趋势的增强，几乎所有的区域性经济组织都进行了有关投资自由化的谈判，并达成了相应的框架协定或合作计划；在双边和地区层面，各国、各地区纷纷签订了促进 FDI 自由化的双边或地区性协定。这些政策协调活动大大提高了全球外资政策的整体透明度，加快了 FDI 全球流动。作为国际产业转移最重要的方式，FDI 的增长也为国际产业转移注入了强大的动力。[①]

2. 区域经济合作促进了产业结构升级

一个国家和地区产业结构的形成受其要素禀赋状况的制约，外国直接投资也会根据东道国的要素禀赋状况进行产业选择。区域经济合作的开展，使成员国有更优越的条件利用国内、国外两种资源、两个市场，其不但推动了区域内贸易的增长，还使成员国通过市场竞争机制，充分利用现有要素禀赋发展具有比较优势的产业，从而不断积累更"高级"的生产要素，并使区域内的企业可以选择适当的产业形态，实现产业结构的升级。

产品生命周期理论认为，在产品和技术周期的不同阶段，不同的国家有着不同的比较优势，生产区位在不同发展水平的国家之间转移，并通过产品交换实现比较利益在国际间的转移，从而提升区域内整体产业结构层次。根据"生产分工"战略，区域内劳动密集型产业和部分"夕阳产业"以及国内不再具有比较优势的资本，可以迁移到劳动力丰富而廉价的成员国，而将新型产业和高科技产业留在具有技术、科技比较优势的成员国内，并将一些缺乏竞争性部门的工作转移到更有竞争性的部门，从而使成员国保持自身在特定经济技术贸易上的领先地位，实现产业的不断集中和升级。随着国际产业转移的

---

① 杨丹辉：《国际产业转移的动因与趋势》，《河北经贸大学学报》2006 年第 5 期。

推进，外包已逐步成为产业转移的新兴主流方式。外包的发展不仅加快了发达国家产业结构调整的进程，而且为发展中国家参与国际分工提供了更多有利机会，从而改变着全球资源要素的流向和产业布局，促进了区域内，乃至全球的产业结构升级。

以 NAFTA 为例，区域内产业结构的升级有力地推动了美国在汽车、电信设备等工业部门的发展。把一些缺乏竞争力部门的工作转移到更有竞争性的部门，把低技术和低工资的工作变成高技术、高工资的工作，使美国保持了其在经济技术贸易上的领先地位；对于墨西哥来说，北美自由贸易区是其产业结构调整的发动机。美、加的产业结构调整为墨西哥带来了技术含量相对较高的资本重组，墨西哥通过北美自由贸易协定从美国获得了急需的资金、技术和人才，工业部门落后的管理结构得以改造，商品信息交流量增加，从而推动墨西哥国内产业的优胜劣汰，创造了更多的就业机会，使本国产品的国际竞争力迅速提高。许多国家都视墨西哥为进入北美市场的一块跳板，大量外资的涌入不但弥补了墨西哥的资金短缺，而且还加速了墨西哥产业结构的升级。

在区域经济一体化的带动下，拉美与非洲也将在南南或南北经济合作圈内形成新的经济增长点，并带动各地区新型产业分工体系的形成与发展。

3. 区域经济合作促进了区域内资源的优化配置

区域经济合作是一个市场交易过程，它促进了区域内商品和生产要素的自由流动。由于区域内成员国在经济水平、文化背景、资源禀赋等各方面都存在着差别，因此区域内经济具有较强的互补性，这为各成员国提供了更多的专业化生产和协作的机会，并促使拥有不同要素禀赋的成员国通过区域间的合作发挥各自的比较优势，从而在更广的范围内促进资源的优化配置，推动区域内统一市场的建设，带动区域经济的发展，增加各方福利。

各区域经济合作组织规定了从行业惯例到服务贸易、投资规则等方面的各项基础政策，政策的稳定性和持续性使得对区域经济组织的投资可以进行长远规划。随着区域经济合作的不断深化，投资涉及的领域已越来越广，像 EU、NAFTA 等比较成熟的区域合作组织其投资涉及的领域已遍及金融、电讯、运输、采矿等众多行业，投资主体也逐步呈多元化分布，从而优化了区域内资本的配置。

NAFTA 建立后，由于成员国所处的经济发展阶段不同，因此，投资资金供给的多寡也不同。流入墨西哥的外国直接投资大幅度增加，其中美加的直接投资额占到墨西哥直接投资总额的 60% 以上，同时加拿大到墨西哥的投资企业也成倍增长。墨西哥通过开放市场和合理利用外部直接投资和国际市场竞争机制，大力发展出口加工工业，推动国内产业优胜劣汰，以此创造更多的就业机会；同时美国、加拿大也充分利用墨西哥丰富的自然资源和廉价的劳动力，大量输出劳动密集型产业；集中资源用于高新技术型产业的开发，促进了区域内资源的优化配置。[①]

4. 区域经济合作促进了技术进步，并使成员国获得了技术溢出

克鲁格曼认为，在不完全竞争的条件下，生产要素的需求和回报状况，取决于微观尺度上的生产技术条件。因此，产业结构升级所带来的生产技术的变化会不断改变各成员国生产要素的需求结构和收益结构。区域经济合作的开展使各国的企业从国内竞争转为面临区域内更多企业的竞争，成员国各企业为了取得有利地位，必然加大研究开发的力度，以求降低成本，从而促进区域内技术进步和提高生产率。

随着区域经济合作的发展，科技合作正在成为其重要组成部分。区域经济合作使国家的竞争与合作战略与跨国公司的全球化产业技术组织战略的关系越来越紧密，区域内各成员国将科技力量联合起来形成了更强有力的科研实力，进而提高了科技发展水平和对外部的竞争力。跨国企业之间通过战略联盟可以尽快获得先进技术，并使成员国获得跨国公司带来的技术溢出。有研究显示，目前跨国公司控制了80% 以上的新技术、新工艺和专利权，并有 70% 的国际技术转让是

---

① 李连仲：《墨西哥加入北美自由贸易区的利弊》，《宏观经济研究》2001 年第 7 期。

由跨国公司完成的。在区域合作组织中，尤其是"南北"型区域经济合作组织，大量投资流向了信息、通讯等高技术产业及相关服务业，促进了发达国家主导产业的更替与产业结构跃迁，由此引发了发达国家的新一轮产业转移。通过产业转移，发达国家不仅把一些传统的资本技术密集型制造业向发展中国家转移，而且还加深了发达国家之间在新兴高技术领域的分工与合作，从而为区域内发展中国家带来了其迫切要求的经济与技术合作。

在 NAFTA 中，美加的劳动密集型产业和部分传统产业向墨西哥转移，以及产业结构的调整都为墨西哥带来了技术含量相对较高的资本重组，提高了它的工业资本有机构成和效率，缩小了与美加经济发展的差距。东盟目前也正沿着多边经济合作的方向发展，逐步减小经济合作障碍。如今发达国家→发展中国家的产业转移模式仍保持着一定的技术梯度。

二、区域经济合作在非经济领域的成效

从区域经济合作组织整体层面来看，区域经济合作产生的非经济收益主要体现在区域政治、安全、文化融合、公共产品合作及外交等方面。

（一）区域经济合作促进了区域内成员国的政治合作

区域经济合作的加深，为各国带来了更多的交流合作机会，有利于消除本地区存在的历史遗留问题等不利因素，从而促进各国政治对话与合作，增强区域整体实力，并进一步推动世界经济的多极化，协调世界经济关系的稳定与发展。出于多方面的原因，东亚地区各国之间存在着许多历史遗留问题和现实的矛盾，东盟的建立以及东亚"10＋3"机制为解决这个问题提供了一个平台，使各国可以通过对话加深了解和理解，进而改善关系，增加合作，并提高了东亚地区在国际事务尤其是在国际商务中的集体谈判力量，为本地区的社会和经济发展赢得了更广阔的空间。比如，中、日、韩三国领导人的对话就是在"10＋3"这个机制下发展起来的，2003 年三国领导人发表了经济合作宣言；中国—东盟之间在深化经济合作的基础上，进一步确立

了战略合作伙伴关系。① 战后欧洲一体化虽从经济领域着手，但从一开始就带有明显的政治目标，并随后启动了欧洲的政治合作。《马斯特里赫条约》即《欧洲联盟条约》首次提出欧盟要建立共同外交和安全政策，此后，理事会在外交政策上共有 70 次采取了共同立场，还有 50 次采取了共同行动，包括在非洲和其他地区进行排雷行动及向包括巴尔干半岛和中东在内发生危机的地区派遣欧盟特使等。从发展角度看，这些努力推动了欧盟更加稳定、更加紧密的政治合作关系框架的建立。

（二）区域经济合作加强了区域内与区域间安全

区域经济合作为各国提供了一个开展各方面合作的平台，加强了区域内成员国的安全。第一，区域经济合作稳定了邻国之间关系，从前敌对的国家之间开展的区域经济合作还潜在地缓解了紧张局面，从而降低了邻国间移民、流血冲突事件发生的可能性，② 并改善了成员国之间的外交关系，提高其国内安全系数。东亚国家民族宗教问题交织所导致的尖锐矛盾突出，马来西亚与新加坡因种族问题而起的紧张状况时有发展，菲律宾面临着严重的南部省分离主义运动，印尼国内也存在着安全隐患。③ 东亚区域经济合作的开展，正逐步缓解并消除恐怖主义和宗教问题给本地区安全带来的威胁。最经典的例子还要属欧盟的前身——欧洲煤钢共同体。1951 年煤钢共同体的成立有效地缓解了法德之间的紧张局势，并遏制了两国之间战争的发生。在拉美，南方共同市场的建立不但改善了巴西与阿根廷之间的紧张关系，驱散了笼罩在两国外交关系间的乌云，而且随着智利的加入，阿根廷与智利之间原有的紧张关系也得到了缓解。南方共同市场的建立与发展，有利于驱除笼罩着南方共同市场各国外交关系的阴影，邻国间的成见和不信任基本消除，从而改善了成员国间长久以来的紧张敌对关

---

① 张蕴岭：《东亚合作的发展及其意义》，《亚太经济》，http://iaps. cass. cn。

② Maurice Schiff and L. Alan Winters: *Dynamics and Politics in Rational Integration Arrangements An Introduction*, The World Bank Economic Review, Vol. 12(2): pp. 177—195.

③ 薛真、彭升：《东亚区域合作对欧盟经验的借鉴与超越》，《社会科学战线》2006 年第 3 期。

系，加强了成员国国内安全与整个区域的安全。

第二，区域经济合作的开展，尤其是区域一体化组织的建立，有效地抵制了来自第三国的威胁。以欧盟为例，欧共体成立前，欧洲各国饱受"内战"之苦，而且受到美、苏两国在政治、经济、军事等方面的安全威胁，因此出于避免战争，抗衡美苏势力，建立一个有序世界的目的，欧洲各相邻国家开始纷纷加入欧洲一体化组织，从而促进了欧洲经济共同体的产生，并有效地抵制了来自第三国的威胁。2003年年底欧盟成员国在布鲁塞尔首脑会议上发表了欧盟成立以来的第一份《安全战略文件》。文件在强调周边安全重要性的同时，着重指出欧盟应努力提高军事实力和发展与美国之间的"平衡关系"。这是欧盟安全和防务建设的指导性文件，如今已逐步对欧盟的独立防务建设产生重大影响，并进一步促进欧洲的团结和整合，欧盟已成为能够在政治、经济等多个方面与美国抗衡的组织。南非发展共同体（SADC）的成立最初也是为了对抗来自南非的威胁，而中东欧国家要求加入欧盟则是为了抵御俄罗斯的威胁。

第三，区域经济合作促进了各国、各区域经济合作组织之间的反恐合作。在欧洲，2001年9月的欧盟特别首脑会议通过了欧盟打击恐怖主义的"行动计划"，强调加强欧盟国家间在安全方面的各项合作，并加强欧盟与第三国的合作，共同打击恐怖主义。在亚洲，2001年年后的亚太经合组织领导人非正式会晤同意加强在反恐领域的国际合作与协调。上海合作组织的建立就是以维护中亚地区安全与稳定、打击恐怖主义、分裂主义和极端主义为各成员国间的合作重点，各成员国于2001年6月15日签署了《打击恐怖主义、分裂主义和极端主义上海公约》，并在比什凯克建立了常设的地区反恐怖机构。在拉美，南方共同市场成员国也成立了反恐怖活动常设工作组，负责协调该地区的反恐斗争。在非洲，2002年9月，非洲联盟通过了一个"全非反恐行动计划"，确定了一系列旨在加强非洲国家反恐合作的具体措施。

（三）区域经济合作加强了区域内公共产品的合作

国际层级上的公共产品是指国家"共享"的产品，其收益不单独归属于任何一国。在一国之内，政府的介入可以解决公共产品的市场失灵问题，然而在国家层面上不存在世界政府，因此只能依靠国际合作来完成。区域经济合作的深化，使各国间的相互依赖度不断加深，从而促进了区域范围内公共产品，如环境保护、能源合作、打击跨境犯罪等方面合作的逐渐增加。①

区域经济合作促进了环境保护合作。区域经济合作的开展，促进了成员国在跨境环境保护中的合作。环境合作计划的实施促进了区域内信息、技术和经验的交流，推动了可持续发展农产品贸易项目等的实施，并为社会提供了环境管理系统的信息与指导，促进了保护野生动物和自然生态系统战略的制定等。北美自由贸易区的建立使三国通过经济一体化更有效地实施了环境法，并通过实施绿色技术和市场机制来解决环境问题，从而对三国间的跨境环境保护产生了极大帮助，使跨境环境问题取得了显著成就，并最终增加了国民财富。1994年以来，环境合作委员会展开了三边合作计划，北美发展银行与边境环境合作委员会在美、墨边境兴建环保基础设施41项，耗资约10亿美元，使约900万边境居民从中受益。区域经济合作组织的快速发展，在很大程度上推动了《京都议定书》的签订，从而对温室气体的排放量做出了有效的控制。欧盟一直是《京都议定书》的主要支持者，并一直致力于说服那些立场摇摆的国家加入该条约，其对于《京都议定书》的实施起到了重要的推动作用。

区域经济合作推动了能源合作。能源安全关系各国的经济命脉，对维护世界和平稳定、促进各国共同发展至关重要，而绝大多数国家都不可能离开国际合作而获得能源安全保障。因此，全球能源分布格局的不一致性更要求各国加强能源合作，共建全球能源安全。中、日、韩东盟早在2004年就开始谋求在能源供应上加强合作，确保能源供应安全等问题，呼吁东亚实行能源多样化。东北亚地区也早已开始了能源领域的合作。1994年，中、俄就开始了能源领域的合作，

———————

① 李向阳：《东北亚区域经济合作的非传统收益》，《国际经济评论》2005年第5期。

合作内容包括：原油管道合作、西气东输工程、天然气合作；日俄合作，包括：萨哈林 1 号、萨哈林 2 号、"安纳线"石油管道；1997 年 12 月，俄、中、日、韩、蒙五国开始了能源领域的多边合作。① 区域经济合作的加深为各国、各地区的能源合作提供了一个平台，从而有效地促进了能源出口国和消费国之间、能源消费大国之间的对话和合作，解决分歧和矛盾，完善国际能源市场监测和应急机制，促进资源开发以增加供给，实现能源供应全球化和多元化，保障了能源安全。

区域经济合作还加大了区域内成员国开展合作打击跨境犯罪与非法移民的力度，促进了海洋开发、水资源，劳工标准和民主制度等多方面的合作。除此之外，NAFTA 成员国还在加强行业联系、关注劳工的健康与安全、禁止使用童工、消除性别歧视和增强劳动力流动等方面开展了广泛的合作与交流。

（四）促进了区域文化的融合

随着区域经济合作的不断深化，各成员国在政治、经济、文化、科技及劳务等领域达成的协定日益增多，各国越来越自发地重视与其他成员国之间的关系。以南方共同体为例，在阿根廷，人们传统上喜欢饮用葡萄酒，但随着进口巴西啤酒的增多，阿根廷啤酒消费量猛增，而葡萄酒消费量却日益减少。这种文化上的融合正在逐渐消除人们长久以来对邻国的成见和不信任感，以及各国政府之间的对抗心态。思想观念上的变化，成了南方共同市场迅速发展和日益巩固、推动地区一体化进程的坚实基础。②

区域意识的不断强化有效化解历史、外交和民族纠纷，从而在很大程度上推进了区域文化的融合。近年来欧洲人谈得较多的一个概念是"欧洲文化"。欧洲文化事实上并不是一种文化，而是多种文化的组合。欧盟各国在文化方面都做出了不少努力，它们在教育、保护欧洲共有的重要文化遗产等方面开展合作，并试图通过立法、举办官方

---

① 朱显平、李天籽：《东北亚区域能源合作研究》，《吉林大学社会科学学报》2006 年第 3 期。

② 王萍：《南方共同市场的发展、作用及面临的挑战》，《拉丁美洲研究》1998 年第 1 期。

文化活动、加大财政投入，以此形成泛欧洲的文化区域，并在此基础上强调欧洲的同一性，构建文化认同。① 这些做法不但促进了欧盟各国在其共同文化基础上的进一步文化融合，而且还促进了欧洲一体化的深入和欧洲文明的发展。

近年来，随着东亚地区的崛起，强烈的文化自信正日渐形成，尤其是在全球化的刺激下，地区意识作为一种对"他者"反应和集体凝聚力的来源而得以强化。② 历史上的东亚存在着相似的文化渊源，东亚国家都或多或少地受到儒家文化的影响，只是近代以来东亚国家间产生了历史的芥蒂，民族宗教问题交织所导致的尖锐矛盾突出，国家间的信任基础薄弱，彼此间对历史问题较为敏感。但是随着东盟的建立，尤其是 1976 年《东盟协调宣言》的通过敦促成员国"大力发展一种地区认同意识，尽各种努力创建一个强大的东盟共同体"，③从而有效推动了东盟成员国在经济合作下共同获益的增多，地区意识生机的焕发以及历史问题的妥善解决，并进一步促进了东亚的文化融合。

第三节　区域经济合作成效：从成员国层面分析

从区域经济组织的成员国层面来看，区域经济合作的不断发展和深化，使区域内成员国之间的经济联系变得越来越紧密，并逐步形成较为合理的协作体系，从而加速了各成员国经济合作的深化与发展。在经济领域：区域经济合作改善了政府收支，并促进了政府采购行为的规范化和自由化；扩大了国家间企业的合作，增加了就业机会；有利于技术的扩散，使成员国间商业周期趋同。在非经济领域：区域经

---

① 张骥、闫磊：《论欧洲一体化进程中文化因素的影响》，《当代世界社会主义问题》2004 年第 1 期。

② 薛真、彭升：《东亚区域合作对欧盟经验的借鉴与超越》，《社会科学战线》2006 年第 3 期。

③ 王子昌：《东盟的文化特征意识》，《东南亚研究》2003 年第 3 期。

济合作使成员国不断完善其政治体制和社会制度，提高了政府信誉；有利于成员国向外部世界发出信号，起到了示范效应；使小国通过让步获得了大国给予的"保险"，放大了主导国家的政治收益，从而提高了成员国的国际地位等。

一、区域经济合作在经济领域的成效

区域经济合作在经济领域取得的成效除了从宏观角度出发考察的贸易、投资、产业结构等领域外，从微观角度还体现在以下几个方面：

（一）区域经济合作提高了成员国的福利

成员国福利效应的正负取决于其贸易创造和贸易转移的净效应。当贸易创造效应大于贸易转移效应时就能够提高成员国经济福利。区域经济合作组织的建立为其成员国创造了一个更广的贸易区域，通过消除贸易竞争障碍，形成单一市场，实现制成品、服务和生产要素贸易的自由化，使资源稀缺的生产要素及商品得以丰富并相应降低其价格，促进区域内产业结构的优化和升级，从而使成员国从区域内优化资源配置的潜能中获益，由此产生的动态收益将远大于贸易转移的代价，[①] 从而使每个成员国获得生活水平的提高和国家福利。而且从动态效果来看，贸易转移在某些情况下也不一定是坏事。例如，成员国因市场的扩大可实现规模经济，从而降低成本，有可能使产品成为世界成本最低的来源；市场的开放增强竞争压力，可减少技术无效率状态。

大量实证研究结果表明，在竞争性大于互补性的经济体之间组建FTA，贸易创造效应大于贸易转移效应，从而能够提高成员国经济福利。从发达国家之间组建关税同盟的福利效应来看，除了上述原因以外由于供给和需求曲线较为平坦，贸易创造效应较大，且非成员国的产品成本不占优势，贸易转移效应较小，因而贸易创造效应大于贸易

---

① 陈康：《中国—东盟自由贸易区及其经济效应分析》，《国际商务研究》2005年第5期。

转移效应，福利正效应较为明显。有关研究表明，NAFTA、欧盟等区域集团均不同程度地增加了区域内成员的福利。欧盟的经济实践证明其贸易创造效应远远大于贸易转移效应，尤其是欧盟东扩使欧盟和中东国家基本实现了自由贸易，除少数农产品外，大约85%的商品已经完全取消关税和配额的限制，双方的贸易量迅速扩大。

区域经济合作所产生的贸易转移效应也许造成了理想中的成员方和世界福利降低的效果，但同时却带来了现实中成员方消费者和世界整体福利一定程度的增加。虽然在"南北型"合作模式下，区域合作组织中贸易联系不平衡的现象较为突出，经常表现为一种依附性的发展；与世界平均水平差异较大的发达国家遭受到了贸易转移的损失，但是发展中国家却从中获取到了贸易创造效应所带来的收益并获取因减少管理和交易成本而带来的潜在收益。比如北美自由贸易协定生效后，美国企业大量投资墨西哥，利用墨西哥的廉价劳动力生产产品后向美国出口，实际上美国是把墨西哥变成了自己的低成本出口基地。① 但事实上 NAFTA 成立至今，其成员国的福利都有了不同程度的增加。其中加拿大和墨西哥的福利效应较大，虽然美国制造业产值高涨，就业率上升，制造业工资有了很大增长，其出口产品的国际竞争力也不断增加，但美国产生的福利收益相对其巨大的经济规模来说则较小。这正如一些基于"福利效应模式"的实证分析发现所述，在区域经济合作组织内中小国家往往容易获得相对较高的贸易利益和福利效应。

（二）区域经济合作改善了政府收支，促进了政府采购行为的规范化和自由化

政府采购行为直接关系到货物或服务供应商的经济利益，所以政府采购不仅仅是一个单纯的非商业目的采购行为，其最终效果应能促进本国工业特别是某些重要产业的发展，提高产业竞争力，扩大出口。政府采购方面的收益主要体现在发达国家的区域经济合作中，因

---

① 庞效民：《国际性区域经济合作进展效果评价》，《地理科学进展》1998 年第 12 期。

为主要发展中国家出于保护国内采购市场和不具对外竞争力的国内供应商的权益对其采取了抵制态度。政府采购行为的强化和规范，把公平的招标投标竞争机制引入了各国和地区的采购市场，这不仅规范和约束了政府采购行为，制止了腐败现象，并在很大程度上节省了政府公共开支，提高了公用事业的服务质量，也能对国内供应商保持竞争压力。这对那些经济迅速发展的发展中国家具有更重要的意义。欧盟在政府采购行为规范化和自由化方面进展最快。

区域经济合作的开展，尤其是对于"南北型"和"北北型"区域经济合作组织来说，其各成员国税收制度的国际化使得税收成为推动区域经济合作、实现互利共赢的强大动力。区域税收政策的调整，总体税收水平的下调，吸引了外国企业和公司的投资，开展经济合作。随着经济的增长，政府税收方面也得到了改善，从而使得政府收支也有了一定的改善。NAFTA的建立就显著地改善了墨西哥政府的收支。

（三）区域经济合作扩大了国家间企业的合作，增加了就业机会

在区域经济合作体内部，各成员国取消了内部边界，建立起了统一大市场，促进了各成员国企业间合作的扩大，推动了跨国企业战略联盟的迅速发展，并促进了跨国界生产企业网络的形成。在对外直接投资的推动下，随着资金的跨地域流动，生产网络逐步在空间扩散，形成了由国家单位组成的等级化生产区、生产链。企业是经济活动的主体，只有在各国企业间形成良性合作机制，才能增强区域经济合作的活力。区域经济合作为各国企业增进了解、扩大交往提供了平台，其不但促进了各成员国间的贸易和投资自由化与便利化，贸易壁垒的降低，通关手续的简化，区域内劳务合作的加强，同时在微观层面上还增强了企业间的信息交流及技术创新和扩散，对区域内劳动力资源的开发和就业的扩大产生了积极的促进作用。

与此同时，跨国企业战略联盟的发展也得到了迅速发展。跨国企业之间通过战略联盟获得了先进技术，间接地突破了各种贸易保护主义限制，加强了市场渗透能力，减少了投资风险，并提高了自身在国际市场上的竞争力。例如，为了适应欧洲一体化新形势，美国和日本

的公司纷纷与当地公司结盟；为了突破北美自由贸易协定的限制，日本和欧盟的公司又在美国、加拿大和墨西哥采用结盟战略。

　　企业间合作的扩大在不同程度上改善了各成员国国内的高失业率，使各成员国通过贸易的扩大，增加了就业机会。北美自由贸易区成立后，墨西哥的出口加工工业迅速增长，出口加工工业的企业数从1993 年年底的 2143 家，增至 2000 年 5 月的 3562 家，增长率达66.2%；墨西哥涉及出口活动的企业创造了更多的就业机会，外向型出口企业的就业增长已经远远超过了面向国内市场生产的公司。1997年出口超过产量 50% 的外向型出口企业，其就业增长几乎是面向国内的制造业公司就业增长的 3 倍，在出口加工工业中就业人数已从1993 年的 54.66 万人增至 2000 年的 128 万人，增长了 133.7%。伴随着区域经济合作的运作进程，美国失业率已从 NAFTA 成立之初的6.1% 下降到了 2007 年的 4.6%，仅在 1993 ~ 2000 年间，就向区域内出口行业增加了 90 多万个就业机会，这些职位的工资高出美国的平均工资水平 13% 到 18% 不等；加拿大的失业率也从 1990 年的 8.2%下降到 2007 年的 6.0%，如表 2—5 所示。

表 2—5　NAFTA 成员国失业率变化（1990 ~ 2007 年）

（单位:%）

国家＼年份	1990	1992	1994	1996	1998	2000	2002	2004	2006	2007
美　国	5.6	7.5	6.1	5.4	4.5	4.0	5.8	5.5	4.6	4.6
加拿大	8.1	11.3	10.4	9.6	8.3	6.8	7.7	7.2	6.3	6.0
墨西哥	—	—	—	5.3	3.6	2.6	2.9	3.7	3.2	3.4

数据来源：根据 International Labour Orgianization 网站数据库数据整理。

（四）区域技术的扩散促使成员国商业周期趋同

　　区域经济合作或多或少地改变了成员国的商业周期。对大国而言，由于具有较强的经济实力，小国很难对其商业周期产生明显影响；而小国则刚好相反，易受大国影响，并会向大国的商业周期趋近。在过去几十年中，区域经济合作使各国开放程度明显上升，国际贸易额大幅增加，各国经济通过国际贸易日渐成为一个整体，从而促使各国商业周期逐步走向趋同。除了国际贸易，技术因素对商业周期的影响也是非常重要的，技术冲击的暂时"冲动"会影响未来宏观经济变量的轨迹。根据 2004 年诺贝尔奖得主基德兰德和普雷斯科特的商业周期模型，供给（技术）因素在商业周期理论中变得非常重要，从而使商业周期理论具有了更坚实的微观经济基础。技术发展的现实波动使国内生产总值、消费额、投资额、就业等都产生了变化，从而影响到商业周期的变化。①

NAFTA 的建立与发展增加了成员国的国际贸易和外商直接投资，而作为国际技术扩散的两条主要渠道，又促进了国际技术的扩散，这种扩散对墨西哥产生了正的技术冲击。这种冲击不但提高了墨西哥劳动生产率、就业、投资和产出，还推动总供给曲线上移和经济的高涨。随着宏观经济总量的跨国相关性的显著增加，墨西哥的制造商应用美国科技创新所需的时间削减了一半，其产出波动几乎减少了30%，而投资波动则下降了40%，墨西哥与美国的商业周期也更趋同步。在亚洲，随着区域内贸易和投资的增长，区域内的相互依赖性不断增强，其他地区的"地区主义"盛行，加上 1997 年亚洲金融危机的惨痛经历，都使得各成员国以及有关各方坚定不移地通过多个区域合作计划和举措来支持市场经济主导的一体化进程，从而促进了东亚国家和地区技术进步，并使得东亚地区商业周期的发展趋于同步。

二、区域经济合作在非经济领域的成效

（一）区域经济合作使成员国的政治体制和社会制度不断完善，提高了政府信誉

区域经济合作促使各成员国保持其政策的连贯性、可信性，并不断建立起协调一致的机制。同时区域贸易协定可以通过不同的方式限制国内利益集团的压力，推动本国的贸易自由化或国家制度改革进

---

① 温思美：《经济政策的有效性和商业周期的成因：一种新的理论与方法论视角》，《学术研究》2004 年第 11 期。

程。在缺乏有效约束的情况下，自由化政策或国内改革很可能被逆转，这将动摇政府政策的可信度。[①] 由于时间的不连续性以及信息不对称等问题的存在，发展中国家的改革通常缺乏可信性。因此，区域性贸易协定的达成为成员国，尤其是发展中成员国提供了一种比多边协定更有效的约束和执行机制，通过"锁定"改革进程、惩罚机制、激励机制和承诺机制实现区域协定对政府政策的约束力，建立政府政策的可信性，从而大幅降低了上述情况发生的可能性。尽管区域经济合作有助于提高南北型合作组织成员国的政府可信度，但是在南南型合作组织中，这种效果并不是很明显。

以墨西哥为例，加入 NAFTA 使得墨西哥同美国、加拿大有了相同的统一标准体系、政府采购体系、环境保护标准、劳工标准、贸易争端机制、竞争政策等等，这些为墨西哥创造了公平的竞争条件，增加了投资机会，并建立起了执行协定和争端解决机制，从而促进了宏观经济的发展。与此同时 NAFTA 也推动了墨西哥的体制改革，作为一个约束机制，NAFTA 确保了墨西哥继续 20 世纪 90 年代以来的改革进程，因而减少了墨西哥经济的风险不确定性，吸引了更多的外国投资；在竞争政策和知识产权保护的制度上也有了改进，从而不断完善墨西哥的政治体制和社会制度。

（二）区域经济合作有助于成员国向外部世界发出信号

对于作为信号机制运行的区域贸易协定来说，其作用在于在不确定环境下加入区域贸易协定本身。一国加入区域合作组织有助于向外界发出清晰而可靠的信号：本国的贸易自由化体制和改革具有长期的稳定性，它们将受到合作组织的约束。[②] 同时这种信号也可能是关于本国或本地区经济状况的信号或区域内政府间关系的信号。对于外部投资者而言，这是极为重要的。

---

① 刘玉贵、张雯：《全球区域经济一体化浪潮的特点及动因探析》，《特区经济》2006 年第 3 期。

② Fernandez, R. J. Portes: "Returns to Regionalism: An Analysis of Nontraditional Gains from Regional Trade Agreements", *The World Bank Economic Review*, Vol. 12, No. 2, 1998.

南方共同体的成立，使其成员国从内向型经济向外向型经济模式转化，并促进了各国宏观经济政策的调整，使南方共体成员国在经济上相互补充和促进。完善关税同盟使成员国数以千计的企业变得更具竞争力，对促进各成员国地区内贸易增长发挥了积极作用，成员国之间资金自由流动也促进了相互间的投资。宏观经济的稳定使外部投资的信心普遍增强，促使外国资本大量涌入。①

（三）区域经济合作使小国通过让步获得了大国给予的"保险"

在南北型区域经济合作中，小国较小的市场规模、对外部世界的较高依存度、较弱的抵御外部冲击的能力和参与国际经济事务的谈判交易能力，这些都决定了小国愿意以较大的让步与大国进行区域合作。参加区域贸易协定可为成员国，尤其是小国，提供防范未来或重大事件的保险，这些保险收益包括防止贸易伙伴实行贸易保护、防止在世界的贸易战中受损、防止经济方面的外部冲击、取得更有利的条款保障以及能吸引更多的投资等。这就解释了在新地区主义中出现小国愿意以比较不利的条件与大国组合，并达成协定所反映出的小国加入区域合作组织的一个动机：为未来发生的意外事件向发达国家购买"保险"以获得进入大国市场的保障和免除发达国家歧视性的反倾销行动。以自由贸易区协定为例，大国在向小国开放市场的同时，也放弃了对小国实施贸易报复的权利。在均衡状态下，小国从自由贸易区协定获得收益的同时，也必须提供单方支付。② 这种小国对大国做出的单方面让步现象被称之为新区域主义。③

以墨西哥为例，为加入 NAFTA，墨西哥在知识产权保护政策、能源定价政策、环境保护政策、竞争政策等方面都适应美国的要求做了较大的调整。在加入区域合作组织后，美国出于自身全球战略的考虑，积极支持墨西哥参与各种重要国际组织的活动以增加北美在国际

---

① 尚德良：《南方共同市场的发展及其影响》，《国际资料信息》2000 年第 11 期。

② 李向阳：《新区域主义与大国战略》，《国际经济评论》2003 年第 4 期。

③ Jaime de Melo, Arvind Panagariya, Dani Rodrik: "The New Regionalism: A Country Perspective", *International Trade*, www. cepr. org/pubs/dps/DP715. asp.

经济事务中的发言权，从而迅速提升了墨西哥的国际地位；同时美国还联合加拿大给予墨西哥国际援助。1994 年 5 月，墨西哥在美国的支持下，以北美自由贸易区成员国的身份加入了 OECD，成为其中的第一个发展中国家。① 国际地位的提升也给墨西哥带来了重大的经济利益。NAFTA 建立后，越来越多的拉美国家开始积极发展同墨西哥的经贸关系，并与其中许多国家签订了双边贸易协定。实践表明，北美自由贸易区的建立与运行，在客观上给墨西哥带来可观的、直接和间接的经济利益，并成为减轻墨西哥经济外部冲击的重要因素。② 1995 年，当墨西哥发生金融危机时，美、加及时伸出了援助之手，发起耗资巨大的"援墨国际贷款行动"，不仅帮助墨西哥弥补巨额外贸赤字，还极大地增强了外国投资者的信心，阻止了墨西哥经济的继续下滑，增强了墨西哥克服和防御金融危机的能力，使得墨西哥在严峻的外部环境下仍然保持了经济稳定和增长并在一定程度上挽救了新生的北美自由贸易区，显示了区域经济合作的积极作用。

（四）区域经济合作放大了区域内主导国家的政治收益

大国在一体化组织中的主导地位，使其能够向其他国家，尤其是向小国输出民主观念，化解纠纷，并使之得以逐步实施其全球和区域战略。美国早在 1993 年前就开始推出"中东大市场"计划，虽然因中东局势恶化而夭折，但是 2003 年布什政府又提出了建立"美国—中东自由贸易区"的设想，其目的就是要向中东国家输出美国的民主观念以及自由贸易观念。在克林顿政府的大力推动下，"中东大市场"的举措在当时取得了一隅之功：在约旦和以色列讲和后，作为"奖赏"，美国和约旦签订了自由贸易协定，自由贸易的观念也因此开始向中东的阿拉伯国家渗透。在美国建立美洲自由贸易区的努力受挫，在欧盟全球贸易战略迅速推进的情况下，布什政府推出"美国—中东自由贸易区"设想，意在安抚中东国家，取得盟友的支持，

---

① 周文贵：《北美自由贸易区：特点、运行机制、借鉴与启示》，《国际经贸探索》2004 年第 1 期。

② 李连仲：《墨西哥加入北美自由贸易区的利弊》，《宏观经济研究》2001 年第 7 期。

让那些尚不能成为盟友的国家，也要在经济利益诱惑下动心，通过同这些国家建立自由贸易区来扩张自己的经济势力范围，把美式"民主自由"作为一种具有普遍意义的价值观推向全世界，为美国的霸主地位奠定思想政治基础，彻底对中东进行"和平演变"，以逐步实施其区域和全球战略。

对于大国来说，推动区域经济一体化合作，尤是与小国缔结区域贸易协定，不但使大国进一步获得了区域内的主导权，取得了区域合作的内部收益，扩大经济影响势力，而且更重要的是使大国获得了国际经济规则制定过程中的主导权这种外部收益。因此，这种考虑对美国这样的大国也不例外，这在 NAFTA 以及欧盟接纳东欧国家的协定中都表现得很清楚。

以美欧为例，对美国而言，欧盟之所以能够对美国的主导权地位提出挑战是因为欧洲统一大市场的建立意味着欧盟的市场规模首次超过了美国。只有对欧盟继续保持市场规模优势美国才能拥有国家经济规则的主导权。因而，当 1986 年欧盟决定建立统一大市场时，美国迅速做出了反应，当年就开始与加拿大就建立自由贸易区进行谈判。此后，伴随着欧盟的不断扩张，美国也在致力于美洲自由贸易区的建设，同时双方在世界其他地区的争夺也不断加剧。作为另一个世界大国——日本近年来也充分认识到了区域经济合作与大国竞争能力的关系以及其对地区主导权的重要性，开始逐步与东盟、韩国等地区和国家商讨缔结自由贸易区协定的可能性。

（五）区域经济合作提高了成员国的国际地位

进入世贸组织时代后，区域经济合作组织在国际经济规则制定过程中的作用越来越大。加入区域经济合作组织有利于维护自身的利益。开展区域合作，能够使成员国在一个范围较小的组织内，使本国的呼声更容易得到尊重，这种呼声进而可以通过一体化组织在全球谈判中得到放大，从而提高自身在国际规则制定中的讨价还价能力和影响力，实现谈判国家利益的最大化。

许多国家，如欧洲自由贸易联盟的成员国逐步加入欧盟，增强了他们与该区域组织现有成员国的讨价还价能力。虽然加入后，这些国家必须分摊欧盟的一部分预算，但重要的是，它们获得了欧盟未来决策中的投票权。拉丁美洲的区域一体化努力，部分驱动力就是希望加强他们针对主要贸易伙伴讨价还价的地位，这反映出一种信念：区域协定可使他们"更好地抵御其他区域集团的歧视性影响"。

NAFTA 的建立提高了墨西哥商品在国际市场上的竞争力。墨西哥 1999 年取代了日本，成为美国第二大贸易伙伴和第三大进口国。同年，墨西哥取代了中国成为美国第一大纺织品和成衣供应国。墨西哥生产的汽车在美国市场上所占的份额从 1994 年的 3.8% 增至 1999 年的 9%。南方共同市场的发展更能说明这一点。随着南方共同市场的全球发展，其在区域一体化进程中越来越发挥着主导作用。南方共同市场与欧盟的日益接近，使美国失去了许多贸易机会。因此，发达国家越来越重视发展同拉美地区，尤其是南方共同市场的贸易。为此，美国也提出加速建立美洲自由贸易区进程的主张。但南方共同市场各国表示坚决反对，希望能在加强自身建设、巩固共同市场后，以集团身份加入美洲自由贸易区，以便获得较为公平的竞争地位。因此，南方共同市场是唯一一个敢于在西半球对美国说"不"的区域集团。由此可以看出，南方共同市场的国际影响力已大为增强，而且其成员国的谈判能力也有所提升。

第四节　区域经济合作成效：以南方共同市场（MERCOSUR）为例的实证分析

南方共同市场（South American Common Market——MERCOSUR）也称为南锥体共同市场，是仅次于欧盟、北美自由贸易区之后的第三大区域性经济组织。1991 年 3 月 26 日，阿根廷、巴西、乌拉圭和巴拉圭四国总统在巴拉圭首都亚松森签署《亚松森条约》，宣布成立南方共同市场。根据条约的内容，其成员国于 1991 年开始削减关税，规定每半年降低一次成员国相互之间的关税，并于 1994 年年底将实现内部贸易全部免税和对外统一关税。1995 年 1 月 1 日，南方共同市场正式启动，它是世界上第一个完全由发展中国家组成的共同市场，是拉美最大的一体化经济组织。现在南方共同市场 4 个成员国领土面积为 1186 万平方公里，占拉美总面积的 60%；总人口约为 2 亿，占拉美总人口的 44%；国内生产总值 1 万余亿美元（2005 年），占拉美地区国内生产总值的一半左右。截至 2004 年 12 月，南方共同市场已扩大为拥有 4 个成员国和 6 个联系国的地区经济组织。2006 年 7 月 5 日，委内瑞拉成为南方共同市场的完全新成员。南方共同体四国基本概况，如表 2—6 所示：

表 2—6　MERCOSUR 成员国基本概况（2005 年）

国　家	人口（百万）	GDP（十亿美元）	人均收入（美元）	人均 GDP（美元）
阿根廷	39	183.309	4470	4700.2
巴　西	186	794.098	3460	4269.3
巴拉圭	6	8.152	1280	1358.7
乌拉圭	3	16.792	4360	5597.3

数据来源：根据世界银行网站数据计算整理。

南方共同市场自签署《亚松森协定》之后，即按照协定内容进行整合以渐进、逐条式及自动减免等方式来消除关税及非关税等障碍。除对一些敏感性商品以外，南方共同市场各成员国关税税率得到了大幅下降，巴西的平均关税税率从 1990 年的 69% 下降到 1995 年的 13%，阿根廷的平均关税税率也从 44% 降为 14%，其他两国的税率也有很大程度的降低。[1] 南方共同市场有较健全的组织机构与合作机制，按照《亚松森协定》规定，南方共同市场设立了理事会和共同市场小组。南方共同市场目前仍处于自由贸易区阶段。

虽然南方共同市场的发展也存在一些诸如经济实力发展水平差异大、受益不均等问题，但是从整体上来说，自南方共同市场成立以

----

① 王国顺、刘洋：《南方共同市场贸易创造和贸易转移效应分析》，《企业家天地》2005 年第 12 期。

来，其整体实力不断壮大，成员国一体化意识不断加强，不但促进了成员国经济的共同发展，而且关税税率的降低及非关税壁垒的消除极大地促进了南方共同市场的贸易一体化进程，加强了拉美地区的吸引力。南方共同市场的迅猛发展，不但在推动建立南美自由贸易区问题上发挥了主导作用，而且提高了拉美与美国的对话地位，促进了拉美同欧盟的交往与合作。下面通过引力模型对南方共同体的静态效应进行实证分析。

在前人研究成果的基础上，本节将通过引入新的解释变量对引力模型进行扩展，并采用面板数据进行实证分析，考察南方共同体的建立对其成员国双边贸易的影响并对成员国贸易潜力进行分析，以期说明区域经济合作的效果。

一、南方共同市场成员国双边贸易引力模型的建立

（一）模型变量的构建

本节在引力模型基本形式的基础上合理增减解释变量，建立衡量 MERCOSUR 成员国贸易转移效应以及贸易创造效应的引力模型。

在指标选取时，很多学者选取人均 GDP、人口作为内生变量。本节为避免人均 GDP 与人口、GDP 存在多重共线性，内生变量除了距离和 GDP 以外，只选择了人口这一变量。另外为考虑区域经济合作对南方共同体各国的影响而引入了制度安排。所以假设南方共同体各成员的双边贸易额和进口额都受其主要贸易伙伴的空间距离、经济规模、人口及制度安排等因素的影响，则南方共同体四个成员国的贸易创造和贸易转移引力模型如式（2-1）和（2-2）。

贸易创造效应的引力模型如下所示：

$$\ln(T_{bjt}) = a_{10} + a_{11}\ln(Y_{bt}Y_{jt}) + a_{12}\ln(P_{bt}P_{jt}) + a_{13}\ln(D_{bj})$$
$$+ a_{14}MERCOSUR_{bjt} + u_{bjt}$$

$$\ln(T_{ajt}) = a_{20} + a_{21}\ln(Y_{at}Y_{jt}) + a_{22}\ln(P_{at}P_{jt}) + a_{23}\ln(D_{aj})$$
$$+ a_{24}MERCOSUR_{ajt} + u_{ajt}$$

$$\ln(T_{pjt}) = a_{30} + a_{31}\ln(Y_{pt}Y_{jt}) + a_{32}\ln(P_{at}P_{jt}) + a_{33}\ln(D_{pj})$$
$$+ a_{24}MERCOSUR_{pjt} + u_{pjt}$$

$$\ln(T_{ujt}) = a_{40} + a_{41}\ln(Y_{ut}Y_{jt}) + a_{42}\ln(P_{ut}P_{jt}) + a_{43}\ln(D_{uj})$$
$$+ a_{44}MERCOSUR_{ujt} + u_{ujt}$$

$$(2-1)$$

贸易转移效应的引力模型，如下所示：

$$\ln(IMPORT_{bjt}) = \beta_{10} + \beta_{11}\ln(Y_{bt}Y_{jt}) + \beta_{12}\ln(P_{bt}P_{jt}) + \beta_{13}\ln(D_{bj})$$
$$+ \beta_{14}MERCOSUR_{bjt} + \varepsilon_{bjt}$$

$$\ln(IMPORT_{ajt}) = \beta_{20} + \beta_{21}\ln(Y_{at}Y_{jt}) + \beta_{22}\ln(P_{at}P_{jt}) + \beta_{23}\ln(D_{aj})$$
$$+ \beta_{24}MERCOSUR_{ajt} + \varepsilon_{ajt}$$

$$\ln(IMPORT_{pjt}) = \beta_{30} + \beta_{31}\ln(Y_{pt}Y_{jt}) + \beta_{32}\ln(P_{pt}P_{jt}) + \beta_{33}\ln(D_{pj})$$
$$+ \beta_{34}MERCOSUR_{pjt} + \varepsilon_{pjt}$$

$$\ln(IMPORT_{ujt}) = \beta_{40} + \beta_{41}\ln(Y_{ut}Y_{jt}) + \beta_{42}\ln(P_{ut}P_{jt}) + \beta_{43}\ln(D_{uj})$$
$$+ \beta_{44}MERCOSUR_{ujt} + \varepsilon_{ujt}$$

$$(2-2)$$

其中 T_{bjt}、T_{ajt}、T_{pjt}、T_{ujt} 代表 t 年巴西、阿根廷、巴拉圭、乌拉圭四国对其主要贸易伙伴国 j（$j=1, 2, \cdots, n$）之间的双边贸易额；$IMPORT_{bjt}$、$IMPORT_{ajt}$、$IMPORT_{pjt}$、$IMPORT_{ujt}$ 代表 t 年巴西、阿根廷、巴拉圭、乌拉圭四国从其主要贸易伙伴国 j（$j=1, 2, \cdots, n$）进口的贸易额；$Y_{bj}Y_{jt}$、$Y_{aj}Y_{jt}$、$Y_{pj}Y_{jt}$、$Y_{uj}Y_{jt}$ 表示是 t 期南方共同体四国与其贸易伙伴国家 j（$j=1, 2, \cdots, n$）双方 GDP 的乘积；$P_{bj}P_{jt}$、$P_{aj}P_{jt}$、$P_{pj}P_{jt}$、$P_{uj}P_{jt}$ 表示南方共同体四国与其贸易伙伴国家 j（$j=1, 2, \cdots, n$）双方人口乘积；D_{bj}、D_{aj}、D_{pj}、D_{uj} 表示南方共同体四国与其贸易伙伴国家 j（$j=1, 2, \cdots, n$）首都之间的距离，是衡量运输成本、时间成本、生产同步性、交易成本和文化差异的有效工具；$MERCOSUR$ 是南方共同体，作为虚拟变量，如果贸易双方在同期均是 $MERCOSUR$ 成员国，就取值为 1，否则为 0，通过加入 $MERCOSUR$ 这个虚拟变量，可以计算出南方共同市场对其成员国双边贸易的影响；u, ε 是随机误差项。

（二）样本数据的选取

对南方共同市场的大多数研究分析始于 1988 年，因为巴西和阿根廷在那时已经开始实施一些互惠贸易协定。因此本章选取 1986 年到 2005 年南方共同体 4 个成员国与 10 个主要贸易伙伴国之间双边贸易的面板数据做实证分析。由于 1991 年南方共同体才正式成立,并于同年 6 月开始对区域内贸易实施歧视性关税,因此我们将 1991 年作为分界点,分析南方共同体的建立对其成员国双边贸易的影响。

南方共同体成员国之间的双边贸易流量数据来自联合国的 COMTRADE(商品贸易统计)数据库。其 GDP、GNP 数据来自于世界银行(www. worldbank. org)。考虑我们使用了 20 年的贸易量数据分析贸易效应,因此我们均采用基于购买力平价(PPP)计算的 GDP、GNP,因为购买力平价收入指标更适宜估计长期的贸易流量,使用的是当前汇率。距离数据来自网站(www. indo. com)中的"距离计算器"。

二、南方共同市场成员国双边贸易引力模型的实证分析

我们选取 0.05 的显著水平,运用统计软件 Eviews5.0 进行回归分析。在截距的处理方面,使所有的截面单元具有相同的截距,并且为了减少异方差的影响,使用可行的广义最小二乘法估计。实证检验过程是:先对各国所收集的指标根据上述各国的模型,利用 Eviews5.0 进行整体回归,然后采用"后向法"对 t 值小于 2 的解释变量进行筛选[①],即从全方程回归开始连续每次减少一个变量,标准是 t 统计值不显著且最小(但距离不能剔除),这样直到新方程中所有变量的回归系数的 t 值都在 0.05 的显著水平通过检验。

根据拟合的结果,得到巴西、阿根廷、巴拉圭、乌拉圭四国贸易模型首次回归的结果,并得到如下经验方程,见表 2—7。从回归结果来看,在巴拉圭的贸易创造模型中,由于 $\ln(P_{ut}P_{jt})$ 的 t 统计值绝对值小于 2,不能严格通过 t 检验,但其他变量都通过显著性检验,这可能是由于贸易不经济所导致。同理,巴西贸易转移模型中的 MERCOSUR,乌拉圭贸易转移模型中的 MERCOSUR,以及巴拉圭贸

---

① 盛斌、廖明中:《中国的贸易流量与出口潜力:引力模型的研究》,《世界经济》第 2004 年第 2 期。

易创造转移模型中的 $\ln(P_{ut}P_{jt})$ 都没有通过显著性检验。

表 2—7　巴西、阿根廷、巴拉圭、乌拉圭四国模型最初回归结果

1. 贸易创造模型最初回归结果	
国　家	方程及 t 检验
巴　西	$\ln(T_{bjt}) = 20.388 + 0.969\ln(Y_{bt}Y_{jt}) - 0.388\ln(P_{bt}P_{jt}) - 0.922\ln(D_{bj}) + 0.189MERCOSUR_{bjt}$ 　　　　　(52.950) (30.189)　　　　(-9.733)　　　　　(-13.713)　　　　(2.157)
阿根廷	$\ln(T_{ajt}) = 17.361 + 0.925\ln(Y_{at}Y_{jt}) - 0.233\ln(P_{at}P_{jt}) - 0.708\ln(D_{aj}) + 0.506MERCOSUR_{ajt}$ 　　　　　(62.777) (22.449)　　　　(-5.021)　　　　　(-13.562)　　　　(4.635)
乌拉圭	$\ln(T_{pjt}) = 18.201 + 0.492\ln(Y_{pt}Y_{jt}) - 0.208\ln(P_{pt}P_{jt}) - 0.356\ln(D_{pj}) + 0.780MERCOSUR_{pjt}$ 　　　　　(35.463) (6.800)　　　　(-2.469)　　　　　(-5.154)　　　　(3.873)
巴拉圭	$\ln(T_{ujt}) = 19.210 + 0.419\ln(Y_{ut}Y_{jt}) - 0.162\ln(P_{ut}P_{jt}) - 0.678\ln(D_{uj}) + 1.098MERCOSUR_{ujt}$ 　　　　　(43.680) (3.592)　　　　(1.296)　　　　　(-8.146)　　　　(6.847)
2. 贸易转移模型最初回归结果	
国　家	方程及 t 检验
巴　西	$\ln(IMPORT_{bjt}) = 18.899 + 1.129\ln(Y_{bt}Y_{jt}) - 0.561\ln(P_{bt}P_{jt}) - 0.907\ln(D_{bj}) + 0.190MERCOSUR_{bjt}$ 　　　　　　(37.087) (26.562)　　　(-10.638)　　　　(-10.190)　　　　(1.635)
阿根廷	$\ln(IMPORT_{ajt}) = 14.848 + 1.169\ln(Y_{at}Y_{jt}) - 0.500\ln(P_{at}P_{jt}) - 0.676\ln(D_{aj}) + 0.563MERCOSUR_{ajt}$ 　　　　　　(38.425) (20.310)　　　(-6.950)　　　　(-9.271)　　　　(3.691)
乌拉圭	$\ln(IMPORT_{pjt}) = 17.876 + 0.849\ln(Y_{pt}Y_{jt}) - 0.665\ln(P_{pt}P_{jt}) - 0.523\ln(D_{pj}) + 0.363MERCOSUR_{pjt}$ 　　　　　　(29.021) (9.784)　　　(-6.580)　　　　(-6.319)　　　　(1.503)
巴拉圭	$\ln(IMPORT_{ujt}) = 17.748 + 0.613\ln(Y_{ut}Y_{jt}) + 0.123\ln(P_{ut}P_{jt}) - 0.749\ln(D_{uj}) + 1.123MERCOSUR_{ujt}$ 　　　　　　(36.725) (4.776)　　　(0.893)　　　　(-8.191)　　　　(6.384)

　　首先将巴拉圭的贸易创造模型中的 $\ln(P_{ut}P_{jt})$ 剔除，重新进行回归，结果所有变量都通过显著性检验。将巴西贸易创造模型中的显著性变量保留，将 MERCOSUR 重新带入进行回归检验，同样得到 MERCOSUR 不是显著性变量的结果。乌拉圭的贸易转移模型和巴拉圭贸易转移模型的变量也是根据上述的方法进行检验。最终的回归结果如表 2—8。

表 2—8 巴西、阿根廷、巴拉圭、乌拉圭四国模型最终回归结果

1. 贸易创造模型最初回归结果	
国 家	方程及 t 检验
巴 西	$\ln T_{bjt} = 20.388 + 0.969\ln(Y_{bt}Y_{jt}) - 0.388\ln(P_{bt}P_{jt}) - 0.922\ln(D_{bj}) + 0.189 MERCOSUR_{bjt}$ $(52.950)\ (30.189)\qquad(-9.733)\qquad(-13.713)\ (2.157)$
阿根廷	$\ln T_{ajt} = 17.361 + 0.925\ln(Y_{at}Y_{jt}) - 0.233\ln(P_{at}P_{jt}) - 0.708\ln(D_{aj}) + 0.506 MERCOSUR_{ajt}$ $(62.777)\ (22.449)\qquad(-5.021)\qquad(-13.562)\ (4.635)$
乌拉圭	$\ln T_{pjt} = 18.201 + 0.492\ln(Y_{pt}Y_{jt}) - 0.208\ln(P_{pt}P_{jt}) - 0.356\ln(D_{pj}) + 0.780 MERCOSUR_{pjt}$ $(35.463)\ (6.800)\qquad(-2.469)\qquad(-5.154)\ (3.873)$
巴拉圭	$\ln T_{ujt} = 19.326 + 0.564\ln(Y_{ut}Y_{jt}) - 0.749\ln(D_{ut}) + 1.039 MERCOSUR_{ujt}$ $(44.736)\ (16.503)\qquad(-11.851)\qquad(6.743)$
2. 贸易转移模型最初回归结果	
国 家	方程及 t 检验
巴 西	$\ln(IMPORT_{bjt}) = 19.357 + 1.135\ln(Y_{bt}Y_{jt}) - 0.562\ln(P_{bt}P_{jt}) - 0.965\ln(D_{bj})$ $(45.293)\ (26.713)\qquad(-10.608)\qquad(-11.792)$
阿根廷	$\ln(IMPORT_{ajt}) = 14.848 + 1.169\ln(Y_{at}Y_{jt}) - 0.500\ln(P_{at}P_{jt}) - 0.676\ln(D_{aj}) + 0.563 MERCOSUR_{ajt}$ $(38.425)\ (20.310)\qquad(-6.950)\qquad(-9.271)\ (3.691)$
乌拉圭	$\ln(IMPORT_{pjt}) = 18.325 + 0.859\ln(Y_{pt}Y_{jt}) - 0.659\ln(P_{pt}P_{jt}) - 0.586\ln(D_{pj})$ $(33.908)\ (9.900)\qquad(-6.511)\qquad(-8.144)$
巴拉圭	$\ln(IMPORT_{ujt}) = 17.833 + 0.722\ln(Y_{ut}Y_{jt}) - 0.803\ln(D_{ut}) + 1.080 MERCOSUR_{ujt}$ $(37.668)\ (19.276)\qquad(-11.593)\qquad(6.396)$

值得提及的是：乌拉圭的两个回归模型拟合不是很好。这主要是由于乌拉圭经济发展尚处于低级阶段，主要与世界上的经济大国进行贸易，从而导致贸易空间不经济。

贸易创造回归模型的经济含义（以阿根廷为例）：当其他条件不变的情况下，阿根廷同其他贸易伙伴之间的距离的对数每增加1%，则阿根廷进出口贸易总额的对数将减少0.708个百分点；同理，双方的 GDP 乘积的对数每年增加1%，阿根廷对该国进出口总额的对数将增加0.925个百分点；双方人口乘积的对数每年增加1%，阿根廷对该国进出口总额的对数将减少0.233个百分点；另外区域经济合作组织对阿根廷的贸易创造有很显著的影响。用回归方程中虚拟变量的系数衡量 MERCOSUR 的建立为阿根廷带来的贸易创造效应。其他三个国家也用同样方法衡量贸易创造效应。

贸易转移回归模型的经济含义（以阿根廷为例）：当其他条件不变的情况下，阿根廷同其他贸易伙伴之间的距离的对数每增加1%，则阿根廷进口贸易总额的对数将减少0.676个百分点；同理，双方的GDP乘积的对数每年增加1%，阿根廷对该国进口总额的对数将增加1.169个百分点；双方人口乘积的对数每年增加1%，阿根廷对该国进口总额的对数将减少0.500个百分点；另外区域经济合作组织对阿根廷的贸易转移也有很显著的影响。用回归方程中虚拟变量的系数衡量MERCOSUR的建立为阿根廷带来的贸易转移效应。其他三个国家也用同样的方法衡量贸易转移效应。

从实证检验的整体考察，影响MERCOSUR各国与其贸易伙伴之间贸易额的最主要因素是各国的经济总量和空间距离。通常认为空间距离越远，运输成本（贸易成本）越高，从而限制彼此贸易往来，所以对距离变化敏感说明该国的贸易是经济的。如果不考虑区域经济合作组织的影响，只考虑GDP和距离，得到的巴西、阿根廷、乌拉圭、巴拉圭各国贸易创造模型的距离对数的回归系数分别是-1.202629、-0.886030、-0.516658、-0.982550，贸易转移模型的距离对数的回归系数分别是-1.286634、-0.930874、-0.676216、-1.045852，也就是说距离影响最显著的是巴西，然后是巴拉圭、阿根廷，最后是乌拉圭。与此相比在考虑了制度安排——MERCOSUR后的回归系数分别为：-0.992、-0.708、-0.356、-0.749以及-0.965、-0.676、-0.586、-0.803（MERCOSUR对巴西和乌拉圭的贸易转移效应影响不显著）四国模型中的距离对数的回归系数都不同程度地减少了，说明经济一体化确实对四国的贸易产生了巨大影响，其中MERCOSUR对巴西的影响是最显著的。

通过分析可以看到，MERCOSUR四个成员国对距离的变化都是比较敏感的，因此可以说这四个国家的贸易都是经济的。乌拉圭贸易转移、创造模型中的距离最不显著，原因是乌拉圭与其他成员国和主要贸易伙伴国相比仍然是经济小国，而与周边多数国家的产业同构性大于互补性，所以只能舍近求远进行贸易。与乌拉圭相比，巴西、阿根廷模型中的距离因素比较显著，是因为两国经济相对其他两个成员国比较发达，与周边国家产业互补性强，当产品在远近两地都有市场的时候，必然要权衡贸易成本。

贸易创造模型中四国与其主要贸易伙伴的 GDP 的乘积对数的回归系数，分别为 1.135、1.169、0.859、0.722。四国对贸易伙伴 GDP 的依赖程度最高的是阿根廷、巴西，其次是乌拉圭、巴拉圭，这证明了巴西、阿根廷的贸易结构的不合理，对贸易伙伴的经济总量的依存度太高。

四个国家的最终贸易创造回归方程中都含有虚拟变量 MERCOSUR，说明区域经济合作组织 MERCOSUR 对四个成员国的贸易创造效应有比较显著的影响，MERCOSUR 的建立在很大程度上提升了成员国的双边贸易量。但是从四个国家的最终贸易转移回归方程可以看出阿根廷和巴拉圭的回归方程中含有虚拟变量 MERCOSUR，而巴西和乌拉圭则没有。说明 MERCOSUR 的建立对巴西和乌拉圭的贸易转移效应影响不显著。综上所述，区域经济合作组织 MERCOSUR 对其各成员国产生的净贸易效应可以表示为各国贸易转移效应与贸易创造效应之和，即各国贸易创造、贸易转移回归方程虚拟变量的系数之和，如表 2—9。

表 2—9　巴西、阿根廷、巴拉圭、乌拉圭四国贸易净效应

贸易效应　国　　家	贸易创造效应	贸易转移效应	贸易净效应
巴　西	0.189	—	0.189
阿根廷	0.506	− 0.563	− 0.057
乌拉圭	0.780	—	0.780
巴拉圭	1.039	− 1.08	− 0.041
合　计	2.514	− 1.643	0.867

三、实证分析的结论

综上分析，得出以下几点结论：

第一，MERCOSUR 的建立存在潜在的贸易创造和贸易转移效应。MERCOSUR 贸易效应最直接来源于成员国间关税和非关税壁垒的降低，甚至完全消除。随着各成员国 GDP 的增加，产品供给能力、供给水平

（以人均 GDP 表示的资本—劳动比率）将不断提高，会使得成员国原来从外部非成员国的进口转而从现在区域内部成员国进口，产生贸易转移效应。但由于各国资源禀赋的不同，生产成本仍然会存在差异，因此，某一成员国国内产品生产将会从国内成本较高的企业转往成本较低的区域内的其他成员国企业，从而产生贸易创造效应。①

第二，MERCOSUR 是否存在显示性比较优势，与区域外国家或地区的贸易关系是否存在竞争对 MERCOSUR 建立后产生的贸易效果具有决定性作用。本书用显示性比较优势指数（RCA）来衡量双方的比较优势以及贸易关系是否存在竞争，如表 2—10。

表 2—10　MERCOSUR 成员国的显示性比较优势指数（1988～1994 年）

产品类别	MERCOSUR 区域内贸易额（单位：千美元）		显示性比较优势指数②	
	1988	1994	1988	1994
第一类	127939	810619	0.43	0.24
第二类	325573	3033899	0.64	0.48
第三类	212759	1027964	0.88	0.54
第四类	302175	1303419	0.96	0.99
第五类	108996	597859	2.15	2.14
第六类	167733	840060	2.65	3.68
第七类	287832	595436	3.04	3.60
第八类	222842	469499	2.05	2.60
第九类	373557	516184	0.86	2.06
第十类	226930	514461	0.24	1.99
总　计	2356437	9709400		

资料来源：Alexander J. Yeats "Does Mercosur's Trade Performance Raise Concern about the Effects of Regional Trade Arrangements?" *The World Bank Economic Review*, 1998/12.

---

① 李猛：《对中国—东盟自由贸易区贸易效应的引力模型分析》，《贵州财经学院学报》2006 年第 4 期。

② 显示性比较优势指标（RCA）定义为：$C_j = [x_{oj}/X_{to}]/[x^*_{wj}/X^*_w] \times 100$，其中 x_{oj} 代表 MERCOSUR 成员国与区域外国家之间产品 j 的出口额；X_{to} 代表 MERCOSUR 成员国与区域外国家出口总额；x^*_{wj} 代表产品 j 的世界出口总额（不包括成员国之间产品 j 的出口额）；X^*_w 代表世界出口总额（不包括成员国之间的出口额）。指数大于 1 表示 MERCOSUR 在此类产品上拥有显示性比较优势。

从表 2—10 可以看到，MERCOSUR 在第五～十类产品中具有显示性比较优势，而第一～四类产品则不具有显示性比较优势。因此，在部分产品中，MERCOSUR 成员国与区域外国家、MERCOSUR 成员国之间的贸易关系具有互补性，从而能促进基于生产要素自由流动基础上的资源优化配置，在优势互补的产品上产生贸易效应，形成提高区域经济利益的巨大动力，成员国在形成规模经济的基础上促进了产业内贸易的发展。MERCOSUR 成员国在第一～四类产品上不具备显示性比较优势，因此与区域外国家存在着贸易竞争性。但贸易竞争性并不一定不利于 MERCOSUR 的发展，相反增大了自由贸易区正的生产效应，进一步给成员国带来贸易创造效应，带动了区域内贸易的增长。

第三，通过使用较新的贸易量数据对 MERCOSUR 的建立进行分析，结果显示，尽管 MERCOSUR 尚未成熟，但已初显成效。虽然阿根廷和乌拉圭的贸易净效应为负值（即 MERCOSUR 的建立对于这两个国家而言产生的转移效应大于创造效应），但总体而言，在整个区域内，贸易转移并不居于主导地位。从传统的贸易转移理论来看 MERCOSUR 的建立也不会为双方带来很大的贸易转移效应。这是因为 MERCOSUR 成员国同属于发展中国家，在产业结构和工业竞争力水平上属于同一个层次。因此，在贸易国别分布上和进出口商品结构上具有很大的相似性，这样双方之间的相互贸易都很难替代各自与区域外发达国家间的贸易往来，这就使得成员国在 MERCOSUR 建立后仍然可以保持对发达国家产品进出口的刚性，在不具有显著性比较优势的产品上仍然选择从具有显著比较优势的国家进口这类产品。综上所述，MERCOSUR 对贸易扩大（其中包括贸易创造和贸易转移效应）的促进作用已经显现出来。

第三章　上海合作组织区域经济合作可行性分析

　　上海合作组织成员国已进行了一系列合作，由最初的政治和军事合作领域扩大到了经济领域。在能源领域，中国与俄罗斯、哈萨克斯坦开展了合作项目；在交通方面，中国与俄罗斯、哈萨克斯坦、吉尔吉斯斯坦开展合作，中国与塔吉克斯坦的合作也正在洽谈中，一些意向性的协定已经签署。但是，从总体考察，上海合作组织区域经济仍然处于区域经济合作初级阶段。然而，通过对全球区域经济合作成效的分析可以看到，区域经济合作不管是从区域经济合作组织整体层面还是从成员国层面来看，都有利于经济的发展和政治的稳定。因此，进一步推进上海合作组织区域经济合作的意义重大。

　　推进上海合作组织的区域经济合作，使上海合作组织朝着更紧密和更宽广领域的合作方向发展，不仅能够进一步加强各方的经济往来，促进本地区贸易和投资的发展，提高本地区的综合经济实力，而且还能通过密切各方的经济往来，实现成员国国家关系的转变，有利于该地区的稳定和团结。而这种良好政治关系的建立，又为各国经济的发展创造了稳定的外部环境，确保了本地区的发展和稳定。

　　由于推进和深化上海合作组织的区域经济合作已逐渐成为一种现

实需要，而上海合作组织成员国在贸易和能源等经济领域的巨大合作潜力又为其开展区域经济合作奠定了基础，因此在上海合作组织框架下进一步深化经济与贸易合作具有现实可行性。在贸易合作方面，上海合作组织成员国总面积 3017 万平方公里，占欧亚大陆的 3/5；人口 15.1 亿，占世界的 1/4。其成员国之间不仅在经济上具有互补性，而且相互接壤，有利于边境贸易的开展，具有较大的贸易潜力。在能源合作方面，上海合作组织所处区域的能源储备丰富，俄罗斯、哈萨克斯坦、吉尔吉斯斯坦、塔吉克斯坦和乌兹别克斯坦都拥有丰富的油气资源，因此上海合作组织成员国之间进行能源合作的潜力巨大。

第一节 上海合作组织区域经济合作现状

一、上海合作组织区域经济合作的发展历程

在上海合作组织的前身"上海五国"成立之初，各国领导人曾在多次会晤中提到，应加强该组织内的经贸合作。随着上海合作组织的建立和发展，这一构想逐渐演化成现实。从 1996 年 4 月中俄哈吉塔五国元首在上海首次会晤以来，上海合作组织区域经济合作先后经历了如下三个阶段。

第一阶段——1996 年 4 月至 2001 年 6 月。这一阶段是上海合作组织区域经济合作的萌芽阶段。1998 年 7 月 3 日，"上海五国"元首第三次会晤在阿拉木图举行。在这次会议上，各成员国第一次提出在互利互惠、讲究实效的原则基础上，进一步密切五国彼此之间的区域经济合作问题，并提出了区域内经济合作应遵循的基本原则。1999年"上海五国"元首在《比什凯克联合声明》中再次重申了根据平等互利原则开展经贸合作的重要意义，表示将继续鼓励五国在双边合作的基础上，同时积极寻求开展多边合作的途径。2000 年"上海五国"元首在《杜尚别联合声明》中进一步提出，在平等互利原则基础上，全面鼓励在五国框架内理顺和发展经贸伙伴关系，将"上海

五国"的多边协作提高到新的水平。

第二阶段——2001 年 6 月至 2003 年 9 月。这一阶段是上海合作组织区域经济合作的启动阶段。2001 年 6 月中俄哈吉塔乌六国元首在《上海合作组织成立宣言》中郑重宣布：上海合作组织将利用各成员国之间在经贸领域互利合作的巨大潜力和广泛机遇，努力促进各成员国之间双边和多边合作的进一步发展以及合作的多元化。自此上海合作组织框架内区域经济合作正式启动，随后举行了多次总理和经贸部长会晤，并签署了包括《上海合作组织成员国间关于区域经济合作的基本目标和方向及启动贸易和投资便利化进程的备忘录》在内的多个有关区域经济合作的法律文件。

第三阶段——2003 年 9 月至今。2003 年 9 月 25 日，上海合作组织六国总理在北京举行了定期会晤，签署了《上海合作组织成员国多边经贸合作纲要》。《纲要》指出了未来区域经济合作的基本目标和任务、合作的优先方向和领域，它的签署标志着上海合作组织区域经济合作正式步入了实质性的实施阶段。在《纲要》的指导下，包括上海合作组织总理会晤、经贸部长会晤、专业工作组在内的区域经济合作机制逐渐完善，合作领域扩大，成立了上海合作组织实业家委员会和银联体，启动了贸易投资便利化的措施制定和经济技术合作，区域经济合作成效初现。

二、上海合作组织区域经济合作现状

上海合作组织成立 7 年来，在各成员国政府的积极努力下，区域经济合作作为推动组织发展的重要"轮子"之一，已经进入了务实合作的新时期。目前，上海合作组织区域经济合作的法律框架、组织机制和发展目标已经确立，合作机制不断完善，合作规模和合作领域不断扩大，区域内贸易和投资环境逐渐完善，成效初现。与此同时，由于各种经济政治条件的限制，上海合作组织区域经济合作还存在一些问题和不足。下面就从贸易合作、投资合作、能源合作、其他合作四个方面分析目前上海合作组织区域经济合作的特点。

（一）贸易领域合作特点

1. 区域内的贸易规模不断扩大

上海合作组织成立后，随着区域内贸易环境的逐渐改善，中国与其他成员国间的贸易规模不断扩大，互相为对方提供了广阔的市场前景。2006 年我国与其他五国的贸易额达到了 410 亿美元，是上海合作组织成立之初（2001 年）的四倍多。其中中国与俄罗斯的贸易额为 291 亿美元，增幅为中国与主要贸易伙伴增幅之首；中国与中亚四国的贸易额为 119 亿美元，是 2001 年的十倍多。就进出口贸易差额而言，在其他五国中，俄哈两国同为中国的贸易逆差来源地，这主要是由于中国从上述两国进口越来越多的能源产品所致，但贸易逆差规模近来呈缩小趋势；随着中国从乌兹别克斯坦进口的原材料产品的日益增多，乌国已从中国的贸易顺差来源地转变成贸易逆差来源地；而吉尔吉斯斯坦一直以来就是中国的贸易顺差来源地之一。表 3—1 是 2001～2007 年中国与其他成员国的贸易状况一览表。

表 3—1　2001～2007 年中国与其他成员国的贸易状况

（金额单位：亿美元）

年份	进出口国别	俄罗斯	哈萨克斯坦	吉尔吉斯斯坦	塔吉克斯坦	乌兹别克斯坦
2001	进出口	106.71	12.88	1.19	0.10	0.58
	出　口	27.11	3.28	0.77	0.05	0.51
	进　口	79.59	9.61	0.42	0.05	0.07
2002	进出口	119.27	19.55	2.02	0.12	1.32
	出　口	35.21	8.00	1.46	0.06	1.04
	进　口	84.07	13.55	0.56	0.06	0.27
2003	进出口	157.58	32.92	3.14	0.39	3.47
	出　口	60.30	15.72	2.45	0.21	1.47
	进　口	97.28	17.20	0.69	0.18	2.00

年份	进出口	俄罗斯	哈萨克斯坦	吉尔吉斯斯坦	塔吉克斯坦	乌兹别克斯坦
2004	进出口	212.25	44.98	6.02	0.69	5.75
	出口	90.98	22.12	4.93	0.54	1.72
	进口	121.27	22.86	1.09	0.15	4.03
2005	进出口	333.9	68.10	9.72	1.58	6.81
	出口	158.3	39.01	8.67	1.44	2.30
	进口	175.6	29.09	1.05	0.14	4.51
2006	进出口	291.0	83.58	22.26	3.24	9.72
	出口	132.1	45.71	21.13	3.06	4.06
	进口	158.9	36.07	1.13	0.18	5.66
2007	进出口	481.7	138.8	37.8	5.2	11.3
	出口	284.9	74.5	36.7	5.1	7.7
	进口	196.8	64.3	1.1	0.1	3.6

资料来源：中国海关统计。

2. 成员国间的贸易商品结构并未发生大的变化

尽管近年来成员国间的贸易规模迅速扩大，但各国间的贸易商品结构并未发生大的变化，仍主要由各国的经济发展程度和市场的供需状况来决定。

具体到中国与其他五国的贸易而言，尽管中国机电产品和高新技术产品的出口有一定增长，但中国对其他五国的出口仍以服装、鞋类等劳动密集型的传统轻工产品为主；而中国自其他五国的进口商品主要是石油、天然气、有色金属等能源、资源性产品。如2005年吉尔吉斯斯坦向中国出口的商品主要以原材料产品为主，包括铝、废金属、黑色金属、汞、铜及其制品、原皮、毛线等；2005年吉尔吉斯斯坦自中国进口的商品以日用消费品为主，包括服装、合成和人造纤维织物、鞋类、食品、谷物。此外，机械设备及零配件、电子机械和设备、交通工具、光学和医用仪器设备进口量也呈增长态势。

在中亚各国独立之后，原苏联时期形成的经济结构以及产业分工格局，使俄哈吉塔乌五国仍然保持着紧密的经济联系；也正是由于这个原因，俄罗斯与中亚四国间以及中亚四国间的贸易商品结构至今尚未发生较大的变化。如 2005 年乌兹别克斯坦出口俄罗斯的主要商品有：能源载体（占 30.9%）、棉花（占 25.5%）、服务（占 18.9%）；乌兹别克斯坦从俄罗斯的进口主要商品有：机械设备（占 29.6%）、化工产品和塑料制品（占 14.0%）、黑色及有色金属（占 20.5%）和食品（占 17.0%）。

3. 中亚国家对区域贸易的依存度较高，特别是对俄罗斯经济的依存度依然很高

在双边贸易额不断扩大的基础上，上海合作组织个别成员国对区域贸易依存度较高。例如，2007 年塔吉克斯坦、吉尔吉斯斯坦、哈萨克斯坦与上海合作组织成员国之间的贸易额分别占全国进出口贸易总额的 36.61%、67.15%、33.57%。

由于历史的渊源，中亚四国对俄罗斯经济的依赖程度依然很高。自 2001 年以来俄乌之间的贸易额一直占乌外贸总额 10% ~ 20%。由于俄、哈、吉、塔是欧亚经济共同体成员，所以它们之间的经济结合程度更高。2007 年中亚国家与俄罗斯之间的贸易额占本国外贸总额的比重是：哈萨克斯坦占 20.23%，吉尔吉斯斯坦占 34.17%，塔吉克斯坦占 15.67%；俄罗斯是吉塔两国的第一大贸易伙伴，是哈国的第二大贸易伙伴。

4. 除俄罗斯外，其他成员国在中国对外贸易中所处位置靠后，而中国在其他成员国对外贸易中的位置逐渐靠前

在上海合作组织其他五国中，只有中俄的贸易规模比较大，中亚四国在中国对外贸易中所占比重较小。2007 年中俄贸易额达到 481.7 亿美元，俄罗斯已成为中国第八大贸易伙伴；同期中国与中亚四国间的贸易总额只有 193.1 亿美元（见表 3—2），它们在中国对外贸易中的所处位置均比较靠后。

表3—2　2007年中国与其他成员国的贸易状况

贸易状况 ＼ 国别	俄罗斯	哈萨克斯坦	吉尔吉斯斯坦	塔吉克斯坦	乌兹别克斯坦
他国与中国的贸易额（亿美元）	481.7	138.8	37.8	5.2	11.3
他国与中国的贸易额占中国对外贸易总额的比例（%）	2.22	0.64	0.17	0.02	0.05
中国在他国对外贸易伙伴国中的位置	3	2	4	6	5

数据来源：中国海关统计。

与此同时，随着中国经济的不断增长，中国在其他成员国对外贸易中的位置逐渐靠前。比如，根据塔吉克斯坦统计委员会统计，2006年上半年中塔双边贸易额达6342.6万美元，比上年同期增长45.5%。在2006年的贸易伙伴排行榜中，俄罗斯、乌兹别克、哈萨克和中国排在十大贸易伙伴的前六位。2006年四国的贸易额占到塔贸易总额的36.6%。

（二）投资合作特点

1. 成员国间的投资额增长迅速，领域扩大，但总体规模依然较小

近年来，随着上海合作组织区域内投资环境的逐渐改善，成员国间的投资额增长迅速，领域扩大。据不完全统计，上海合作组织成员国之间相互投资已达150亿美元左右，涉及油气开发、交通、通信、电力、化工、建材、承包工程、农业和农产品加工等诸多领域。具体对中国而言，我国对其他成员国累计实际投资总额已达近80亿美元，约为上海合作组织刚成立时的4倍，而其他国家对中国的投资额虽然很小，但同比增长速度较快。但总体而言，成员国间的投资总体规模依然较小，这主要是因为受自身经济实力的限制，大多数国家尚不具备对外大量投资的能力。

表 3—3　2007 年中国对其他成员国的对外直接投资状况

指标	国别 投资额 投资额	俄罗斯	哈萨克斯坦	吉尔吉斯斯坦	塔吉克斯坦	乌兹别克斯坦
流量	投资额（万美元）	47761	27992	1499	6793	1315
存量	投资额（万美元）	142151	60993	13975	9899	3082

数据来源：根据《2007 年度中国对外直接投资统计公报》整理。

表 3—4　2001～2006 年其他成员国对中国的直接投资流量表

（单位：万美元）

年 份 国别	俄罗斯	哈萨克斯坦	吉尔吉斯斯坦	塔吉克斯坦	乌兹别克斯坦
2001	2976	33	—		71
2002	3865	276	25	—	20
2003	5430	70	90		—
2004	12638	196	248		15
2005	8199	233	53	21	1
2006	6720	333	423		

数据来源：根据《2007 年中国统计年鉴》整理。

2. 俄罗斯和中国对中亚国家的投资主要集中在石油、天然气等能源项目

出于国家经济安全的考虑，俄罗斯和中国对中亚国家的投资主要集中在石油和天然气等战略部门。例如，继 2003 年 8 月以 100% 股份获得全权开发哈萨克斯坦北布扎奇油田项目后不久，"中石油"宣布以 41.8 亿美元成功收购哈萨克斯坦 PK 石油公司，实现了迄今为止中国公司最大的海外收购。而在俄罗斯对乌兹别克斯坦的直接投资中，天然气投资排在首位。目前，俄罗斯天然气工业股份公司等 3 家大型石油天然气公司均在乌兹别克斯坦有天然气开采项目。此外，俄与塔、吉也已签署了天然气领域的合作协定，有些合作项目已开始实施。

3. 中国日益成为中亚成员国的重要外资来源地

中亚地区是中国实施"走出去"战略的重点地区，中国在中亚成员国吸引外资中的位次正日益靠前。比如，从 1993 年开始，大量外资从中国流入哈国，总量达到 17 亿美元，占直接外国投资在哈国总量的第七位。2002 年中国对吉尔吉斯斯坦的投资占吉吸引外资的 7%，居第五位；2003 年中国在对乌投资最多的国家中占第六位。

（三）能源合作特点

1. 成员国间的能源合作潜力巨大、互利共赢

在上海合作组织成员国中，俄罗斯和中亚四国都是能源非常丰富的国家，能源产业日益成为这些国家的国民经济支柱。截至 1999 年年底，俄罗斯石油剩余探明储量为 67 亿吨，占全球总剩余探明储量的 4.75%，在世界排名第七位；天然气剩余探明储量达 48 万亿立方米，占全球总剩余探明储量的 32.9%。而中亚地区被称为 21 世纪的战略能源和资源基地，这一地区的石油远景储量超过了 260 亿吨，天然气剩余探明储量近 7 万亿立方米（见表 3—5），待开发的水力资源也很丰富[①]。而随着中国经济的快速发展，对外国能源的需求日益增大，能否确保中国未来获得充足的能源供应是关系到我国国家经济安全的战略性问题。因此在上海合作组织框架下，加强中国与其他成员国在能源领域的合作是各方互利共赢的选择，中国与其他成员国间的能源合作前景广阔、潜力巨大。此外，由于历史的渊源，哈、吉、塔、乌四国原有的输油输气管道有部分相连，而且大都通往俄罗斯，因此以管道过境运输合作为起步点的俄罗斯与中亚四国以及中亚四国间的能源合作也具有一定的发展前景。总而言之，基于区域内的能源消费结构和巨大的能源储量，上海合作组织成员国间的能源合作在未来具有无法估量的发展前景，且是长期和互利共赢的。

---

① 塔、吉两国是世界上水力资源十分丰富的地区。塔吉克斯坦的水力发电能力每年有 2830 亿～5100 亿千瓦时，而吉尔吉斯斯坦技术上可利用的水力资源为 729 亿千瓦时。

表3—5 俄罗斯和中亚国家石油天然气储量一览表

项　目　　　　国别	俄罗斯	哈萨克斯坦	乌兹别克斯坦
石油剩余探明储量	67 亿吨	28 亿吨	5.8 亿吨
石油世界排名	6	—	—
天然气剩余探明储量	48 万亿立方米	1.8 万亿立方米	2 万亿立方米
天然气世界排名	1	—	—

资料来源：根据《BP世界能源统计》整理得。

2. 能源合作方式正在深化

随着区域内贸易投资便利化的推行，成员国间的能源合作方式正在深化，由以往的双边过境运输合作方式逐渐改变为双边、多边过境运输合作与投资合作并行的方式，特别是中国和俄罗斯加大了对中亚四国的投资力度。例如，2006年5月由中哈两国共同投资7亿美元的中哈石油管道正式对华输油，这是中国首次实现以管道方式从境外进口原油。需要特别指出的是，在中哈石油管道向中国输送的原油中，50%来自哈萨克斯坦的扎纳诺尔油田和阿克纠宾油田，50%来自里海地区的俄罗斯油田。而近年来在俄罗斯对中亚四国的投资中，石油天然气等能源投资占首要地位。2003年6月10日哈天然气工业公司与俄罗斯的卢克石油公司成立中部里海石油天然气合资企业，共同开发里海石油天然气。2004年6月，俄卢克石油公司又同乌签署产品分割协定，由该公司投资10亿美元，联合勘探和开采油气，产量将达每年88亿立方米。

3. 能源合作机制有待完善

虽然近年来上海合作组织框架下的能源合作已初见成效，但由于各国在经济利益上存在着一些矛盾，成员国间尚未形成一个较为成熟的能源合作框架。例如，在里海石油资源的开发方面，各国出于自身的政治利益和经济利益考虑，对与邻国和世界强国的能源合作，采取了不尽相同的立场和做法，步调不尽一致。此外，在中亚地区水力资源的利用分配方面，由于历史的局限性，各国一直争端不断，其间关系始终未能协调合理。因此，为了加快上海合作组织框架下的能源合作，将巨大的合作潜力转化为唾手可得的实际成果，增强组织的活力和凝聚力，各成员国应加强协商，兼顾区域内能源出口国和进口国的利益，逐步完善能源合作机制。

（四）其他领域的合作特点

1. 交通合作渐入佳境

近年来，上海合作组织各成员国签署了一系列的双边、多边的汽车运输协定；除此之外，各国的铁路管理部门都参加了华沙铁路合作组织，签署了统一的政府间国际铁路旅客和货物多式联运协定，这就为成员国间的交通合作奠定了坚实的法律基础。

在各国政府的共同努力下，上海合作组织区域内的交通合作渐入佳境。目前，中塔公路已经开通、我国援建的塔"沙尔—沙尔"隧道施工在即、中吉乌公路建设成功启动，E—40公路、塔—吉公路和塔—乌公路等建设和修复项目已签订了商务合同；建设贯穿哈东西全境的标准轨铁路、中吉乌铁路等项目逐渐被提上研究日程，一个连通各国的交通网络正在形成。

2. 电信、电力网络初现雏形

在包括《上海合作组织多边经贸合作纲要》在内的上海合作组织区域经济合作一系列法律文件的指导下，区域内的电信、电力网络初现雏形。目前，中国的中兴、华为和上海贝尔等电信公司已成功进入中亚市场，连接主要成员国的亚欧光缆和中俄光缆已经建成；俄、哈、吉向我国输电项目正在积极筹划中。在双边合作的基础上，上述项目正在向多边层面延伸，连接本地区各国的油气、交通、电信、电力网络已初现轮廓。

3. 环保、旅游等其他合作已经启动

随着时间的推移，上海合作组织框架下的环保、旅游等其他合作也已经启动。例如，2006年7月7日至21日由中国商务部主办、国家环保总局宣教中心承办的"上海合作组织环保合作研修班"在北京举办，参加研修班的学员有来自俄罗斯、哈萨克斯坦、乌兹别克斯坦、塔吉克斯坦、吉尔吉斯斯坦等5个国家的18位高级环保官员。

第二节　上海合作组织推进区域
经济合作的基础条件

一、上海合作组织基本经济概况

上海合作组织六个成员国的总面积为 3017 万平方公里，占欧亚大陆的 3/5；中国与俄、哈、吉、塔有共同边境 7500 公里（中俄 4300 公里、中哈 1700 公里、中吉 1100 公里、中塔 400 公里）。人口约为 15.1 亿，占世界人口的 1/4，自然资源丰富。近年来，在世界经济发展普遍不景气的背景下，上海合作组织各成员国的 GDP 保持

表 3—6　上海合作组织各成员国历年 GDP 增长率　（单位:%）

国别 年份	中国	俄罗斯	哈萨克斯坦	吉尔吉斯斯坦	塔吉克斯坦	乌兹别克斯坦
1993	14.0	−8.7	−9.2	−13.0	−11.1	−2.3
1994	13.1	−12.7	−12.6	−19.8	−21.4	−5.2
1995	10.9	−4.1	−8.3	−5.8	−12.5	−0.9
1996	10.0	−3.6	0.5	7.1	−4.4	1.7
1997	9.3	1.4	1.6	9.9	1.8	5.2
1998	7.8	−5.3	−1.9	2.1	5.2	4.3
1999	7.1	6.4	2.7	3.7	3.7	4.3
2000	8.4	10.0	9.8	5.4	8.3	3.8
2001	8.3	5.1	13.5	5.3	10.2	4.2
2002	9.1	4.7	9.8	0.0	9.1	4.0
2003	10.0	7.3	9.3	7.0	10.2	4.2
2004	10.1	7.2	9.6	7.0	10.6	7.7
2005	10.2	6.4	9.7	−0.2	6.7	7.0
2006	10.7	6.7	10.6	2.7	7	7.3
2007	11.4	7.8	8.5	7.4	7.8	9.5

资料来源：由 data.un.org 网站统计，根据不变价格计算。

4% ~ 10% 的不等增幅，2005 年区域内的 GDP 总规模为 3.07 万亿美元，对外贸易总额约为 1.8 万亿美元；市场消费能力超过了 1.5 万亿美元，展示出巨大的发展潜力。与此同时，上海合作组织区域也日益成为外来投资的青睐目标，各国吸收的 FDI 日益增加。毫无疑问，近年来区域内成员国经济的快速发展为扩大区域贸易和扩大区域投资合作创造了有利条件（见表 3—6 ~ 表 3—10）。

表 3—7　上海合作组织各成员国 2005 ~ 2007 年 FDI 流量

（单位：百万美元）

指标\年份\国别	FDI 流入			FDI 流出		
	2005	2006	2007	2005	2006	2007
中国	72406	72715	83521	12261	21160	22469
俄罗斯	12886	32387	52475	12767	23151	45652
哈萨克斯坦	1971	6224	10259	− 146	− 387	3161
吉尔吉斯斯坦	43	182	208	—	—	—
塔吉克斯坦	54	339	401	—	—	—
乌兹别克斯坦	88	195	262	—	—	—

资料来源：《2008 年世界投资报告》，Annex table B. 1. FDI flows. by region and economy, 2005 ~ 2007 年。

表 3—8　上海合作组织各成员国 FDI 存量（1990，2000，2007 年）

（单位：百万美元）

指标\国别\年份	FDI 流入存量			FDI 流出存量		
	1990	2000	2007	1990	2000	2007 年
中国	20691	193348	327087	4455	27768	95799
俄罗斯	—	32204	324065	—	20141	255211
哈萨克斯坦	—	10078	43381	—	16	2149
吉尔吉斯斯坦	—	432	819	—	33	18
塔吉克斯坦	—	136	1046	—	—	—
乌兹别克斯坦	—	698	1648	—	—	—

资料来源：《2008 年世界投资报告》，Annex table B. 2. FDI stock, by region and economy, 1990, 2000, 2007 年。

表 3—9　上海合作组织各成员国历年出口　（单位：亿美元）

年份	国别指标	世界	中国	俄罗斯	哈萨克斯坦	吉尔吉斯斯坦	塔吉克斯坦	乌兹别克斯坦
1999	金额	57120.00	1949.31	756.65	58.72	4.54	6.90	32.35
	同比%	3.89	6.11	1.04	10.09	-17.18	15.97	-8.36
	占比%	100.00	3.55	1.32	0.10	0.01	0.01	0.06
2000	金额	64490.00	2492.03	1055.65	88.12	5.05	7.85	28.17
	同比%	12.90	27.84	39.52	50.07	11.23	13.77	12.92
	占比%	100.00	3.86	1.64	0.14	0.01	0.01	0.04
2001	金额	61830.00	2660.98	1018.84	86.39	4.76	6.50	27.08
	同比%	-4.12	6.78	-3.49	-1.96	-5.74	-17.20	-3.87
	占比%	100.00	4.30	1.65	0.14	0.01	0.01	0.04
2002	金额	64820.00	3255.91	1073.01	96.70	4.86	7.38	25.13
	同比%	4.84	22.36	5.32	11.93	2.10	13.54	-7.20
	占比%	100.00	5.02	1.66	0.15	0.01	0.01	0.04
2003	金额	75510.00	4382.28	1359.29	129.27	5.82	7.97	31.89
	同比%	16.49	34.59	26.68	33.68	19.75	7.99	26.90
	占比%	100.00	5.80	1.80	0.17	0.01	0.01	0.04
2004	金额	91530.00	5933.29	1834.52	200.93	7.19	9.15	42.80
	同比%	12.12	35.39	34.96	55.52	23.54	14.81	31.70
	占比%	100.00	6.48	2.00	0.22	0.01	0.01	0.05
2005	金额	104748.71	7619.53	2437.98	278.49	6.72	9.09	47.49
	同比%	14.44	28.42	32.89	38.60	-6.54	-0.66	49.81
	占比%	100.00	7.27	2.33	0.27	0.01	0.01	0.05
2006	金额	120877.69	9693.80	3039.26	404.70	7.96	13.99	53.65
	同比%	15.40	27.22	24.66	45.32	18.45	16.93	12.97
	占比%	100.00	8.02	2.51	0.34	0.01	0.01	0.04
2007	金额	138330.41	12180.00	3554.64	469.30	11.34	14.63	75.11
	同比%	14.44	25.65	16.96	15.96	42.46	4.57	40.00
	占比%	100.00	8.81	2.57	0.34	0.01	0.01	0.05

资料来源：UNCTAD Handbook of Statistics 2008。

表 3—10　上海合作组织各成员国历年进口　（单位：亿美元）

年份	指标	世界	中国	俄罗斯	哈萨克斯坦	吉尔吉斯斯坦	塔吉克斯坦	乌兹别克斯坦
1999	金额	59110.00	1656.99	395.37	36.55	6.00	6.63	31.10
	同比%	4.20	18.16	-31.85	-15.28	-28.74	-6.62	-5.47
	占比%	100.00	2.80	0.67	0.06	0.01	0.01	0.05
2000	金额	67150.00	2250.94	446.59	50.40	5.54	6.75	26.97
	同比%	13.60	35.85	12.95	37.89	-7.67	1.81	-13.28
	占比%	100.00	3.35	0.67	0.08	0.01	0.01	0.04
2001	金额	64740.00	2435.53	537.64	64.46	4.67	6.88	28.14
	同比%	-3.59	8.20	20.39	27.90	-15.70	1.93	4.34
	占比%	100.00	3.76	0.83	0.10	0.01	0.01	0.04
2002	金额	67240.00	2951.71	609.66	65.84	5.87	7.21	24.25
	同比%	3.86	21.19	13.40	2.14	25.70	4.80	-13.82
	占比%	100.00	4.39	0.91	0.10	0.01	0.01	0.04
2003	金额	78320.00	4127.60	760.70	84.09	7.17	8.81	26.62
	同比%	16.48	39.84	24.77	27.72	22.15	22.19	9.77
	占比%	100.00	5.27	0.97	0.11	0.01	0.01	0.03
2004	金额	94950.00	5612.30	963.07	127.81	9.41	11.91	33.92
	同比%	21.23	35.97	26.60	51.99	31.24	56.07	27.42
	占比%	100.00	5.91	1.01	0.13	0.01	0.01	0.04
2005	金额	107764.88	6599.53	1379.77	173.53	11.08	13.30	36.66
	同比%	13.50	17.59	43.26	35.77	17.75	11.67	8.08
	占比%	100.00	6.12	1.28	0.16	0.01	0.01	0.03
2006	金额	123379.28	7916.05	1811.61	249.56	18.48	17.25	39.15
	同比%	14.49	19.95	31.30	43.81	70.04	29.70	6.79
	占比%	100.00	6.42	1.47	0.20	0.02	0.01	0.03
2007	金额	140565.84	9558.00	2453.65	327.78	24.17	24.15	48.85
	同比%	13.93	20.74	35.44	31.34	30.79	40.00	24.78
	占比%	100.00	6.80	1.75	0.23	0.02	0.02	0.04

资料来源：UNCTAD Handbook of Statistics 2008。

二、比较优势与贸易结构分析

(一) 双边贸易专业化指数分析

1. 指数简介

双边贸易专业化指数简称 TSC，通常用来表示贸易双方在各类产业中占优势的程度，反映双方基于资源禀赋的外生比较优势形成的专业化分工特征。其计算公式如下：

$$TSC = (X - M)/(X + M)$$

其中，X 表示一国向他国的出口值，M 表示一国自他国的进口值。当 $TSC = 1$ 时，表示只有出口，没有进口，完全出口专业化；$TSC = -1$ 时，表示只有进口，没有出口，完全进口专业化。

2. 计算过程与结果说明

本处根据上述公式计算了 2001～2005 年上海合作组织六个成员国间的双边贸易专业化指数，数据来源于联合国商品贸易统计数据库（简称联合国 Comtrade 数据库），分类方法采用的是国际贸易标准分类（SITC）第三版。[①] 需要指出的是，由于联合国商品贸易统计数据库中的国际贸易数据来源于超过 140 多国家或地区的相关部门的自行上报，所以有部分国家的相关数据缺失，这会导致有部分年份部分国家间的 NTB 数据的缺失；此外，由于各国统计口径的不同，所以一国统计的本国向他国的出口数据可能与他国统计的他国自本国的进口数据有差异，因此就会导致诸如基于中国统计数据计算的中俄双边贸易专业化指数与基于俄罗斯统计数据计算的俄中双边贸易专业化指数有差异的问题存在。

表 3—11 是 2005 年各成员国与他国的 NTB 统计一览表。当双边贸易专业化指数的绝对值大于 0.5 时，表明双方专业化分工明显；当双边贸易专业化指数的绝对值大于 0.8 时，表明双方专业化分工极

---

① 国际标准分类法（SITC）第三版分为十个大类，分别是 0 类食品及活动物；1 类饮料及烟类；2 类非食用原料（燃料除外）；3 类矿物燃料、润滑油及有关原料；4 类动植物油、脂及蜡；5 类化学成品及有关产品；6 类按原料分类的制成品；7 类机械及运输设备；8 类杂项制品；9 类未分类的商品。

强；表中的缺失表示由于数据的来源限制导致未能统计的大类种类。

表 3—11　2005 年各成员国与他国的双边贸易专业化指数统计一览表

分工情况＼国家种类		中国	俄罗斯	哈萨克斯坦	吉尔吉斯斯坦	塔吉克斯坦	乌兹别克斯坦
中	分工极强	—	6	6	7	4	6
	分工明显	—	8	7	7	4	6
	缺失	—	0	1	2	5	3
俄	分工极强	5	—	3	3	4	3
	分工明显	8	—	7	4	6	7
	缺失	1	—	1	1	2	1
哈	分工极强	3	2	—	2	4	2
	分工明显	7	6	—	6	7	5
	缺失	3	1	—	1	3	1
吉	分工极强	7	3	3	—	5	4
	分工明显	8	4	5	—	9	7
	缺失	1	0	1	—	1	2

注：由于数据来源的限制性，若 2005 年两国间某一类的双边贸易专业化指数缺失，但可以获得 2004 年此类指数的具体值，则用 2004 年的值来代替。

一方面，由表 3—11 可知，在 SITC 10 大类商品中，中俄、中哈、中吉之间专业化分工明显的分别有 7 大类以上商品，其中专业化分工极强的有 6～7 大类，占全部 10 大类商品的 60% 以上。中方具有比较优势的是 1 大类（饮料及烟类）、7 大类（机械及运输设备）、8 大类（杂项制品）等劳动密集型产品及机电产品，① 俄罗斯和哈萨克斯坦及吉尔吉斯斯坦的优势贸易商品是 2 大类（除燃料外的非食用原料）、3 大类（矿物燃料、润滑油及有关原料）、9 大类

_____

① 8 类（杂项制品）主要包括 81（活动房屋；卫生、水道、供热及照明装置）；82（家具及其零件；褥垫及类似填充制品）；83（旅行用品、手提包及类似品）；84（服装及衣服附件）；85（鞋靴）；87（专业、科学及控制用仪器和装置）；88（摄影器材、光学物品及钟表）；89（杂项物品）等 8 小类商品。

（未分类的商品）等资源密集型产品，这表明中俄、中哈、中吉间的双边贸易结构具有较大的差异性和互补性。由于数据缺失的影响，中塔、中乌之间统计出来的专业化分工明显的大类商品比中俄、中哈、中吉间统计出的分工明显的大类商品要少，但也分别有 4 大类和 6 大类商品，而且这些类别的商品的双边专业化分工指数均在 0.89 以上，这说明在这些类别的商品上中塔、中乌间基于要素禀赋的互补性分工很强。

另一方面，在 SITC 10 大类商品中，俄吉、俄塔、俄乌间专业化分工明显的商品分别有 4 大类、6 大类和 7 大类，俄罗斯具有比较优势的商品大类主要包括 3 大类、4 大类（动植物油、脂及腊）、5 大类（化学成品及有关制品）等，吉塔乌三国受各自经济结构的影响，与俄罗斯相比占比较优势的商品种类各有不同，就吉尔吉斯斯坦而言是 9 大类，就乌兹别克斯坦而言是 0 大类（食品及活动物）、1 大类。俄哈间专业化分工明显的有 6 大类商品，俄罗斯具有比较优势的是 1 大类、4 大类、6 大类（按原料分类的制成品）、7 大类、8 大类，哈萨克斯坦具有比较优势的是 2 大类。

就中亚四国间而言，哈吉、哈塔、哈乌、吉塔、吉乌间专业化分工明显的商品分别有 5 大类、7 大类、5 大类、9 大类、7 大类；受各国经济结构的影响，在 SITC 10 大类商品中并无一国在上述四国中占据明显比较优势的产业。比如就吉塔两国而言，1 大类和 5 大类商品是吉尔吉斯斯坦具有比较优势的商品，但就吉乌两国而言，1 大类和 5 大类商品反而是吉尔吉斯斯坦具有比较劣势的商品。

从以上分析可知，无论是中国与俄罗斯和中亚四国间，还是俄罗斯与中亚四国间，抑或是中亚四国间的双边贸易结构都具有较大的差异性和较强的互补性。此外，自上海合作组织 2001 年成立以来，各国间的双边贸易专业化指数的年度变化一般没有特别明显的变化，但也有一些特例。比如，就 7 大类（机械及运输设备）而言，中俄间的 NTB 指数从 2001 年的 − 0.783213411 变化为 2005 年的 0.783819538，这表明随着时间的向前推进，中国的机械及运输设备产品的竞争力增强，从一个与俄罗斯相比具有比较劣势的产业变成一个具有比较优势的产业。再比如中国钢铁产业和金属制品产业的快速发展，中俄间6大类商品（按原料分类的制成品）的NTB指数从2001年的－0.735654749变成2005年的－0.737528614，这表明：尽管中国的6大类商品的竞争力仍然不如俄罗斯，但是竞争力在逐年提高。

为了更清楚地表明上海合作组织各成员国与其他成员国相比而言的优势产业，本书以2005年的双边贸易专业化指数为基准，比较基于各国上报的统计数据计算的NTB指数的异同，同时参考2003年、2004年的指数，整理出了上海合作组织六国间两两相比的比较优势产业列表，见表3—12。

表3—12　六国间的双边比较优势产业列表

国别	前者具有比较优势的产业	后者具有比较优势的产业	国别	前者具有比较优势的产业	后者具有比较优势的产业
中俄	1、4、7、8	2、3、5、9	中哈	0、1、7、8	2、3、4、9
中吉	0、1、5、6、7、8	2、9	中塔	5、6、7、8	—
中乌	0、6、7、8	2、3	俄哈	1、4、6、7、8	2
俄吉	3、4、5	9	俄塔	1、3、4、5、6、7、8	
俄乌	3、4、5、6、8	0、1	哈吉	2、3、4、5、9	8
哈塔	0、1、2、3、5、6、7、8	—	哈乌	0、2、4、8	1
吉塔	0、1、3、4、5、6、7、8	2	吉乌	2、7	1、3、5、6、8

资料来源：作者计算整理。

（二）显示性比较优势指数（RCA）分析

1. 指数简介

匈牙利经济学家Balassa在1965年发表的一篇计算OECD国家之间贸易反映出来的产业比较优势的文章中提出了显示性比较优势（Revealed Comparative Advantage，RCA）指数和测算方法。根据巴拉萨的定义，一国 j 出口商品的显性比较优势由该种商品占世界总出口的比重相对于在世界出口中的比重来衡量。即，如果用 X 表示出口值，脚标 i，j 分别表示行业和国家，则其显示比较优势指数为：

$$RCA_{ij} = \frac{\dfrac{X_{ij}}{\sum_i X_{ij}}}{\dfrac{X_{ij}}{\sum_i \sum_j X_{ij}}}$$

如果 RCA 值大于 1（意味着商品 i 在国家 j 中的出口比重大于在世界的出口比重）表示该国家在此种产品上具有显性比较优势；其数值越大，显示比较优势越明显。反之，若该指数小于 1 则表示该产品没有显性比较优势，或有显性比较劣势；其数值越小，比较劣势越明显。

2. 计算过程与结果说明

本书根据上述公式采用了 2002～2003 年的平均国际贸易数据计算了上海合作组织各成员国各类商品的显示性比较优势指数，数据来源是联合国商品贸易统计数据库和联合国贸发委 2005 年统计手册，采用的分类方法是国际贸易标准分类（SITC）第二版。由于数据来源的限制，哈萨克斯坦和塔吉克斯坦两国各类商品的国际贸易数据非 2002 年和 2003 年的平均值，而是直接采用哈国 2003 年和塔吉克斯坦 2000 年的国际贸易数据；此外，由于在联合国商品贸易统计数据库缺少乌兹别克斯坦各类商品的国际贸易数据，所以乌国各类商品的 RCA 指数缺失。上海合作组织各成员国各类商品的显示性比较优势指数的计算结果见表 3—13。

表 3—13　上海合作组织各成员国的显示性比较优势指数表

类别	中国	俄罗斯	哈萨克斯坦	吉尔吉斯斯坦	塔吉克斯坦	乌兹别克斯坦
0	0.750879093	0.312007327	1.01706569	1.177666506	0.572898102	—
1	0.273652342	0.185170655	0.196893872	3.466838163	0.886443883	—

类别	中国	俄罗斯	哈萨克斯坦	吉尔吉斯斯坦	塔吉克斯坦	乌兹别克斯坦
2	0.433278967	1.564033154	2.351694337	5.075980321	4.424037283	—
3	0.261040064	5.363602842	6.229497247	1.226575624	1.355175023	—
4	0.072131935	0.110863285	0.14331349	0.080007417	0.001871416	—
5	0.42984955	0.414077405	0.189891289	0.137113171	0.12989948	—
6	1.149229191	1.035270483	1.501756912	0.635057276	4.019403883	—
7	1.007333764	0.158994049	0.043981417	0.21251756	0.191848861	—
8	2.352413375	0.103105459	0.017734049	0.292476098	0.064446004	—
9	0.091996821	6.087995854	0.46954731	17.51308001	1.523240185	—

由表3—13可知，在SITC第二版的10大类商品中，中国明显占有比较优势的是7大类（机械及运输设备）、8大类（杂项制品）及5大类（化学品及有关制品）等劳动密集型产品和机电产品，其中中国的7大类和8大类商品的RCA指数是大于1的，而其他国家的7大类和8大类商品的 RCA 指数均在0.3以下；而俄罗斯和中亚成员国在一些资源密集型商品上具有明显的比较优势，比如，哈萨克斯坦、俄罗斯、塔吉克斯坦三国在3大类商品（矿物燃料、润滑油及有关原料）上具有明显的比较优势；而吉尔吉斯斯坦、塔吉克斯坦、哈萨克斯坦及俄罗斯在2大类商品（非食用原料）上具有明显的比较优势。此外，吉尔吉斯斯坦在9大类商品（未分类的商品）、塔吉克斯坦在6大类商品（轻纺产品、橡胶制品、矿冶产品及其制成品）上具有较强的比较优势。由此可见，上海合作组织各成员国的比较优势产业各有不同，各国间基于要素禀赋的互补性分工较强。

（三）结论

由于统计口径和数据来源的差异，双边贸易专业化指数分析和显示性比较优势指数分析的结果有些不同，但得到的结论大体上是一致的，即上海合作组织各成员国间基于要素禀赋的贸易结构互补性较强，这就预示着如果上海合作组织继续推进成员国间的贸易便利化，或者在未来建立上海合作组织自由贸易区，那么各成员国能够充分发挥各自的比较优势，在自由贸易区内实现较为合理的产业分工，这就构造了上海合作组织区域经济合作的坚实基础。

三、政府态度分析

（一）损益分析

根据激励相容理论，① 一国政府决定是否加入、组建、维持或者退出某个自由贸易区，关键在于其在该自由贸易区内所能获得的净福利，即其加入或不加入该自由贸易区后潜在的收益与损失。只有当所得的净福利较高，一国政府才有动力或者激励去加入、维持该自由贸易区，否则将退出该自由贸易区。尽管目前上海合作组织区域经济合作尚未推进到自由贸易区的程度，但我们依然可以从上海合作组织各成员国开展区域经济合作所获得的福利来分析各国政府对推进区域经济合作所持的态度。

在上海合作组织各成员国中，哈、吉、塔、乌中亚四国的经济社会发展情况大体相似，其参与上海合作组织区域经济合作所得的福利大体相同，因此在本部分将六个上海合作组织成员国分为三类，即中国、俄罗斯、中亚四国。

1. 中国的损益分析

从总体上看，中国作为上海合作组织内部经济实力较强的大国，其从该组织区域经济合作中所获得的未来收益较大，损失较小。具体而言，中国在上海合作组织区域经济合作中所获得的利益主要有以下几个方面：

（1）培育和开发出口市场，扩大对外贸易，减少与主要发达国家的贸易摩擦

如前所述，上海合作组织其他成员国近年来经济快速发展，经济

---

① 激励相容理论是指：互惠贸易区的形成和扩张必须满足一个双边激励的原则：一方面，非成员国必须有足够的动力申请加入或组建某个互惠贸易区；另一方面，互惠贸易区成员国必须有足够的激励来维持该互惠贸易区。在激励相容理论中假定一国政府的行为是切实从本国利益角度出发，而不受领导个人偏好等其他微弱因素的影响。

发展潜力较大。因此随着组织内区域经济合作的逐渐推进，区域内其他成员对中国出口商品的关税水平会逐渐降低，包括贸易数量限制措施在内的各种贸易障碍会逐渐消除，各种贸易便利化措施会逐渐施行。这就会刺激区域内贸易需求增长，提高区域内各成员国间的贸易规模，从而为中国日益增加的生产能力培育和开发一个具有较大市场容量和良好发展前景的出口市场，进而有利于中国出口市场多元化目标的早日实现，减少与美、欧、日等主要发达国家间的贸易摩擦，改善中国的对外经济环境。

此外，推进上海合作组织区域经济合作，有利于第二亚欧大陆桥的畅通运行和过货能力的提高，从而降低中国货物进入欧洲的运输成本，进一步增强中国产品在欧洲市场上的竞争能力，为进一步加强中欧经贸关系打下了坚实的基础。

（2）为中国企业对外投资提供重要选择，有利于其"走出去"战略的实施

区域经济一体化理论指出，由于多数情况下自由贸易区协定本身包括了服务业开放和促进相互投资的内容，这有利于区域内的资本要素流动，即促进区域内的投资增长，进而提升经济增长和增加国民福利。而中国作为组织内经济实力较强的大国，拥有一些具备较强竞争力的跨国企业，因此上海合作组织区域经济合作的不断推进，有利于中国企业通过资源开发和境外加工贸易等多种形式对其他各成员国进行投资，为中国企业的对外投资提供重要选择，进而有利于更好地利用国内国外两个市场、两种资源，切实实施"走出去"战略。

（3）拓展中国海外能源合作的新天地，增加稳定的油气来源

众所周知，俄罗斯和中亚是除中东外的世界石油和天然气的最大产地；而随着经济的快速发展，中国的石油进口量将不断增长，呈节节攀升之势，能否确保中国未来获得充足的能源供应是关系到我国国家安危与盛衰的战略性问题。因此在中国已参与的区域合作机制中，没有一个组织能像上海合作组织那样可为此发挥重要作用。

推进上海合作组织区域经济合作，有利于中国政府和企业借助上海合作组织的各种机制，拓展中国海外能源合作的新天地，稳定地获

取俄罗斯和中亚地区的油气资源,确立中亚在我国能源多元化战略中的重要地位,为我国经济可持续发展提供能源保障。

(4)带动中国中西部地区的经济发展,促进西部大开发战略的实施

促进上海合作组织区域经济合作,有利于中国中西部地区的经济发展,特别是作为中国连接上海合作组织其他成员国的重要通道和交通枢纽的新疆等边境省份的经济发展,有利于包括西气东输在内的西部大开发战略的顺利实施,维护大后方的安全与统一,促进中国在21世纪的可持续发展。事实上,随着上海合作组织经济合作的逐步推进,中国新疆对中亚地区的贸易增长很快。2005年1~6月,新疆对外贸易总额达30.3亿美元,同比增长13.8%;其中哈萨克斯坦以绝对优势保持中国新疆第一大贸易伙伴地位,占新疆外贸进出口总值的62%,占中国对哈贸易总值的65%。

(5)加强中国在中亚地区的影响,促进与其他成员国在其他领域的合作

推进上海合作组织区域经济合作,有利于我国以经贸关系为纽带,发挥中国"增长极"的作用,从而扩大中国在中亚这一资源丰富、列强逐鹿的地区的影响力,实现我国的长远战略利益,更加从容地应对经济全球化所带来的各种挑战。此外,区域经济合作的不断推行能够提高成员国之间的经济相互依赖、融合程度,为中国与其他成员国在政治、安全等其他领域的合作奠定基础、积累经验,从而更有效地打击民族分裂主义、恐怖主义、宗教极端主义等三股势力,为中国在未来的可持续发展继续争取到一个较为有利的国际环境。

不可否认的是,中国不可能只从上海合作组织区域经济合作中得到利益,而不会有所损失。具体而言,中国的可能损失主要包括以下两点:其一,在相对比较优势原理的作用下,中国在上海合作组织内具有较强竞争力的领域将获得更大的发展机会,一些相对弱势的行业则可能面临结构调整甚至衰退的危险,这无疑会对该行业和行业从业人员带来较大的损失。其二,尽管目前中国经济发展迅速,经济实力与日俱增,但中国依然是一个发展中大国,依然需要大量建设资金的

补给。上海合作组织区域经济合作的推行可能会造成包括外资在内的中国部分建设资金的流失。不过，由于中国总体经济环境的竞争力，这种流失与区域经济合作的推进所带来的外资增长相比，几乎可以忽略不计。

综上所述，中国从上海合作组织区域经济合作中所得净福利较大，因此中国政府有足够动力去推动组织内区域经济合作的进程。此外，由于中亚四国和俄罗斯间已有欧亚合作组织自由贸易区的合作框架，因此从某种意义上说，中国政府对推进在上海合作组织框架下的区域经济合作进程的愿望比其他成员国要更为迫切。

2. 俄罗斯的损益分析

如同中国一样，俄罗斯参与上海合作组织区域经济合作所获收益较大，而潜在的损失较小，具体而言，俄罗斯在上海合作组织区域经济合作中所获得的利益主要有以下几个方面：

（1）利用中国经济快速发展的潜力，带动本国特别是远东地区的经济发展

中国是俄罗斯最大的邻国，与其远东地区接壤。俄罗斯若要实现经济的快速发展，必须开发地缘广袤、资源丰富的远东地区，但资金短缺、人力不足已成为其发展的主要障碍。而中国近年来经济快速增长，经济实力日益增强，对外投资额逐年攀升，人力资源丰富。因此，中俄两国在开发俄罗斯远东地区方面形成较强的互补，具有很大的发展潜力。毫无疑问，对于俄罗斯而言，在上海合作组织框架下加强与中国的合作，协调相关的经济政策，是开发其远东地区、加快经济发展的一个重要途径。

（2）扩大对外贸易，为其包括能源在内的各种商品找到长期稳定的市场

如前所述，快速发展中国经济对能源、矿产资源等原材料商品的需求与日俱增，其他商品的消费市场规模也日益增大。因此一方面，通过在上海合作组织框架下建立与中国的经济合作关系，可以为包括资源性商品在内的大量商品寻求一个长期稳定的出口市场。另一方面，通过加强与中国的经济合作，俄罗斯还可以借助中国与东亚、东

南亚等亚洲地区的其他国家之间的合作寻找到更多的合作伙伴，为其商品找到更广阔的市场，进一步扩大对外贸易。事实上，俄罗斯丰富的油气资源要进入东亚和东南亚市场，借道中国是最为经济的途径。

（3）恢复、维系并扩大俄罗斯对中亚地区的经济影响力

俄罗斯与中亚各国无论从地缘政治还是地缘经济的角度来讲都具有密切的关系。在中亚地区，俄罗斯拥有一个相当长时间以来形成的能带来巨大经济利益的市场，因为中亚既是俄罗斯重要的工农业原料供应地，也是俄罗斯庞大的传统产品市场。与此同时，俄罗斯在中亚地区还拥有重要的能源利益诉求，这就是将中亚—里海油气开采与输送纳入到有利于俄罗斯的轨道上来，维护俄罗斯作为中亚—里海地区油气出口第一过境国的地位。上海合作组织框架下区域经济合作的进一步推进，有利于俄罗斯恢复、维系并扩大其对中亚地区的经济影响力，获取在中亚地区的"能源大角逐"中最大的战略利益。

（4）有效应对经济全球化的挑战，促进与其他成员国在其他领域的合作

一方面，与中国之间的制度性经济安排，能够为俄罗斯本身丰富的资源和比较优势产品找到一个具有长期持续增长潜力和稳定的市场，满足消费者和生产者对于工业加工品和资本品的需要，消除欧盟东扩给各国带来的竞争压力和被"边缘化"的风险，吸引大批已经具有国际竞争实力的中国企业投资，提高俄罗斯在 WTO 或其他国际、欧洲区域事务中的谈判地位和影响力。另一方面，上海合作组织区域经济合作的不断推行有利于其安全军事合作的不断发展，从而有利于俄罗斯对其境内车臣分离主义势力的有效打击，维护俄边境地区的安全和社会稳定。

任何一国都不可能只从区域经济合作中获得好处，而不会有所损失，俄罗斯也不例外。具体而言，俄罗斯的可能损失或者担忧主要包括以下三点：第一，上海合作组织区域经济合作的逐步推行会造成对俄国某些竞争力不强的产业或幼稚产业的冲击，从而影响国家产业布局和部分人群的福利所得。第二，由于中国的经济发展优势，组织内的区域经济合作可能会造成流入俄国的部分外资的流失，但这种流失

与可能带来的资金流入相抵，就不会对俄罗斯造成较大的困扰。第三，在上海合作组织框架下加强与中国的经济合作，可能会造成俄罗斯远东地区对中国的依赖性增强，这种担忧又与在一些俄罗斯人心中依然留有影响的"中国威胁论"相呼应，因此可能会造成俄罗斯政府在相关决策上的一些压力。

3. 中亚四国的损益分析

中亚四国虽然情况各有不同，但其参与上海合作组织区域经济合作所获损益大体类似，因此本书将其放在一起分析。中亚四国在上海合作区域经济合作中的利益主要体现在以下几个方面：

（1）获得便利的出海口，提供更多的商品出口运输通道

对于哈萨克斯坦、吉尔吉斯斯坦、塔吉克斯坦、乌兹别克斯坦四国而言，其特殊的内陆地理位置和缺少直接出海口是各国谋求经济发展的最大障碍。毫无疑问，上海合作组织区域经济合作可以帮助中亚四国解决这个问题。四国可以利用第二座欧亚大陆桥，直接延伸到太平洋沿岸的各大口岸，并由此进入东亚和东南亚各国，为其进出口货物提供进入亚太市场的最便捷通道。这样，中亚国家在西边可借助俄罗斯进入欧洲市场，在东边通过中国进入亚太市场，为其产品特别是能源产品提供了更多的运输通道。

（2）吸引外资进入本国，为其产品提供稳定广阔的市场，实现对外经济联系的多样化

一方面，在经济全球化的今天，经济结构较为相似的中亚四国在体制转轨过程中都面临着资金短缺的问题，在吸引投资方面难以提供相互帮助。而随着经济实力的日益增强，中国已成为全球20大对外投资国之一。因此，推进上海合作组织区域经济合作有利于中亚四国吸引来自中国的外资，为其经济发展提供一定的资金支持。而且中国企业的国际竞争力和资本优势将为中亚国家的资源开发、加工业发展和结构升级提供大量机会。另一方面，中国经济的快速发展对中亚四国的资源产品形成了较大的需求，这就为其能源和原材料等具有比较优势的产品提供了稳定而广阔的市场。此外，中亚四国还可以借助中国将其产品推向亚太市场，并吸引到一定的资金，这有利于中亚国家

减弱对俄罗斯的经济受制程度，实现对外经济联系的多样化。

（3）有利于解决自身的一些难题，从容应对全球化的挑战

在经济全球化的今天，中亚四国都面临着双重任务，既要完成体制转轨，以适应经济全球化趋势的要求，又要保持一定的经济恢复与增长速度，以追赶世界现有的经济发展水平，这对于四国而言绝非易事。对于中亚国家而言，可以借助在上海合作组织框架内与中俄两国的制度性经济安排，使经济体制转轨沿着顺应经济全球化的道路一直向前推进，解决一些依赖自身无法圆满解决的难题。此外，上海合作组织区域经济合作有利于各成员国加深政治互信，从而有利于对之前盘踞在中亚地区的三股势力的有效打击，维护国家的安全和统一。

与中国和俄罗斯一样，中亚国家参与上海合作组织区域经济合作所得到的也不尽是利益，也存在着一些风险，比如对各国国内某些幼稚产业的冲击等。但总体而言，上海合作组织区域经济合作对中亚四国而言绝对是利大于弊。而且根据新经济地理学的相关模型，假想中亚四国中某一国不参与上海合作组织区域经济合作，而其他国家均参与，那么不参与的国家的产品在区域内会面临更为激烈的竞争，这种竞争效应会严重损害其利益，因此对于中亚四国中任何一国而言，其最优选择是参与组织区域经济合作。

（二）互动机制及经验分析

1. 互动机制分析

上海合作组织成立7年来，在各成员国政府的积极努力下，区域经济合作作为推动组织发展的重要"轮子"之一，已经进入了务实合作的新时期。目前，各成员国之间在海关、能源开发、交通运输等多个领域已建立了包括上海合作组织总理会晤、经贸部长会晤、专业工作组在内的多个多边或双边合作机制。这些合作机制和年度元首会晤共同构成了一个沟通顺畅、渠道众多、运转有效的成员国间的互动机制。该机制有利于各成员国政府就区域经济合作的相关问题进行有效的沟通与协商，消除疑虑，加深彼此政治互信，从而为顺利推进上海合作组织区域经济合作创造一个良好的国际政治氛围。此外，在过去7年来各成员国间所达成的有关上海合作组织区域经济合作的一系

列法律文件也为上海合作组织区域经济一体化提供了重要的法律保障，必将进一步推动上海合作组织区域经济一体化进程。

2. 经验分析

随着近年来区域经济一体化浪潮席卷全球，上海合作组织各成员国也开始投身其中，一些成员在参与区域贸易安排方面已经积累了丰富的经验。比如，中国内地与中国香港、澳门分别签署的"更紧密的经贸合作安排"实施5年来已取得明显实效，中国—东盟自由贸易区正式启动，中亚各国与其他国家之间也已经获得制度性安排的实际成果。这些实际经验必将被各成员国在推动上海合作组织区域经济合作时所借用，从而有利于上海合作组织区域经济合作的终极目标即上海合作组织自由贸易区的最终实现。

尽管各成员国从上海合作组织区域经济合作中所得收益和潜在的损失各不相同，但从总体而言，各国从区域经济合作中所得收益均多于损失，即会得到较大的净福利，那么根据激励相容原则，各成员国政府的正确选择就是积极推动上海合作组织区域经济合作。各成员国政府间业已建立的良好互动机制、已达成的相关法律文件、各成员国在参与区域贸易安排方面所累计的经验都将毫无疑问地对加快上海合作组织区域经济合作起到有力的推动作用，从而促使上海合作组织区域经济一体化的终极目标的最终实现。

第三节　上海合作组织区域经济合作的障碍

虽然从以上分析可以看到上海合作组织开展区域经济合作在贸易与发展潜力、贸易结构与比较优势和政府态度等几个方面具有一定的有利条件，但也存在着一些障碍。本节将从经济、政治、其他因素三个方面来分析上海合作组织区域经济合作的主要障碍。

一、经济制约因素

（一）各成员国经济发展水平普遍不高，经济实力差距较大

尽管近年来上海合作组织各成员国的GDP保持着较大的增幅，

但由于经济基础薄弱，各国普遍经济发展水平不高。按照世界银行在
1995 年划分发达国家和发展中国家的标准，上海合作组织各成员国
都属于发展中国家，其中吉塔乌三国属于低收入国家，即人均 GNI
小于 765 美元的国家。毫无疑问，上海合作组织区域经济合作是南南
合作；而根据近年来全球区域经济合作发展状况来看，南南合作由于
成员国能够投入到合作中的资源较少，需要面对的困难和障碍较多，
因而成功范例较少。

表 3—14　2007 年上海合作组织成员国 GDP 和人均 GNI 一览表

指标＼国家	中国	俄罗斯	哈萨克斯坦	吉尔吉斯斯坦	塔吉克斯坦	乌兹别克斯坦
GDP（10 亿美元）	3280.05	1291.01	103.84	3.50	3.71	22.31
人均 GNI（美元）	2360.00	7560.00	5060.00	590.00	460.00	730.00

数据来源：World Bank：Key Development Data & Statistics。

在六国中，中国与俄罗斯在总体经济实力上差距稍小一些，而与
其他成员国在国内生产总值和货物贸易与服务贸易总额上的差距较
大。由于各国经济发展水平不同，在推进贸易投资便利化的过程中，
各国势必会从本国实际利益出发强调各自的难处，提出不同的目标和
要求，这就加大了区域经济合作的难度。

表 3—15　2007 年中国与上海合作组织成员国在 GDP 和外贸额上的比较

指标＼国家	中/俄	中/哈	中/吉	中/塔	中/乌
GDP（倍）	2.54	31.59	937.16	884.11	147.02
货物贸易和服务贸易总额（倍）	3.62	27.27	612.17	560.55	175.36

数据来源：UNCTAD Handbook of Statistics 2008。

俄、哈、吉、塔、乌五国间，特别是哈、吉、塔、乌四国在经济
结构上具有较大的相似性，基本以能源产品为主，因此在区域经济合
作方面它们竞争多过互补，这就进一步地加大了上海合作组织区域经
济合作的难度。

（二）各国对区域贸易依存度的差距较大，对外投资能力较弱

上海合作组织成立后，随着区域内贸易环境的逐渐改善，贸易额增长较快；但由于基数小，区域内总体规模依然不大。根据联合国贸发委 COMTRADE 数据库和哈萨克斯坦国家统计委员会的统计数据计算，2007 年上海合作组织各成员国之间的相互贸易总量超过了 500亿美元，但仅占当年世界货物贸易总额的 0.18%。上海合作组织各成员国对区域贸易依存度的差距较大，从表 3—16 可以看出，作为区域内的经济实力较强的中俄两国对该区域的贸易依存度分别只有3.10% 和 11.41%，而哈、吉、塔、乌四国对于该区域的贸易依存度均在 30% 以上，特别是吉尔吉斯斯坦对区域内的贸易依存度高达67.15%。区域内贸易总体规模较小，各国对该区域的贸易依存度的差距扩大，无疑会影响区域经济合作的效果。事实上，由于区域内各国经济发展阶段的限制，在区域经济组织建立后，各成员国仍将与包括美、日、欧在内的区外发达国家保持较强的经济贸易联系，这无疑会加大离心力，在一定程度上会弱化区域经济合作的作用，使区域内各项贸易和投资措施的实施遭遇一些障碍。

表 3—16　2007 年上海合作组织各成员国与其他成员国间的
贸易总额及其占各国外贸总额的比例

指　标　＼　国　家	中国	俄罗斯	哈萨克斯坦	吉尔吉斯斯坦①	塔吉克斯坦①	乌兹别克斯坦②
外贸进出口总值（亿美元）	674.70	619.90	276.80	23.80	31.216	31.89
占该国外贸的比例（%）	3.10	11.41	34.37	67.15	36.61	33.57

数据来源：联合国贸发委 COMTRADE 数据库。

---

①　2007 年塔吉克斯坦的数据未报告，此数值根据 2006 年塔吉克斯坦国家统计委员会资料整理得。

②　2007 年乌兹别克斯坦的数据未报告，此数值根据 2005 年数据计算的。2004～2007 年间，哈萨克与其他上海合作组织成员国之间的贸易额平均增速为 36.7%，与成员国之间的贸易额在其贸易总额中的比重平均为 33%。

近年来随着上海合作组织区域内投资环境的逐渐改善，成员国间的投资额增长迅速，领域扩大，但总体规模依然较小。这主要是由于上海合作组织各成员国均是处于经济体制转轨时期的发展中国家，对于资金的需求具有一定的竞争性，而且各国对外投资的能力和经验有限。就经济实力而言，吉塔乌三个低收入国家基本上不具备对外投资的能力。中俄作为区域内经济实力最强的两个大国，理应成为该区域投资的主角；但受自身经济发展水平的限制，俄罗斯对外投资的规模相当小，中国虽然在该组织中经济实力最强，并已开始实施"走出去"战略，但仍处在对外投资的初期阶段，并不具备大规模对外投资的能力和经验。而且由于历史的渊源，中国内地对外投资的绝大部分去往香港，根据中国商务部编制的《2007 年中国对外直接投资统计公报》，2007 年年末中国内地对香港地区的对外直接投资存量为 687.8 亿美元，占中国对外直接投资存量总额的 58.3%。各成员国对外投资能力的不足将制约相互投资的发展，影响区域投资促进措施的效果。

（三）各成员国推进贸易投资自由化的进程不同

在上海合作组织各成员国中，只有中吉两国为 WTO 成员，其他四国还处在加入 WTO 过程中。在这些国家成为 WTO 成员之前，难以用 WTO 的多边贸易规则对其进行约束。在开展区域经济合作过程中，由于这些国家对世界贸易组织多边贸易规则下区域经济合作的一般运行原则和方式了解不多，对于贸易投资自由化的认知和接受程度与 WTO 成员有一定的差距，因此这些成员国政府的关注利益点、处理问题的思路和程序往往与 WTO 成员国相异，进而使得各成员国在协商确定上海合作组织区域经济合作的具体目标和任务时困难较多。

二、政治制约因素

（一）区域内大量存在着其他次区域、跨区域经济组织

目前在上海合作组织区域内存在多个次区域、跨区域经济组织，如独联体、亚行中亚区域经济合作机制、欧亚经济共同体、中亚经济共同体、欧亚运输走廊、亚太经合组织等，但是目前运行较为成功的主要是欧亚经济共同体和由亚行倡导并资助的中亚区域经济合作机

制。欧亚经济共同体的一体化程度已经达到一定水平，目前已经统一了60%～70%的商品关税，还实现了统一的增值税和统一协调的铁路运价，成员国的合作水平已经大大超过了上海合作组织贸易投资便利化阶段。而亚洲银行已投资200万美元用于中亚海关协调委员会的工作，并开始向吉尔吉斯斯坦等国的基础设施项目提供长期贷款。

显然，这些组织特别是欧亚经济共同体和亚行中亚区域经济合作机制的存在，对上海合作组织区域经济合作的未来发展有一定的制约作用。区域内其他经济组织的并存，削弱了上海合作组织区域经济合作的基础，并可能会造成成员国所担任角色的冲突，给予该组织的关注和支持会有所保留，影响成员国对上海合作组织区域经济合作的依赖和向心力。比如，当中国不能和俄罗斯取得完全一致意见时，那么俄罗斯可以转向运用"欧亚经济共同体"和"独联体"的形式带领中亚国家实施自己的意愿，这种担忧并不是毫无道理的。当然，上海合作组织与上述区域内经济合作之间并不只是单有竞争关系，也还存在很大的合作潜力。

（二）各成员国政治制度及法律制度不同

就政治制度而言，中国依然是以马列主义为指导、共产党执政的社会主义国家，中国始终强调公有制经济在国民经济中的主体地位。而苏联解体后，各加盟共和国的共产党领导地位丧失，国家性质不再是社会主义，私有经济在国民经济中的比重加大。虽然区域经济合作的成功与否并不取决于政治制度的异同，但作为社会主义的中国和上海合作组织其他成员国之间由于意识形态和指导思想的差异，对待某些具体的区域经济合作问题可能会持有不同的立场，并希望采取不同的行为举措。此外，中亚四国均为苏联解体后独立的国家，各国法律制度仍处于建设时期，尚未完善，市场的规范程度与国际市场相比还有很大差距，而且由于历史的渊源，各成员国的法律制度各有不同，这将对上海合作组织区域经济合作的推行产生不利的影响。

上海合作组织各成员国的政治制度和法律制度的差异使得其向组织委托或让渡的权力相对较少，这就削弱了组织的资源提取能力，并限制了组织在推进区域经济合作时所能支配的权力、权限、能力和手段。在这种条件下，虽然上海合作组织各成员在推进区域经济合作的原则性问题上有着广泛的一致性，但在落实具体合作协定的行动上，其行为能力和范围都受到很大制约，使现实的利益低于成员国的预期目标。这种理想和现实、理论和实践的落差，对组织的发展起到了极大的限制作用。

（三）各成员国对组织区域经济合作的期望不太一致，民众交流还需加强

由于成员国之间在基本国情和经济实力上的不一致，各国对开展区域经济合作的期望不太一致，甚至存在一些暂时难以调和的具体利益。就上海合作组织区域经济合作的主要领域之一的能源而言，确保能源进口的多元化战略是中国最大的利益所在。哈、吉、塔、乌四国对贸易投资便利化期望很高，尤其重要的是要吸引中方投资，联合开发资源性产品，实现他们的"能源富国"战略。但是由于中亚地区历来是俄罗斯的战略后方，任何一个国家在该地区影响的加大都会触动俄罗斯敏感的神经，因此中俄在该组织中的合作关系十分微妙。此外，在运输领域方面，为了实现能源出口渠道多样化，中亚国家正在积极铺设东线和西线管道以绕开俄罗斯的输油输气管道。因此，中国与中亚国家在油气开发和油气管道铺设方面的合作会给俄罗斯带来一定的利益损害。另外，新亚欧大陆桥的开通也与第一亚欧大陆桥形成竞争关系，为了维护自身利益，俄罗斯方面采取了各种措施，包括大幅度降低运费，吸纳过境货流等。上海合作组织各成员国对开展区域经济合作期望的不同会造成合作掣肘。

由于历史的缘由，上海合作组织各成员民众间的相互了解还不多，在经济领域还存在着一定程度的不信任。比如，中亚诸国对俄罗斯普遍存在着的戒备之心，国内普遍存在着对俄罗斯的排斥情绪，而国际上的"中国人口扩张论"、"中国威胁论"等观点依然在俄罗斯和中亚国家某些人心中存在，这些在一定程度上限制了上海合作组织区域经贸合作的顺利发展。事实上，没有良好的群众基础，区域经贸合作的根基就不会牢固。加强民间往来，增强民众的相互了解和信任，全面、正确地认识对方，是顺利推进区域经贸合作的必要条件之一。

（四）美国和日本因素

美国作为世界上唯一的超级大国，基于中亚地区丰富的油气资源和战略地位，近十年来通过直接投资、金援、军援等各种手段日益加深对中亚地区的政治和经济渗透，其对中亚国家的政治和经济影响、控制力不断增强。目前美国是中亚、高加索地区国家最大的援助国，也是中亚地区最大的投资者，并在吉尔吉斯斯坦等国建立了军事基地，因此当美国认为有必要在某一问题上向中亚各国施加压力时，中亚国家对"上海合作组织区域经济合作"的立场和态度可能会受到影响。此外，美国在中亚传播西方的价值观和意识形态，甚至通过扶助"亲美政府"等更隐蔽的方式来影响中亚政局，进而影响中亚国家与俄中两国的亲近，离间上海合作组织成员国间的关系，削弱区域经济合作的基础。一个佐证就是在中亚和苏联其他成员国国内的"颜色革命"。

与此同时，资源匮乏的日本近年来也全力加强外交攻势，与俄罗斯和中亚的油气生产国加强能源合作，意图发挥更大的地缘政治作用。2006年6月5日，日本和中亚四国在东京举行了"中亚＋日本对话"会议，与会代表包括吉乌塔三国外长、哈国特别代表和日本外相麻生，上述中亚四国均为上海合作组织成员国。事实上，日本近年来一直是中国与俄罗斯能源合作中的有力竞争者，中日两国作为亚太地区两个能源消耗大国，都将自己的能源进口多元化目标瞄准俄罗斯，导致两者一定程度上的恶性竞争。这将在一定程度上限制了上海合作组织区域经济合作特别是能源合作的顺利发展。

三、其他制约因素

（一）文化的差异和民族宗教冲突的存在

由于历史的渊源，上海合作组织各成员国具有不同的文明背景，① 区域内文化、民族、宗教种类甚多，关系错综复杂，充满矛

---

① 在上海合作组织各成员国中，中国为中华文明，俄罗斯为东正教文明，中亚四国为伊斯兰文明。

盾。具体而言，在区域内，特别是在中亚地区，伊斯兰文化、斯拉夫文化、汉文化、印度文化、突厥文化、波斯文化相互渗透，伊斯兰教、东正教、儒教、佛教、印度教、犹太教、天主教、基督教、巴哈伊教彼此影响，分布着 100 多个大大小小的民族，民族构成空前复杂：哈萨克斯坦有 131 个民族，乌兹别克斯坦有 129 个民族，吉尔吉斯斯坦有 80 多个民族，塔吉克斯坦有 86 个民族，俄罗斯有 130 多个民族，中国也有 56 个民族。可以说，上海合作组织区域内特别是中亚地区是各种宗教文化撞击最激烈的地区之一，长期以来由于各种文明冲突、民族和宗教矛盾而引发各种动荡和争斗；这些各国内部和国家间的政治领域的不稳定因素，必然会影响到区域经济合作的顺利推行。不同文明背景，传统文化各异的上海合作组织各成员国间的区域经济合作，比起文化传统相似的原欧盟各国间的区域经济合作要面临更多的困难和挑战。

（二）恐怖主义和毒品问题的困扰

包括宗教极端、民族分裂、国际恐怖主义在内的三股恶势力正是利用上海合作组织区域内的错综复杂的文化、民族、宗教关系，频频制造事端，给各个国家和地区安全造成威胁。尽管上海合作组织成立以来，各成员国紧密合作，有效打击了三股恶势力的嚣张气焰，但我们仍不能忽视恐怖主义等三股势力对区域经济合作的阻碍和制约作用。

与此同时，中亚地区的毒品犯罪问题日益严重，该地区已成为当今世界最大的鸦片产地，阿富汗与俄罗斯、① 中国和欧洲之间的毒品中转枢纽和全球主要的毒品交易中心，严峻的毒品问题正严重制约着中亚国家经济政治社会的发展进程，构成了顺利推进上海合作组织区域经济合作的威胁之一。

---

① 2005 年阿富汗的鸦片产量高达 4100 吨，占世界鸦片总产量的 87%。

第四章　上海合作组织推进区域经济合作的措施

　　上海合作组织区域经济合作在贸易与发展潜力、贸易结构与比较优势和政府态度等几个方面都具有一定的有利条件，但在经济、政治、其他等三方面也存在着一些困难和障碍。因此，我们不能期望上海合作组织区域经济合作在短时间内取得显著成果，对其要有长远规划和战略认识。本章将从上海合作组织的宗旨、原则和基本架构出发，结合各成员方开展区域经济合作的基本情况及上海合作组织区域经济合作的范围和发展目标，来探讨在组织层面上推进该组织区域经济合作的措施。

第一节　上海合作组织的宗旨、原则和基本构架

一、上海合作组织的宗旨

　　根据《上海合作组织宪章》，上海合作组织的基本宗旨是加强各成员国之间的相互信任与睦邻友好；发展多领域合作，维护和加强地区和平、安全与稳定，推动建立民主、公正、合理的国际政治经济新

秩序；共同打击一切形式的恐怖主义、分裂主义和极端主义，打击非法贩卖毒品、武器和其他跨国犯罪活动，以及非法移民；鼓励开展政治、经贸、科技、文化、教育、能源、交通、旅游、环保及其他领域的有效合作。

此外，该地区的宗旨和任务还包括在平等伙伴关系基础上，通过联合行动，促进地区经济、社会、文化的全面均衡发展，不断提高各成员国人民的生活水平，改善生活条件；在参与世界经济的进程中协调立场；根据成员国的国际义务和国内法，促进保障人权及基本自由；保持和发展与其他国家和国际组织的关系；在防止与和平解决国际冲突中相互协助；以及共同寻求21世纪出现的问题的解决办法。

根据以上表述，概括来说上海合作组织任务有三个主要方面：第一，重视并尽一切必要努力保障地区安全；第二，利用各成员国之间在经贸领域互利合作的极大潜力和广泛机遇，努力促进各成员国之间双边和多边合作的进一步发展以及合作的多元化；第三，加强在地区和国际事务中的磋商与协调行动，在重大国际和地区问题上相互支持和密切合作，共同促进和巩固本地区及世界的和平与稳定。

二、上海合作组织的原则

《上海合作组织宪章》规定了上海合作组织成员国应坚持的原则：即相互尊重国家主权、独立、领土完整及国家边界不可破坏，互不侵犯，不干涉内政，在国际关系中不使用武力或以武力相威胁，不谋求在毗邻地区的单方面军事优势；所有成员国一律平等，在相互理解及尊重每一个成员国意见的基础上寻求共识；在利益一致的领域逐步采取联合行动；和平解决成员国间的分歧；上海合作组织不针对其他国家和国际组织；不采取有悖于该组织的任何违法行为；认真履行在宪法及该组织框架内通过的其他文件中所承担的义务。

上海合作组织奉行不结盟、不针对其他国家和地区及对外开放的原则。愿与其他国家及有关国际组织开展各种形式的对话、交流与合作，在协商一致的基础上吸收认同该组织框架内的合作宗旨和任务、原则及其他各项款项，其加入能促进实现这一合作的国家为该组织的新成员。

三、上海合作组织区域经济合作的基本构架

（一）上海合作组织的组织结构

为落实《上海合作组织宪章》的宗旨和任务，上海合作组织框架内的机构包括：国家元首会议、政府首脑（总理）会议、政府部长会议、国家协调员理事会、地区反恐怖机构和秘书处。根据上海合作组织网站统计得表4—1～表4—3：

表4—1　上海合作组织的组织结构（截至2006年年底）

依职能划分（工作性质）	是否拥有固定的办公场所（工作地点）	
	会议机构	常设机构
最高决策机构	国家元首会议：全面负责，重点在政治、安全领域以及重大、原则性的问题	
二级决策机构	在行政方面：政府首脑（总理）会议：重点在经济和人文领域；在安全方面：国家安全会议秘书会议；在立法方面：议长会议；在司法方面：最高法院院长会议和总检察长会议	
三级决策机构	政府部长会议（外交部长、商务部长、交通部长、国防部长等等）：负责各自领域内的事务	
执行与主管机构	国家协调员理事会（外交）、反恐理事会（安全）、高官会（经济、人文）：负责各自领域的日常联系	
行政机构		秘书处、反恐执委会
辅助机构	工作小组	

上海合作组织的最高决策机构是成员国元首理事会。该理事会每

年举行一次会议，就组织所有重大问题做出决定和指示。上海合作组织成员国政府首脑理事会每年举行一次例会，重点研究组织框架内多边合作的战略与优先方向，解决经济合作等领域的原则和迫切问题，并批准组织年度预算。在元首和政府首脑理事会下面，还分别设有外长、经济、交通、文化、国防、执法安全、监察、民政、边防等年度定期会晤机制。上海合作组织的基层协调机制是成员国国家协调员理事会。

上海合作组织有两个常设机构，分别是秘书处（北京）和地区反恐怖机构（塔什干）。秘书长和反恐怖机构执委会主任均由元首理事会任命，任期三年。

（二）上海合作组织的法律体系

1. 上海合作组织的法律框架

上海合作组织的法律框架体系包括自"上海五国"到上海合作组织正式成立之后历次元首会晤所达成的协定、声明及其他文件，主要包括表4—2 中所列的文件。

表4—2　上海合作组织的法律文件

法律文件名称	签署地点	签署时间
《关于在边境地区加强军事领域信任的协定》	中国上海	1996. 4. 26
《关于在边境地区相互裁减军事力量的协定》	俄罗斯莫斯科	1997. 4. 24
《阿拉木图联合声明》	哈萨克斯坦阿拉木图	1998. 7. 3
《比什凯克声明》	吉尔吉斯斯坦	1999. 8. 26
《杜尚别声明》	塔吉克斯坦杜尚别	2000. 7. 5
《上海合作组织成立宣言》	中国上海	2001. 6. 15
《打击恐怖主义、分裂主义和极端主义上海公约》	中国上海	2001. 6. 15
《上海合作组织宪章》	俄罗斯圣彼得堡	2002. 6. 7
《上海合作组织地区反恐怖机构协定》	俄罗斯圣彼得堡	2002. 6. 7

法律文件名称	签署地点	签署时间
《圣彼得堡宣言》	俄罗斯圣彼得堡	2002.6.7
《上海合作组织成员国元首宣言》	俄罗斯莫斯科	2003.5.29
《上海合作组织成员国元首塔什干宣言》	乌兹别克斯坦塔什干	2004.6.17
《上海合作组织成员国元首宣言》	哈萨克斯坦阿斯塔纳	2005.7.5
《上海合作组织五周年宣言》	中国上海	2006.6.15
《比什凯克宣言》	吉尔吉斯斯坦比什凯克	2007.8.16
《杜尚别宣言》	塔吉克斯坦杜尚别	2008.8.28

2. 上海合作组织区域经济合作的基本文件

区域经济合作是上海合作组织的两大支柱之一，历次政府首脑会议及经贸部长会议就上海合作组织区域经济合作中存在的问题形成的相应的法律文件，为上海合作组织区域经济一体化提供了重要的法律保障，它必将进一步推动上海合作组织区域经济一体化进程。它们主要包括表4—3中所列的文件；除此之外，在历次元首会晤中所达成的声明和宣言中也有对上海合作组织区域经济合作的重要阐述。

《上海合作组织多边经贸合作纲要》是2003年9月22～23日上海合作组织成员国总理第二次会晤所取得的最大成果，对六国开展区域经济合作具有长期和重要的指导意义。该纲要规定了区域经贸合作的目标、重点领域和实施机制，并指出上海合作组织区域经济合作的"三步走"战略：短期内将积极推动贸易投资便利化进程；中期内（2010年前）的任务是共同努力制定稳定的、可预见和透明的规则和程序，在上海合作组织框架内实施贸易投资便利化；长期内（2020年前），上海合作组织成员国将致力于在互利基础上最大效益地利用区域资源，为贸易投资创造有利条件，以逐步实现货物、资本、服务和技术的自由流动。

表4—3　上海合作组织区域经济合作的基本文件

文件名称	签署地点	签署时间
《上海合作组织成员国政府间关于区域经济合作的基本目标及启动贸易投资便利化进程的备忘录》	哈萨克斯坦阿拉木图	2001.9.14
《上海合作组织成员国政府间关于区域经济合作的基本目标及启动贸易投资便利化进程的备忘录》的议定书	中国上海	2002.5.28～29
《上海合作组织多边经贸合作纲要》	中国北京	2003.9.22～23
《经贸部长会议关于多边经贸合作纲要"措施计划"的决议》	俄罗斯莫斯科	2004.9.14
《关于建设"上海合作组织区域经济合作网站"问题的谅解备忘录》	俄罗斯莫斯科	2004.9.14
《关于〈上海合作组织成员国多边经贸合作纲要〉落实措施计划》	吉尔吉斯斯坦比什凯克	2004.9.23
《上海合作组织成员国实业家委员会章程》	俄罗斯莫斯科	2005.10.25
《上海合作组织银行间合作（联合体）协定》	俄罗斯莫斯科	2005.10.26
《上海合作组织实业家委员会决议》	中国上海	2006.6.15
《上海合作组织银行联合体成员行关于支持区域经济合作的行动纲要》	中国上海	2006.6.15
《上海合作组织银行联合体和实业家委员会合作协定》	吉尔吉斯斯坦比什凯克	2007.8.16
《上海合作组织对话伙伴条例》	塔吉克斯坦杜尚别	2008.8.28
《上海合作组织成员国元首杜尚别宣言》	塔吉克斯坦杜尚别	2008.8.28

第二节　上海合作组织成员国和观察员国
区域经济合作现状

一、上海合作组织成员国的区域经济合作现状

（一）中国的区域经济合作现状①

20 世纪 80 ~ 90 年代，全球区域经济合作开始掀起高潮。但由于当时中国的工作着重点是加入 WTO，所以除了在 1991 年加入了亚太经济合作组织（APEC）外，几乎没有参与其他任何区域经济合作组织。

进入 21 世纪后，中国参与区域经济合作的进程开始加速。2001 年，上海合作组织成立，中国成为其中一员。2003 年 9 月，上海合作组织成员批准了《多边经贸合作纲要》。2001 年 11 月，中国发起了建立中国—东盟自由贸易区的协议，经过与东盟磋商，双方一致同意在 10 年内（到 2010 年）建立中国—东盟自由贸易区（CAFTA）。2002 年 11 月双方签署《中国—东盟全面经济合作框架协定》，确定了 CAFTA 的基本框架。2004 年 11 月 29 日，东盟正式承认中国是一个完全市场经济体，并与中国签署了《全面经济合作框架协定货物贸易协定》（简称《货物贸易协定》）和《争端解决机制协定》等一系列重要文件，为双方 2005 年如期启动 CAFTA 建设扫清了障碍。

在 CAFTA 建设加快的同时，中国内地又迅速与中国香港完成了《内地与香港建立更紧密经贸关系安排》（CEPA）的磋商。从 2002 年 1 月 25 日启动磋商，到 2003 年 6 月 29 日正式签署，只经历了一年多的时间。2003 年 10 月 17 日，内地与澳门的 CEPA 也正式签署，并于 2004 年 1 月 1 日与中国香港 CEPA 同步实施。

2005 年以来，中国在区域经济合作领域的进展更加快速，主要

---

① 庄芮：《中印参与区域经济合作现状分析与比较（上）》，2007 年 4 月 2 日，http://www.gx-info.gov.cn。

成果如下：

1. CEPA 的贯彻实施进一步深入

按照相关规定，中国内地自 2004 年 1 月 1 日起，对 273 个税目原产于中国香港、中国澳门的进口产品实行零关税，并不迟于 2006 年 1 月 1 日对首批 273 个税目以外的进口港、澳产品实行零关税；中国内地承诺自 2004 年 1 月 1 日起，在管理咨询、会议展览、广告、会计、法律、医疗及牙医、物流、货代、仓储、分销、运输、建筑、视听、旅游、电信、银行、保险、证券等 18 个服务行业扩大对中国香港、中国澳门的开放；同时进一步推动贸易投资便利化。2005 年 10 月 18 日，中国商务部与中国香港特区政府就 CEPA 的进一步开放又达成了第三阶段协定，其中规定：在货物贸易方面，中国内地自 2006 年 1 月 1 日起，对输往内地的原产香港货物全面实行零关税；在服务贸易方面，中国内地同意法律、会计、视听、建筑、分销、银行、证券、旅游、运输和个体工商 10 个领域在原有开放承诺的基础上，进一步放宽市场准入条件。此外，双方还同意继续推动贸易投资便利化工作，加强各领域的合作，进一步促进两地经济融合。

2. CAFTA 建设进入实质运作阶段

2005 年 7 月 20 日，《货物贸易协定》开始实施，标志着 CAFTA 建设已进入全面实质性运作阶段。继《货物贸易协定》之后，2007 年 1 月 14 日，中国与东盟 10 国又在菲律宾的宿务签署了《服务贸易协定》，CAFTA 建设明显加快。

3. 中国与其他地区的区域经济合作继续深入

2004 年 12 月，中国与新西兰开始进行自由贸易区（FTA）谈判。2006 年 4 月，温家宝访问新西兰，与克拉克共同确定了 1 至 2 年内双方达成自由贸易协定的目标，经过 15 轮谈判，2007 年 12 月，双方最终就"自由贸易协定"涉及的所有问题达成一致意见，双方于 2008 年 4 月签署了《中华人民共和国政府和新西兰政府自由贸易协定》。该协定涉及货物贸易、投资、服务贸易、国防、法律、人权等议题，是中国与发达国家达成的第一个自由贸易协定。

2005 年 5 月，中国与澳大利亚的 FTA 谈判正式启动，截至 2008

年 6 月，中澳已进行了 10 轮谈判，但在农产品的市场准入等方面难以达成共识。中新自由贸易协议的签署将大大推进中澳 FTA 谈判进程，预计澳大利亚将是同中国签署 FTA 的下一个发达国家。

2005 年 11 月，中国与智利签署双边自由贸易协定。该协定是中国与拉美国家签署的第一个自由贸易协定。根据协定，中智两国从 2006 年 7 月 1 日起，全面启动货物贸易的关税减让进程，其中，占两国税目总数 97% 的产品将于 10 年内分阶段实行零关税。此外，两国还将在经济、中小企业、文化、教育、科技、环保、劳动和社会保障、知识产权、投资促进、矿产、工业等领域进一步开展合作。2006 年 10 月 1 日，《中智自由贸易协定》正式实施。

2005 年 12 月，中国与巴基斯坦签署《中国—巴基斯坦自由贸易协定早期收获协定》，并于 2006 年 1 月 1 日起开始实施。根据协定，中巴双方将对合计达 3000 多种的产品先期实行降税。其中，中方将向原产于巴基斯坦的 769 个 8 位税目的产品提供零关税待遇，主要涉及蔬菜、水果、石料、棉坯布和混纺布等产品；同时，中方将享受巴方提供的 486 个 8 位税目产品的零关税待遇，主要涉及蔬菜、水果、石料、纺织机械和有机化工产品。这些产品的关税将在两年内分三次削减，到 2008 年 1 月 1 日将全部实行零关税。此外，从 2006 年 1 月 1 日起，中方对原产于巴基斯坦的 1671 个 8 位税目产品实施优惠关税，平均优惠幅度为 27%；巴方将对原产于中国的 575 项 8 位税目产品实施优惠关税，平均优惠幅度为 22%。2006 年 11 月 24 日，中国与巴基斯坦又签署了《中国—巴基斯坦自由贸易协定》。该协定规定，中巴两国将分两个阶段对全部货物贸易产品实行降税。

（二）上海合作组织其他成员国的区域经济合作现状

哈萨克斯坦、乌兹别克斯坦等其他五个成员国的区域经济合作主要集中在两个方面：一是五国之间的区域经济合作；二是与中国的区域经济合作。

1. 哈萨克斯坦、乌兹别克斯坦等五个成员国之间的区域经济合作

中亚大国——哈萨克斯坦和乌兹别克斯坦于 1993 年 7 月 29 日在

阿拉木图签署1994~2000年加深经济一体化协定，旨在完善经济合作，稳定工农业生产，合理利用原料、物资、能源，挖掘科技潜力等。

1994年4月30日，哈萨克斯坦、吉尔吉斯斯坦、乌兹别克斯坦三国联合签署"关于建立统一经济空间的协定"。1998年3月26日，塔吉克斯坦加入该协定。

1998年7月17日，在哈、吉、乌、塔四国国家间委员会会议上将中亚地区经济组织正式命名为中亚经济共同体。共同体的目标是：建立商品、劳务、资本自由流动制度；在发展交通运输领域采取协调一致的政策，有效实施货物、人员运输；取消关税，减少各种税费和设限；简化海关手续等。自成立以来通过的主要文件有：为劳动力自由流动创造法律、经济和组织条件协定；在反垄断政策领域加深一体化协定；协调各国调节经济活动的法律指导原则；建立共同科技空间协定；铁路运输费率政策协定；电力系统并网运行协定；水文、植物和兽医检疫、旅游等领域合作协定；优先投资项目协定。从以上我们可以看出，中亚经济共同体自成立以来，并没有取得实质性成果。共同体一致通过的一系列文件（总共200多个），其大部分仅停留在纸面上。

2000年6月，中亚经济共同体哈、吉、塔、乌四国通过了关于加快建立统一经济空间纲领性措施、中亚经济发展和一体化五年战略。至此，中亚国家经济一体化工作得以恢复。2001年8月1~3日，在索契召开的独联体各国首脑非正式会晤期间，中亚经济共同体成员国首脑表示要进一步加强中亚地区经济一体化进程。

2002年2月28日，中亚经济共同体更名为中亚合作组织，准备通过增加政治和安全合作弥补经济动力的不足。2004年10月，俄罗斯加入中亚合作组织，同时承诺对中亚国家提供经济援助。中亚的区域经济合作又回到俄罗斯主导的轨道上。2005年10月，中亚合作组织圣彼得堡峰会做出决定，该组织与俄罗斯主导的另一个区域经济合作组织——欧亚经济共同体合并。

2. 哈萨克斯坦、乌兹别克斯坦等五个成员国与中国的区域经济

合作

（1）哈萨克斯坦①

作为中亚的大国之一，哈萨克斯坦开展的区域经济合作主要集中在与中国的区域经济合作上。2000 年 7 月，中国和哈萨克斯坦双方就双边关系及共同关心的国际和地区问题交换了意见，签署了《中哈经济技术合作协定》。2001 年 9 月，双方签署《中哈联合公报》、《中国向哈萨克斯坦提供无偿援助的换文》、《中哈关于利用和保护跨界河流的合作协定》、《中哈避免双重征税协定》、《中哈地震研究科学技术合作协定》、《中哈卫生和医学领域合作协定》等文件。2002年 12 月，两国元首签署《中哈睦邻友好合作条约》、《中哈打击恐怖主义、分裂主义、极端主义合作协定》、《中哈两国政府关于预防危险军事活动协定》等文件。2003 年 6 月双方签署《中哈联合声明》、《中哈二〇〇三至二〇〇八年合作纲要》、《中哈教育合作协定》等文件并互换《中哈睦邻友好合作条约》批准书、《中哈打击恐怖主义、分裂主义、极端主义合作协定》批准照会。2004 年 4 月，双方签署《关于成立中哈合作委员会的协定》、《中华人民共和国政府和哈萨克斯坦共和国政府关于在油气领域开展全面合作的框架协定》、《中华人民共和国政府和哈萨克斯坦共和国政府经济贸易合作协定》、《中华人民共和国铁道部和哈萨克斯坦共和国运输通信部铁路运输合作协定》、《中国石油天然气集团公司与哈萨克斯坦国家油气股份公司关于哈萨克斯坦阿塔苏至中国阿拉山口原油管道建设基本原则协定》等文件；9 月，双方签署《中华人民共和国政府和哈萨克斯坦共和国政府关于建立中哈霍尔果斯国际边境合作中心的框架协定》。2005 年7 月，双方签署了《中哈关于霍尔果斯国际边境合作中心活动管理的协定》、《中哈关于地质和矿产利用领域合作的协定》等 8 个双边合作文件。

（2）乌兹别克斯坦

1992 年，中国和乌兹别克斯坦签署了《建交联合公报》、《中乌

---

① 详细资料见中华人民共和国外交部网站，http://www.fmprc.gov.cn。

政府经贸协定》等文件，其后双方发表了联合公报，并签署了《关于建立政府经贸合作委员会的协定》、《鼓励和相互保护投资协定》、《中国向乌兹别克斯坦提供商品贷款协定》、《两国外交部磋商议定书》、《邮电合作议定书》、《两国民航局会谈纪要》、《电视领域合作意向书》、《银行合作协定》、《关于交换新闻和合作的协定书》、《农业合作协定》、《科学技术合作协定》、《文化、教育、卫生》、《旅游和体育合作协定》、《铁路运输合作议定书》等文件。2000 年 8 月，双方签署了《中华人民共和国和乌兹别克斯坦共和国国防部合作协定》。2003 年双方签署《中华人民共和国和乌兹别克斯坦共和国关于打击恐怖主义、分裂主义和极端主义的合作协定》。2004 年 6 月，双方签署了《中华人民共和国政府和乌兹别克斯坦共和国政府经济技术合作协定》、《中华人民共和国政府与乌兹别克斯坦共和国政府经济技术合作协定》、《中华人民共和国政府和乌兹别克斯坦共和国政府扩大经济贸易、投资和金融合作备忘录》等十项协定。

（3）塔吉克斯坦、乌兹别克斯坦和俄罗斯

2000 年，中国与塔吉克斯坦签署了《中华人民共和国政府和塔吉克斯坦共和国政府经济技术合作协定》、《中华人民共和国最高检察院和塔吉克斯坦共和国总检察院合作协定》。2002 双方签署《中吉睦邻友好合作条约》、《中吉公民往来协定》、《中吉能源领域合作协定》、《中吉避免双重征税协定》、《中吉相互承认学历和学位证书协定》和《中吉关于打击恐怖主义、分裂主义和极端主义的合作协定》。

1992 年 1 月 3 日，中国与乌兹别克斯坦签署了《中华人民共和国和乌兹别克斯坦共和国政府经济贸易协定》，并就互设商务代表处换文。

2001 年，中国与俄罗斯签署议定书，确认《中俄睦邻友好合作条约》协商一致的文本。2004 年 10 月双方签署《中俄联合声明》，批准《〈中俄睦邻友好合作条约〉实施纲要》。双方还签署了《中俄关于中俄国界东段补充协定》、《中俄关于俄罗斯加入世界贸易组织的市场准入协定》等文件。2005 年 6 月双方签署了《中国全国人大与俄国家杜马议会合作委员会章程》，正式启动议会合作委员会。

3. 哈萨克斯坦、乌兹别克斯坦等五个成员国与其他地区的区域经济合作

1992 年 2 月，借助于"文化纽带"，中亚五国参加了土耳其、伊朗和巴基斯坦建立的中西亚经济合作组织。该组织旨在进一步拓宽和发展地区性经济合作，乃至建立起一个穆斯林共同市场。1993 年 7 月，中西亚经合组织的首脑会晤决定，在资本、劳动力流动方面加深合作，为投资活动提供最优惠的条件。此后，又决定成立贸易和发展银行、保险公司等地区性机构。2000 年 6 月，该组织首脑会议批准了有关削减成员国之间关税和非关税壁垒的建议，以促进成员国之间贸易的发展。2002 年 10 月，中亚五国领导人出席在伊斯坦布尔举行的中西亚经济合作组织首脑会议，签署了联合宣言，强调要进一步加强地区各方面的合作。但是，近十年来，中西亚经济合作组织并无多大成效。

出于不同的战略考虑和政治原因，不同的中亚国家选择了不同的一体化方向。哈萨克斯坦、吉尔吉斯斯坦与俄罗斯、白俄罗斯组成了关税联盟。1996 年 3 月，哈、吉与俄罗斯、白俄罗斯签署四国关于加深经济和人文领域一体化条约，提出将建立"一体化国家共同体"，决定成立联合管理机构：跨国委员会、一体化委员会和跨国议会等。塔吉克斯坦后来也加入。2000 年 10 月，哈、俄、白、吉、塔五国决定成立欧亚经济共同体，五国开始实行统一关税税率、统一的非关税调节措施，还准备建立针对第三国的五国统一贸易制度和统一关税区。但是，经济发展水平差异过大以及自身经济的不成熟，制约着五国合作的深入。乌兹别克斯坦则参加了由格鲁吉亚、乌克兰、阿塞拜疆和摩尔多瓦四国成立的"古阿姆"联合体。该五国大力推进跨高加索运输走廊方案，力图与欧洲建立更加密切的联系。但是，缺乏实效的合作很快使乌兹别克斯坦心灰意冷，于 2002 年 6 月宣布"暂停"参与该组织的活动。

二、上海合作组织观察员国的区域经济合作现状

（一）印度

印度参与区域经济合作始于 20 世纪 80 年代。1985 年 12 月，南亚区域合作联盟（SAARC）成立，成员包括印度、巴基斯坦、孟加拉国、斯里兰卡、尼泊尔、不丹、马尔代夫等七国。但是，南盟成立多年仍进展缓慢，到 90 年代中期，南盟的地区合作还仅限于农业、农村发展、气象、通信、科技和文化艺术等次要领域，经贸合作文献进展甚微。90 年代中后期，印度开始实行对周边国家"多予少取"、以睦邻友好为核心的"古杰拉尔主义"政策，旨在改善并发展与邻国的关系。由此，南盟得到较迅速的发展。2004 年 1 月，南盟七国签署了《南亚自由贸易协定框架条约》，决定着手建立南亚自由贸易区（SAFTA）。《南亚自由贸易协定框架条约》自 2006 年 1 月开始生效，要求南亚各国分两阶段削减关税。

在南亚国家中，印度与斯里兰卡较早签署了自由贸易协定。1998 年 12 月，两国签订 FTA 协定，2000 年 3 月，协定付诸实施。按照协定，印度和斯里兰卡将分阶段取消关税，最终建成自由贸易区。

印度在东南亚地区的区域经济合作与其实施的"东向政策"紧密相关。该措施实施后，印度与东盟的关系取得了长足发展：印度于 1995 年成为东盟的正式对话伙伴，并与东盟确定了四大合作领域——贸易、投资、科技和旅游；1997 年，由孟加拉国、印度、斯里兰卡、缅甸和泰国五国组成的孟印斯缅泰次区域经济合作组织（BISMTEC）启动；2000 年，印度与缅甸、泰国、老挝、柬埔寨、越南之间的次区域合作"湄公河—恒河合作计划"启动；2003 年 10 月，印度与东盟签署《全面经济合作框架协定》，双方同意通过谈判建立"印度—东盟地区贸易和投资区（RTIA）"，合作涉及货物、服务、投资等领域，双方还同意逐步取消货物贸易的关税和非关税壁垒，实现服务贸易和投资自由化。为此，双方决定从 2004 年 11 月开始，在"早期收获计划"中对协调制度税目下的 105 项产品逐步减让关税，争取到 2007 年 10 月全面取消关税，并在此期间进行"印

度—东盟自由贸易区"谈判，期望到 2016 年与东盟全体成员实现自由贸易。

在"东向政策"实施过程中，印度一方面将东盟作为一个整体与之开展合作，另一方面还采取"抓住重点、区别对待"的策略，将新加坡和泰国作为重点合作对象。2003 年，印度与新加坡开始谈判建立 FTA；2005 年 6 月，印度与新加坡签署《全面经济合作协定（CECA）》，决定自 2005 年 8 月 1 日起，大幅削减双边进口产品关税。2003 年 10 月，印度与泰国签署协定，计划在 10 年内建立涵盖货物贸易、服务贸易和投资的 FTA；2004 年 8 月，两国签署了自由贸易协定。按照协定，两国在两年间（2004 年 9 月～2006 年 9 月），将逐步取消双边贸易项下 82 项产品的进口关税。

除南亚和东南亚之外，印度还是"环印度洋地区合作联盟 IOR—ARC（Indian Ocean Rim Association for Regional Cooperation）"的成员。1997 年 3 月，环印度洋 14 个国家在毛里求斯举行部长级会议，宣告环印度洋地区合作联盟成立，成员包括印度、澳大利亚、新加坡、南非、阿曼、肯尼亚、毛里求斯七个发起国和马来西亚、印度尼西亚等七个新加盟国家，后来又有五个国家陆续加入该组织。

（二）巴基斯坦、伊朗和蒙古

巴基斯坦和伊朗的区域经济合作都开展于 20 世纪 80 年代中期。1985 年，伊朗、巴基斯坦、土耳其三国发起成立了经济合作组织（Economic Cooperation Organization）。该组织成立的目的是促进成员国之间经济、技术、文化合作与交流。2005 年 7 月份伊朗与成员国之间在交通运输、货物转运、经济合作以及在该组织成立"ECO BANK"等事项方面达成一揽子协定。

2005 年巴基斯坦和伊朗达成了 647 种商品关税减让协定，平均减让的幅度达 18%。伊朗给巴基斯坦关税减让的商品有 309 种，而巴基斯坦给伊朗关税减让的商品有 338 种。①

---

① 法律快车网站：《伊朗参加区域经济合作组织（ECO）及其所发挥的作用》，http://www.lawtime.cn。

2005 年 4 月，巴基斯坦与中国启动中巴自贸区谈判，并签署了《中巴自贸协定早期收获协定》。2009 年 2 月 21 日，中国和巴基斯坦两国代表在武汉签署了《中巴自贸区服务贸易协定》。

2006 年 12 月，蒙古、中国与阿富汗、阿塞拜疆、哈萨克斯坦、吉尔吉斯斯坦、塔吉克斯坦和乌兹别克斯坦等达成中亚区域经济合作计划（CAREC）。

第三节　上海合作组织区域经济合作的目标和范围

通过前文对上海合作组织宗旨、原则、基本构架以及上海合作组织各成员国的区域经济合作现状的介绍，我们可以看到，与世界其他地区已有的区域经济发展相比，上海合作组织既不是军事同盟，也不是集体安全组织，更不是经济一体化集团。且在区域经济合作进程中，由于各成员国历史传统、时代背景、经济发展水平和政治理念的巨大差异，各国区域经济合作的发展水平和范围也存在着很大差异。因此，从某种意义上说，上海合作组织区域经济合作的本质是在区域内部存在巨大差异的背景下成员国携手合作，共同加快区域经济发展的过程，也是考量各国如何发挥自身优势，在上海合作组织区域经济合作中多做贡献，多为区域经济发展创造条件，使参加区域经济合作的国家得到更多实惠，实现互利共赢的博弈过程。

一、上海合作组织区域经济合作的发展目标

鉴于中国、吉尔吉斯斯坦两国已经加入世界贸易组织，俄罗斯、哈萨克斯坦、塔吉克斯坦、乌兹别克斯坦共和国正在积极进行加入WTO 的谈判，这意味着六国均认同世界贸易组织贸易自由化的基本原则，因此，该组织框架下区域经济合作的方向和长远目标应当首先明确以市场经济原则为基础，从法律上形成多边自由贸易区，通过制度化的区域经济合作，使成员国的经济逐渐融为一体，增加各成员在政治、安全、外交等领域的共同利益，形成一种区域利益。

虽然在 2003 年温家宝总理就提出了建立上海合作组织自由贸易区的观点，但就目前情形来看，上海合作组织成员国中，只有中国和吉尔吉斯斯坦是世界贸易组织成员方，俄罗斯、哈萨克斯坦、塔吉克斯坦、乌兹别克斯坦共和国都还未进入，因此上海合作组织直接进入建立自由贸易区的谈判将面临很大的障碍和压力。对当前各成员国的条件而言，按照自由贸易的原则，在"上海合作组织"框架下开展地区经济合作，通过与俄罗斯、哈萨克斯坦、吉尔吉斯斯坦、塔吉克斯坦、乌兹别克斯坦五国启动贸易投资便利化进程，开展经济技术合作，优化贸易和投资环境，降低商品、资本和服务流动成本，通过实施本地区贸易自由化，达到优化本地区资源配置是现实的要求。

（一）上海合作组织区域经济合作的中期目标——大力推进贸易投资便利化和经济技术合作

贸易便利化不涉及关税的减让，只涉及非关税壁垒措施的削减，包括海关组织程序、检验检疫程序、标准一致化，还包括减少技术性贸易壁垒，加强信息沟通与交流，发展电子商务，方便商务人员流动等等。

2001 年 6 月，《上海合作组织成立宣言》明确提出开展区域经济合作，启动了贸易投资便利化进程。2001 年 9 月，《上海合作组织成员国政府间关于区域经济合作的基本目标和方向及启动贸易和投资便利化进程的备忘录》确定建立成员国经贸部长会晤机制以落实区域经济合作和启动贸易投资便利化谈判。

2002 年 5 月，各国代表签署《〈上海合作组织成员国政府间关于区域经济合作的基本目标和方向及启动贸易和投资便利化进程的备忘录〉的议定书》和《上海合作组织成员国经贸部长首次会晤联合声明》，商定将制定区域经济合作研究报告，进行法律法规信息交流和逐步开展投资合作。

2003 年 9 月，《上海合作组织多边经贸合作纲要》确定了上海合作组织未来开展区域经济合作的基本目标和任务，并将能源、交通运输、电信和农业列为多边经贸合作的优先领域，这标志着上海合作组织区域经济合作进入了实质性阶段。该合作纲要规定了区域经贸合作的目标、重点领域和步骤以及实施机制，争取至 2020 年实现商品、服务、资金和技术自由流动。2004 年 9 月比什凯克总理会议通过《〈上海合作组织成员国多边经贸合作纲要〉措施计划》，提出了 127 个项目，涵盖贸易投资、海关、金融、税收、交通、能源、农业、科技、电信、环保、卫生和教育等领域。上海合作组织正在开展越来越多的区域经济合作。

到 2006 年 6 月，上海合作组织已经签署一系列多边经贸合作文件，包括《上海合作组织成员国多边经贸合作纲要》、《〈上海合作组织成员国多边经贸合作纲要〉措施计划》等。在上海合作组织 2006 年元首理事会上，区域经济合作再次成为关注的重点，会议通过了《上海合作组织实业家委员会决议》、《上海合作组织银行联合体成员行关于支持区域经济合作的行动纲要》，这无疑会对上海合作组织区域经济合作起到切实的促进作用。

（二）上海合作组织区域经济合作的长期目标——启动和建立自由贸易区的谈判

在推进贸易投资便利化的基础上，各方经过磋商，适时地启动建立自由贸易区的谈判。建立自由贸易区将使上海合作组织区域经济合作提升到一个更高的水平。区域内贸易规模扩大，投资增加，必将为各国创造更多的就业机会，从而带动各国经济的发展，由此亦将促进区域整体经济水平的提高，并提升本地区在国际政治和世界经济中的地位。

（三）对上海合作组织建立自由贸易区的前景展望

未来上海合作组织区域经济合作模式是形成自由贸易区，通过逐步降低和取消上海合作组织内的关税和非关税壁垒，实现区域内的贸易自由化。自由贸易区对区域内各成员国而言，既可以逐步实现区域内的贸易自由化，又可以保持自己的贸易政策，对区域外国家实行自主关税，而不必像关税同盟那样必须协调各成员国之间的贸易政策。因此，建立自由贸易区是上海合作组织区域经济合作的方向。

1. 促进区域内贸易规模的扩大

自由贸易区建立以后，不仅消除了非关税壁垒，而且关税壁垒也逐渐被取消。我们可以看到，推行贸易便利化措施可以在不同程度上增加区域内贸易额。如果各成员国在现有基础上大幅度降低进口商品的关税，必将极大地推动区域内贸易规模的扩大。

2. 刺激区域内资金的自由流动和投资增长

在上海合作组织框架下建立自由贸易区，由于实现了货物、人员、信息的自由流动，加之广阔的市场、丰富的资源、自由开放的贸易投资环境，必将为吸引区域内投资，甚至为区外投资创造更为有利的条件。自由贸易区可以产生出各国分散市场无法比拟的聚合效应，从而可以吸引更多的资金。

3. 促进各成员国经济的共同发展，从而提高区域整体的发展水平

建立上海合作组织自由贸易区必将使区域经济合作提升到一个更高的水平，区域内贸易规模的扩大和投资的增加，必将为各国创造更多的就业机会，从而带动各国经济的发展。由此，将促进区域整体经济水平的提高，并提升本地区在国际政治和世界经济中的地位。

二、上海合作组织区域经济合作的范围

上海合作组织区域合作涵盖了中国、俄罗斯及中亚四国。各成员国地理相邻，区位优势十分明显。上海合作组织六个成员国跨越欧亚大陆，幅员辽阔，它是一个从波罗的海到太平洋的区域性国际合作组织。

在合作领域上，上海合作组织的合作主要集中在贸易领域和投资领域。在贸易领域，虽然目前这四国的关税已有所降低，① 但是由于俄罗斯、哈萨克斯坦、塔吉克斯坦、乌兹别克斯坦这四国不是世界贸易组织成员，因此削减关税壁垒近期还不能成为上海合作组织贸易便

---

① 在2006年，乌兹别克斯坦的平均关税税率为2.2%；哈萨克斯坦为7.6%，其中农业产品为14.4%，工业产品为4.7%。对吉尔吉斯斯坦来说，国际金融组织在减少其外债和加强对其投资力度方面做出了巨大贡献。在世界银行对吉的援助中，30%是无偿赠款；在亚洲开发银行的援助中一半也是无偿赠款。此外，贷款条件也很优惠：偿还期长达40年，还有10年延长期。

利化的主要目标。目前，上海合作组织贸易便利化主要集中在海关、标准一体化、过境运输和电子商务四个领域的合作，其中过境运输领域的成效较显著，而电子商务领域存在着很多不足。

过境运输合作包括两个方面：一是基础设施；二是便利化的运输。而后者又具体表现为运输程序和运输线路便利化。目前，中国与中亚国家共签订了 19 项运输协定，就各国在对方国家建立办事处、开通运输线路等方面的特殊要求（包括安全、环境保护、行车许可证数量、车辆的尺寸和吨位）以及国家间运输程序都进行了约定。到 2004 年，中国同中亚国家已经开通了 53 条客运线路，其中中哈间为 30 条（客运 16 条、货运 14 条）、中吉间为 21 条（客运 10 条、货运 11 条）、中塔间为 2 条（货运 1 条、客运 1 条）。但由于种种原因，目前尚缺乏覆盖整个区域的区域性多边运输协定。

电子商务合作的成效不是很明显，其主要原因在于光缆系统不完善，具体表现为：网络分段，各流经国只管理本国的网络，且传输宽带规格不一，难以实现全网的统一管理和调度，导致线路效率低下。因为该网络是单线的链状系统，不是闭合的环状系统，一旦某处中断，整个系统都将中断，所以安全性差。鉴于此，中国建议从中国喀什到塔吉克斯坦杜尚别以及从哈萨克斯坦境内的阿亚古兹到中国博乐新增两条线路，加上现有的 TAE 光缆系统，将中国和欧洲间的通信网络形成三个环网，修建"中亚信息高速公路"，从而确保通信的质量和安全。在此基础上，中国又提出要进一步扩大电信业务合作，加强人才培养，并承诺在 3 年内为其他成员国培训 1500 名管理人员和专业人才。

在投资领域，能源方面的投资开发和油气管道运输是上海合作组织投资领域的重要合作方面。从 2005 年起，中国收购了哈萨克斯坦石油公司等几个大油田，修建了几条重要的管道，启动了霍尔果斯边境合作中心工程。

（1）在贸易便利化方面：目前在经贸部长会议机制内已成立了电子商务、海关、质检、投资促进和发展过境潜力五个专业工作组，分别由中、俄、哈、塔、乌牵头，并已开始制定具体措施。（2）在经济技术合作方面：2004 年比什凯克总理会议批准了包括 11 大类、共 127 项合作内容的《纲要实施措施计划》。各方可根据本国经济发展和区域合作的需要确定本方最感兴趣、近期有条件落实的首批合作项目，并提出具体合作方案，以便先行启动。目前，部分项目已开始实施。为了拓宽项目的融资渠道、加快项目的建设步伐，上海合作组织银行联合体和实业家委员会已于 2005 年 10 月在莫斯科总理会议期间正式成立。上海合作组织发展基金也在紧张的筹划当中。（3）合作机制已基本建立，并奠定了法律和制度基础。

第四节　上海合作组织推进区域经济合作的措施

上海合作组织区域经济合作的长远目标是建立自由贸易区，目前，其区域经济合作已进入了初步合作阶段。然而，结合前文对上海合作组织推进区域经济合作的可行性分析我们可以知道，虽然上海合作组织推进其区域经济合作具有现实可行性，但由于各成员国经济发展水平不高且各国经济实力差异巨大，政治诉求不一，加之受外界影响严重，因此，上海合作组织要实现其长期合作目标并非易事。

同时，由于上海合作组织的活力在于推进区域经济合作的动力，上海合作组织的区域经济合作发展的快慢决定于区域经济合作推动力的强弱，因此在很大程度上，上海合作组织的活动能力取决于中俄两国合作的效率。但是，现实的情况是，中俄两国对区域经济合作的态度和看法并不一样，存在着很大分歧①：第一，中国认为，上海合作组织应同等重视反恐和经济活动，而且经济战略将在上海合作组织中占主导地位；俄罗斯则主张继续积极地应对恐怖主义、极端主义和分裂主义。第二，两国对上海合作组织内的经济一体化态度不一：俄罗斯认为这是一个较为长期的任务，现在只能在经济实力相当的两国或

① 崔颖：《上海合作组织的区域经济合作——兼论中国的地位与作用》，暨南大学博士学位论文，2006 年 6 月。

三国之间进行次地区的一体化；中国则坚持在上海合作组织框架内建立统一的一体化空间，而且很有可能实现。第三，鉴于经济发展是中国现代化和改革战略的重点，因此中国把上海合作组织变成自己在中亚实施经济一体化的工具。因为除上海合作组织外，中国在该地区没有参加其他机构，而俄罗斯、哈萨克斯坦、乌兹别克斯坦、吉尔吉斯斯坦和塔吉克斯坦则还是欧亚经济共同体等地区和次地区经济组织的成员国。

综合来说，在上海合作组织框架下推进区域经济合作存在着一定困难，具有极大的挑战性。因此，上海合作组织在推进其区域经济合作时，应遵循市场经济原则、平等互利原则、区域经济合作的机制化原则，循序渐进、由易到难地逐步推进双边与多边经济合作，并要积极发挥中国与俄罗斯的带头作用，通过制度创新与政策激励机制，有步骤地推动上海合作组织区域经济合作。

一、加大推动贸易投资便利化的力度，深化经贸合作关系

区域经济一体化的历史表明：制度化的地区一体化的有效性、功用化和生命力取决于是否拥有市场经济基础。归根到底，协定只是形式，国家间经济的高度相互依赖和市场的统一化程度才是实质性基础。从长期来看，不管经济一体化进程中政策力量在一段时间内多么有力、多么强大，其基础都必须建立在使厂商实现规模经济效益、企业之间实现经济上的互补、市场实现生产要素的顺畅流动等经济和市场因素上。因此，必须舍弃经贸合作政治化的传统思维，按照市场经济原则来推动上海合作组织区域经济合作，加大推动贸易投资便利化的力度，深化各成员国间的经贸合作关系。

（一）加大推动贸易投资便利化的力度，改善区域贸易投资环境

根据《上海合作组织多边经贸合作纲要》，在中期内（2010年前），组织区域经济合作的任务是在组织框架内实施贸易投资便利化，它是实现最终区域经济一体化目标的基础。贸易投资便利化是区域经济合作的一项长期工作。削减非关税壁垒并改善贸易投资环境是

今后一个时期内上海合作组织贸易投资便利化的重点内容。非关税壁垒的种类繁多，所涉及的领域广泛。一般而言，主要的非关税壁垒包括：海关估价、绿色贸易壁垒、进口许可证制、进口配额制、海关程序、政府采购、动植物检验检疫程序、原产地规则、知识产权、商务人员流动、电子商务、监管环境等等。而根据国际经验，一国的投资环境主要包括：行政环境，即东道国的政局是否稳定，政府对外资是否持积极态度，政府的工作效率如何，海外人员进出国境手续是否简便等；生产环境，即工人的技术素质、生产效率、基础设施等条件；市场环境，即海、陆、空交通运输是否便捷，地理位置是否接近市场，市场的规模能否不断扩大等；财务环境，即所得税、营业税的优惠程度，外汇管制，信贷条件等等。

为了促进组织内贸易和投资的快速发展，各国应努力改善成员国现有的贸易投资环境，完善各自的法律政策体系，扩大相互投资的领域，并在海关、质检、电子商务、能源、电信、投资促进和发展过境七个专业工作组层面，加快磋商进程，力求做到简化海关程序、完善投资法律法规、推行标准一致化、消除投资监管障碍及加强投资保护，尽快就贸易投资便利化的主要内容达成一致；同时还应根据区域内不同国家的发展状况，制定相应的时间表，分阶段、有步骤地逐步展开。此外，在2008年年底之前，应对贸易投资便利化行动方案的执行情况进行回顾和评估。这种评估应当依靠各成员国政府有关部门、工商企业及专家共同参与完成，并在评估结果的基础上，提出贸易投资便利化进一步改进的具体建议。唯有如此，才能为企业开展贸易和投资活动创造公开、透明、可预见的良好环境，减少企业经贸活动的成本，降低投资风险，这样在不需要太多投入的情况下，产生事半功倍的效果，有利于进一步扩大上海合作组织各成员国间的贸易和投资的规模。

（二）完善贸易结构和贸易方式，实现能源合作领域与方式的多元化

如前所述，近年来成员国间的贸易发展势头良好，贸易商品结构并未发生大的变化。为了在未来长期延续目前良好的贸易发展势头，

各国应适时提出其与其他成员国贸易额到 2010 年的发展目标，在资源性商品进出口增加的同时，应逐步提高机电产品、高科技产品以及品牌产品在各自贸易中的比重。

易货贸易是目前中国与中亚国家之间主要的贸易形式。中国主要用沿海地区生产的服装、食品、小电器等廉价商品来换取中亚国家的废旧金属、钢铁、棉花和皮革等原材料。这种贸易和投资状况是不可能深化该组织成员国经贸合作的，必须改变、改善这种贸易形式，确定贸易发展新目标。

根据前文双边贸易专业化指数分析和显示性比较优势指数分析的结果，上海合作组织各成员国在石油天然气等能源商品方面的合作潜力相当大，也取得了一定的成果，但仍需扩展上海合作组织能源合作领域和合作方式。一方面，中国与俄罗斯和中亚国家的能源合作除了石油和天然气的进出口外，还可以包括石油和天然气的加工或深加工、石化机械及动力机械的制造、能源的运输等。这不仅可以拓展合作领域、延长合作价值链和为双边和多边合作创造更多的财富价值，而且也有利于增加劳动力就业岗位和加快地方经济的开发。另一方面，在世界跨国公司竞相进入俄罗斯和中亚国家能源市场的严峻形势下，中国企业必须抓住仅剩的机会，加大投资开发力度，化被动为主动，变短期合作为长期战略合作，全面提升中国与俄罗斯和中亚国家的能源合作水平。

（三）深化经济技术合作，推动优先领域的网络性合作项目

历史证明重大项目在中苏、中俄经济合作中有着不可替代的作用，为了加强各成员国经济上的相互联系和依存，增进各方对区域经济合作的信心，深化经贸合作关系，各成员国政府应在各方均有浓厚兴趣的能源、交通、电信等领域着力推动多方参与、共同受益的网络型项目。优先建立区域能源网，共同提高电力、油气、煤炭等能源生产能力，逐步形成区域能源供应体系和市场体系，并适时建立上海合作组织能源俱乐部；大力发展交通运输网，合作挖掘现有公路、铁路、海运和航空等运输潜力，加强交通基础设施建设，打造快捷高效的区域交通和物流体系；加快建设电信和信息网，利用新技术完善现

有信息和电信基础设施，构筑上海合作组织信息高速公路网络体系。此外，根据本书双边贸易专业化指数分析和显示性比较优势指数分析的结果，各成员国政府应本着互利共赢的目的重点推动在资源性材料工业、重工业等产业的双方或多方参与的项目。毫无疑问，这些项目的启动实施不仅将有力地带动各国自身的经济发展，为区域经济合作长远目标的实现奠定坚实的基础，实实在在地推动各国的社会经济发展，同时也将为各国企业带来巨大商机和实际利益。

二、继续加速机制化建设进程，落实相关协定

上海合作组织在机制建设方面已经取得了一些成果，但上海合作组织区域经济合作步入实质性的实施阶段也才几年时间，在未来还会遇到各种各样的问题，因此该组织的机制化建设是一个长期的过程。为了有效推进上海合作组织区域经济合作，各成员国政府必须继续加速机制化建设进程，并加快落实已签署的相关协定，使各国人民能及早享受区域合作所带来的利益。

（一）加强各国间的经济合作磋商协调和建立贸易争端预警机制

世界经济区域一体化的进程表明，一个运行良好并不断发展的经济磋商协调机制是推进经济一体化的重要工具，欧洲共同体的煤钢联盟到欧盟的货币一体化进程就是极好的证明。因此各成员国一方面要在继续深化完善已有的经济合作协调机制的基础上，适时建设上海合作组织区域经济合作的行业协调机制，目前建立能源合作协调机制的时机已经基本成熟。另一方面，为了应对未来可能发生的各种贸易摩擦，各成员国应建立相关产业损害预警机制和贸易摩擦快速反应机制，提高应对各种摩擦的主动性，尽量规避案件所带来的负面影响。

（二）加强各国间的投资保护和协商机制的建设

如前所述，目前在各成员国间还存在着很多的投资障碍性因素，这些因素严重制约了相互间投资的发展。为了实现区域经济合作的中长期目标，改善区域投资环境，各成员国应在现有基础上继续加强彼此间投资保护和协商机制的建设，特别是要加强对本地区特有的能源项目和基础设施项目的投资保护和协商机制的建设，并保持吸引投资

的政策法规的一贯性。此外，各成员国可以充分利用多边投资担保机构，必要时推动建立成员国投资保险和担保机构。

（三）完善地方政府合作机制

边境贸易和地方经济交往是中国与上海合作组织各成员国，特别是与俄罗斯之间经济交往的重要特点。但是，如果没有良好的地方经济合作机制，边境贸易永远不会向新的阶段进步；因此要在现有基础上进一步加强和完善地方政府在上海合作组织区域经济合作中的合作机制，特别是要加强双方多层次领导定期会晤、互访机制，及各层次的对话与磋商机制，充分发挥地方政府在区域经济合作中的作用。比如，可在《关于中俄地方政府间合作原则协定》等已有文件的基础上，着力推动中国东北地方政府与俄罗斯远东地区、西伯利亚地方政府间的以重工业等产业为主导的全面的地方合作机制。

三、以点带面，以双边和次区域经济合作推进多边合作

从上海合作组织成员国间经贸发展的实际情况看，各国间的经济合作当前大多是以双边形式开展的，然而从长远来看，加强上海合作组织框架内的多边合作是必然趋势。由于成员国之间的市场发育程度、产业结构和贸易竞争力存在很大差别，为了体现上海合作组织推进经贸合作循序渐进的原则，应当采取不同于一般FTA的推进程序，明确鼓励区域内成员在2010年之前就通过双边和次区域合作方式来推进多边合作，最终过渡到覆盖所有成员的经济一体化。

（一）加快中哈霍尔果斯国际边境合作中心的建设工作

中哈霍尔果斯国际边境中心是中哈两国第一个跨境建立的国际合作中心，对上海合作组织区域经济合作具有探索、实验的性质和开创性意义。中方要与哈方共同努力，加强对中心建设的领导，严格管理，精心组织实施，将该中心办成中国新疆与中亚国家区域经济合作的窗口，发挥出较好的示范作用。

（二）利用点轴开发模式，促进沿桥经济发展

点轴开发理论中的点就是一定地域范围内的各级结点（各级城镇），轴包括各种交通线、动力供应线、水源供应线、通信线路等各

种线状基础设施，而以交通线为主。新亚欧大陆桥的开通将中国一些西北重镇和哈萨克斯坦、吉尔吉斯斯坦、乌兹别克斯坦等国的中心城市连接起来形成以这些城市为依托、沿新亚欧大陆桥为轴线串联起来的经济发展网络，这样既可以发挥各级中心城市的作用，又可以实现线状基础设施与经济布局的最佳结合，由点及线再到面，从深度向广度发展。建立沿桥地区的经济增长中心，将促进沿桥地区经济的发展，也有助于推动上海合作组织区域经济的合作。

（三）培育增长三角，发展经济合作带

增长三角模式是 20 世纪 80 年代以来产生的一种新型次区域经济合作模式，是指三个或若干个在地域上相邻、生产要素上互补的国家或地区以各自的增长极（城镇）为极点形成的经济合作带（区）。中国与相邻的哈萨克斯坦、吉尔吉斯斯坦、塔吉克斯坦具有形成增长三角的条件和基础，特别是跨国河流——伊犁河流域自然区位好、经济发育程度高、交通运输便捷、开放程度高，已经具备了形成增长三角的条件。在该地区的霍城县、伊宁市和潘非洛夫三座城市之间可率先形成一个规模较小、联系紧密和以边境贸易为主要交流方式的初级经济增长三角。此外，可能出现的增长三角还有：塔城—裕民—阿克斗卡（哈）、阿拉山口—博乐—德鲁日巴（哈）等。随着这些增长三角的发展，在条件成熟的情况下，还可建立乌鲁木齐—阿拉木图—比什凯克"增长大三角"。

四、以外引内联为手段，着力构建金融支持体系

由于上海合作组织各成员国对外投资能力较弱，投资资金的缺乏成为区域项目合作中的掣肘问题；为解决这一问题，上海合作组织各成员国要继续着力构建多渠道金融支撑体系。第一，要充分发挥上海合作组织银行间联合体的作用，采用更加灵活的市场化方式，为区域内的大项目提供融资服务。第二，加快研究并设立以增强能力建设、促进贸易和投资活动以及资助项目前期费用为主要任务、由各方共同出资的发展基金或专门账户，加大对区域内大项目前期投入的支持力度。第三，要以开放性的态度加强与亚行、欧行等国际金融机构的联

系和合作，积极引入这些国际金融机构的资金，拓宽区域内大项目的融资渠道，并合理使用成员国提供的优惠出口买方信贷及其他援助资金，尽快启动实施各方关注的项目。第四，要采取多种形式，探索和发挥中国上海在上海合作组织区域经济发展中金融中心的作用。目前在上海合作组织范围内，还缺少一个国际性的金融中心来推动上海合作组织区域经济合作中金融合作的开展。上海既作为上海合作组织成立的所在地，又作为正在发展的亚洲新兴的国际金融中心，有这个能力也有这个必要来承担这个光荣的历史使命。此外，中国作为区域内经济实力较强的大国，应积极引导港澳台资本及海外华人资本主动参与中国东北、西北地区的基础设施、核心产业建设，积极引导港澳资本或其他资本对上海合作组织其他成员国的投资。

五、积极推动有关国家加入 WTO 的进程

在上海合作组织各成员国中，作为 WTO 成员国的中吉两国应积极推动俄、哈、塔、乌四国加入 WTO 的进程，分享本国加入 WTO 进程中遇到的一些经验和教训，在条件允许的情况下帮助四国克服在加入 WTO 进程中的一些实际困难和障碍。因为一旦各成员国成为世界贸易组织成员后，便可在多边贸易体制的框架下开展区域经济合作，各方遵从同一游戏规则，按照同一准则行事，减少贸易壁垒与障碍，这将极大地加快区域经济合作的进程，各成员国应尽早就此达成共识，并为建立自由贸易区创造条件。

六、明确 2020 年实现上海合作组织经济一体化的目标和时间表

区域贸易安排的实践经验表明，在推进区域经济合作过程中，贸易投资便利化措施的作用是有限的，只有与贸易自由化措施，即将消除关税和非关税壁垒措施相结合，才能使区域经济合作取得实质性成效。因此，上海合作组织应当也必然要明确本区域内具体的贸易自由化措施。尽管《上海合作组织多边经贸合作纲要》已经规定了区域经济合作的"三步走"战略，提出在长期内（2020 年前）逐步实现

货物、资本、服务和技术的自由流动，但缺乏经由各方认可的具体操作方案，没有确切的目标和时间表。

根据中方对上海合作组织区域经济合作的相关研究，从俄罗斯与中亚国家已有的整合程度、周边地区的相关发展态势、各国的国家利益需要、方案的可接受性诸角度来看，自由贸易区应是上海合作组织区域经济合作所追求的主要目标。[①] 为了使上海合作组织区域经济合作取得更具实质性的成效，各成员国应在中方研究成果的基础上联合深入探讨各方接受的区域经济合作的具体模式，并在此基础上，适时进行具体的上海合作组织自由贸易区的可行性联合研究，[②] 明确具体的内容和时间表。争取从 2010 年起，启动上海合作组织自由区（SCOFTA）的货物贸易、服务贸易自由化谈判，并在 2010～2020 年的 10 年内完成全部进程。对经济发展水平不同的成员国给予不同的期限，条件成熟国家之间的谈判在 2015 年前结束，对于经济发展相对落后的国家过渡期适当延长至 2020 年。为了使发展相对滞后国家的经济能够平稳过渡并享受到更多的一体化利益，可参照曼谷协定方式，首先由区域内主要经济大国对相对落后国家尽早给予单方面市场准入优惠待遇。

七、采取政府开路、民间跟进的合作方式，积极引导
各国企业之间的合作

尽管政治因素是大多数的区域经济一体化组织形成的首要因素，但经济因素才是区域经济一体化能否最终成功的关键。因此，上海合

---

① 中方已率先提出了在 10～15 年内建立自由贸易区的长远目标。

② 中国商务部世贸司张彬在 2006 年中国与中亚国家贸易政策和区域经济合作国际研讨会上指出：根据中国与智利、新西兰等国家开展双边自贸区可行性联合研究的做法，上海合作组织自贸区可行性联合研究可分为如下五步：第一，建立联合研究工作小组：由各成员国派送固定的政府高级官员和学术机构的研究人员组成。第二，定期召开研究工作组会议，以便各国代表及时交流研究进展和问题。第三，由研究工作组确定研究内容和完成研究的时间表。第四，由研究小组起草最终报告和共同结论，向各国政府提出政策建议。第五，在研究结论积极的基础上，适时启动自贸区谈判。

作组织各成员国政府应当鼓励作为推动区域经济增长与发展的微观和主要的驱动力量的企业间的合作，着力夯实区域经济合作基础。

由于上海合作组织内经济实力最强的中国与其他成员国间传统上缺乏较大规模的经济合作，各成员国大体上尚未形成成熟的市场经济体制，而且中国的西部本身就是经济和基础设施欠发达的地区，所以在今后相当长的时期内仍需采用政府开路、民间跟进的合作方式来积极引导各企业的相关市场行为。只有当政府开路创造了有利的前提条件，如人员往来和货物通关大为便利、关税趋低并且避免双重征税、交通和通讯成本明显下降、法治环境和商业可预测性有了基本保障等等，作为经济活动主体的企业才会随之跟进，从而为持久的合作关系创造坚实的基础。

就现阶段而言，各国政府要逐步完善上海合作组织实业家委员会的运行机制，努力降低成员国企业间沟通、交流与合作的成本；进一步拓展企业合作的领域，丰富企业合作的方式和途径，推动各成员国大型企业间的合资合作，增强区域内大型企业的国际竞争力；完善中小企业投资促进机制和投资保护，充分调动中小企业的投资积极性。此外，政府在引导过程中要注意让利原则，即当某个政府和企业共同注资的项目开始正常运转、获利后，各国政府应当适时退出，回归自己的本位。

八、加强和其他次区域、跨区域合作组织的合作

目前在上海合作组织区域内存在包括欧亚经济共同体和由亚行倡导并资助的中亚区域经济合作机制在内的多个次区域、跨区域经济组织，上海合作组织与上述次区域合作组织之间既是竞争关系，又存在着很大的合作潜力。因此，上海合作组织在推进区域经济合作的过程中要本着开放性的原则，加强同欧亚经济共同体、亚行、联合国开发计划署等国际组织和金融机构的联系和合作，利用其丰富的经验、资金和技术优势，为深化本区域经济合作创造有利条件，并避免资源的重复和浪费。

九、加强民间和政府间的交流，增进共识，妥善处理好多方利益关系

由于上海合作组织各成员国间政治制度、法律制度、文化的差异，各国对区域经济合作的期望不太一致，甚至存在着一些暂时难以调和的具体利益，各国民众间的了解也还不够深入和全面，存在着一定程度的不信任，从而在一定程度上阻碍着上海合作组织区域经济合作的顺利推行。因此，为了避免相互掣肘和零和博弈，各成员国必须通过多种渠道来加强民间和政府间的沟通交流，增进共识，力求多赢。具体而言，可以通过高层互访、人员培训、文化交流等方式，加强同各国政府和民众对在上海合作组织框架内开展多边经济合作重要性的认识，消除民众间的戒备和猜疑心理，进一步增强成员国间的政治互信。需要特别注意的是，在成员国间进行双边合作时，力求避免被其他成员国解读为对其利益的威胁，引发不必要的矛盾和冲突。比如，在能源合作领域，中哈输油管道项目曾被某些人误解为中俄输油管道的替代物和对俄罗斯利益的挑战。实际上，中哈输油管道将成为中、俄、哈三方合作的平台，因为到 2010 年中哈输油管道每年向中国输送的 2000 万吨原油中有一半是俄罗斯原油。

目前，中亚已成为包括美、俄、日、欧以及伊斯兰国家等各种国际政治势力角逐的热点地区，很多问题都是盘根错节的多头利益博弈，超出买卖双方的范围，甚至也不仅仅限于上海合作组织范围之内。因此上海合作组织各成员国在推进区域经济合作时特别是在推进区域能源合作时需要采取低调务实的态度妥善处理好多方利益关系，注意消除"非友即敌"、"你死我活"的狭隘传统观念，应以开放的心态趋利避害、扬长避短，实现互利多赢。

第五章　中国与上海合作组织区域经济合作

本章在分析中国与上海合作组织其他成员国双边关系的基础上，探讨了中国在上海合作组织中的地位和作用。并在此基础上，结合中国在上海合作组织框架下开展区域经济合作的必要性以及在政治、经济和军事方面的战略意义，采用引力模型，以中国为例，对中国在上海合作组织框架下的静态效应（包括贸易创造效应和贸易转移效应）、贸易潜力、动态效应进行实证分析，预测在上海合作组织框架下成员国将可能获得的经济效应，并提出中国政府和企业参与上海合作组织区域经济合作的措施。

第一节　中国在上海合作组织中的地位和作用

一、中国与俄罗斯、中亚四国的关系

（一）中俄经济关系的特点和局限

由于中俄双方在自然地理环境和社会经济状况等方面存在着很大差异，同时又相互接壤，因此中俄在几百年的交往中逐渐形成了一些区别于中国和其他国家之间交往的传统和固有的习惯。这些自然、历

史因素长期鲜明地影响着两国经济关系的发展，但是随着近几年来中俄两国战略伙伴关系的稳步推进以及两国经济的持续增长，中俄关系又显现了一些新的特点。

第一，中俄双方互为最大邻国，有着漫长的边境线，而这些边境地区基本上都是双方的经济不甚发达甚至是偏僻落后地区，所以边境贸易虽对两国经贸关系有一定影响，但是一直不甚发达。然而，最近几年中俄之间不仅双边贸易保持快速增长，经营主体进一步多元化，而且边境地方间经贸合作水平也在不断提高。两国边境地区经贸合作正从单一的易货贸易，扩大到资源开发、工程承包等经济技术和投资合作，并逐步建立起跨境生产加工基地、科技成果产业化园区，合作领域不断扩大。中国海关统计数据显示，2007 年全年边境小额贸易进出口总额为 75.9 亿美元，与之相比，截至 2008 年 4 月，边境小额贸易进出口总额就达到 26.5 亿美元，明显高于同期水平。中俄经贸关系发展势头良好，双边贸易连续 9 年保持 30% 以上增长，2008 年前 5 个月增幅近 40%。

第二，中俄经济交往的历史过程中，与其他的经济交往形式相比，基础建设中的重大项目对推动两国间的经济发展作用明显，如中东铁路的修建和 20 世纪 50 年代进行的对华经济援助，但是这些项目都是由政府推动，企业自主投资则相对较少。然而最近几年，随着中俄双方经贸合作的不断拓展，企业开展投资和经济技术合作也日趋活跃。近年来，中国企业在俄资源开发、建筑工程承包、房地产开发等项目取得突破性进展：上海实业集团在圣彼得堡总投资 13 亿美元的"波罗的海"明珠项目、珠海振戎公司与黑龙江联手在俄投资约 3 亿美元的纸浆厂已奠基开工；莫斯科贸易中心项目初步确定设计方案；山东鲁能集团在俄获取年产 500 万～700 万吨铁矿开采权；中建总公司在俄最高建筑项目中中标；TCL、华为、中兴等电子通讯企业在俄市场所占份额不断扩大。并且，2005 年中国的非国有企业在对俄贸易中占 56%，继续超过国有企业的 44%，其中私营企业实现双边贸易额的 36%，在对俄出口中已超过一半，增幅达 65%；中国自俄进口企业中，国有企业仍占 63% 的主要地位。

第三，中俄经济交往虽然仍受双方政治因素的制约，但其影响力有所减弱。中国与俄罗斯都是大国，且相互接壤，但是近代史中的中俄两国却是完全不同的发展轨迹——俄罗斯由内陆国家缓慢地发展成一个横跨欧亚大陆的落后帝国主义国家，中国由一个文明古国、强国沦落为一个落后的半封建、半殖民地国家。两国在世界上所处的地位、所发挥的作用、所追求的目标是完全不同的，因此两国之间的竞争更加地缘政治化。中俄双方的经贸关系一直发展较缓慢，进入 20 世纪 90 年代以后，中俄贸易额虽然有所增加，但是相对于两国政治关系的发展表现出明显的滞后。但是近几年来，在上海合作组织区域经济发展的推动下，由于能源合作的拉动，中俄两国贸易关系有了大的突破。2004 年双方贸易额就历史性地突破了 200 亿美元，而 2006 年达到 291 亿美元。但是，我们也应该清醒地认识到，两国间经济关系并没有实现以市场机制为基础，因此双边的经济合作还没有达到质的飞跃。

第四，在中俄经济交往的悠久历史中，一直存在经济贸易结构过于单一的问题，但是最近几年中国海关的数据显示，中俄出口商品结构已在不断优化，中国机电产品和高新技术产品出口迅猛增长，传统大宗商品出口态势良好。①

总的来说，在上海合作组织区域经济合作的推动下，随着中俄战略伙伴关系的建立，中俄双方的经贸关系有了很大突破，不仅贸易额大幅度增加，而且相互投资也在增加。但是，我们也应该清醒地认识到，双方的经济合作仍然存在着明显的局限性，这主要表现在以下几个方面：

第一，边境贸易在最近十年虽然发展形势良好，已在双边贸易中占有很大比重，但是就目前形势来看，在中俄双边贸易中占主体的仍然是一般贸易。在 2006 年，中国对俄罗斯一般贸易项下进出口总额为 190.2 亿美元，占当年中俄双边贸易总额的 57%，而边境小额贸

---

① 此部分数据可参见中国海关：《2006 年中俄双边贸易额首次突破 300 亿美元》（2007 年 2 月 6 日）和《今年上半年中俄双边贸易稳步增长》（2007 年 8 月 14 日），http://www.customs.gov.cn。

易进出口总额只为 69.8 亿美元，只占 21%。① 而且，边境地区的局部经济合作的水平较低，层次不高。在中俄两国现存的对外开放体系中，受开发时间短、政策优惠低、开发条件差等原因的制约，沿边开放仍然处于载体不活、形式单一的低层次水平，经贸关系主要体现为商品贸易关系，经济技术合作少，合作生产少，边境地区经济发展相对迟缓，州省合作并未有大的突破。

第二，中俄双方的贸易结构虽然在不断优化，但并没有发生本质的变化。近几年来中俄双方的经贸合作主要是商品贸易，而在高科技合作与技术贸易方面却十分薄弱。中国在俄罗斯投资的企业主要集中在贸易、微电子技术、通信、制衣、家电组装、公共饮食、木材加工、农业等传统领域，而俄罗斯在中国的投资则主要集中在核电、汽车及农机的组装与化工、建筑、医药等领域。但是实际上，俄罗斯是一个实力雄厚的科技大国，在军工、航空、燃料、冶金、石油、化工等领域优势明显，科技成果丰硕，中俄双方需要在发展商品贸易的同时，大力发展高科技合作和技术贸易。

第三，由于中俄经济改革的目标是以第三方为参照系，双方背靠背的对外开放使各自的市场都是以西方为主，中俄双方缺乏紧密的市场联系。就目前来看，双方都还没有明确的整体战略。俄罗斯更多地强调对华贸易的自由化，但同时在对华贸易中又带有相当多的随意性，有时甚至制造一些阻力和障碍；而中国往往以边境贸易战略替代整体贸易战略，允许各种贸易主体以多元化的贸易主体方式参与边境贸易，抢占俄罗斯市场。

这种双方都未将对方作为自己战略合作的重点，使双方市场在缺乏紧密联系的同时，又使双方的经贸交往缺乏稳定性和相互信任的基础，时常随着双方政治关系的变化而发生变化。俄罗斯的对外政策是始终与其安全紧密地联系在一起的，而地缘政治是俄罗斯分析和指导对外政策的一种有效工具，地缘政治思想已渗透到俄罗斯国家政治、经济、军事、外交等各个领域。目前，虽然中俄两国政治关系良好，

---

① 数据来源于中国海关统计。

两国建立了"战略协作伙伴关系"，但许多人总是担心中国强大的经济实力会对俄罗斯经济构成威胁，担心中国对俄实行"人口扩张"和"经济扩张"。因此，俄罗斯一直对开展与中国的区域经济合作存在疑虑。俄罗斯的这种态度，不仅使中俄双边关系难有实质性的突破，也使得上海合作组织框架下的区域经济合作进展较迟缓。同时，中国对俄罗斯的认识和定位也存在不足，很多中国人都认为俄罗斯是一个政治不稳定、经济不发达的大国，虽然俄罗斯对中国而言具有广泛的战略重要性，但是其重要性程度在不同领域对中国有较大的差异性，这使俄罗斯在中国的外交事务中有时极为重要，有时又不甚明显。

（二）中国与中亚四国的关系

中亚地区位于欧亚大陆的腹部，第二亚欧大陆桥贯穿其境，是连接欧亚大陆的中间地带。在历史上，中亚曾是重要的贸易中转站和文化交汇处，但是长期以来，由于其自身缺乏强大的政治经济实力，该地区逐渐成为各国或地区开展区域经济合作的"兵家必争之地"。中亚不管倾向于哪一个力量中心，都会增强其实力。因此，从与中亚四国建立外交关系起，中国就一直奉行睦邻、安邻、富邻的周边政策，与这些国家保持着良好的政治经济关系。近几年来，随着中亚地区在国际政治中的重要性日益显著，中亚能源对中国的战略意义也随之提高，中亚逐渐成为中国越来越重要的经济伙伴，在中国的区域经济合作中的地位和作用不断增强。

中国与中亚四国的经贸关系发展已取得了可喜的成果。据统计，双方贸易额已经由1992年的近4.7亿美元提高到2003年的40亿美元，改变了前几年经济合作长期低水平徘徊的情况，显示出良好的发展态势；而在2006年，中国与中亚四国的双边贸易总额已超过100亿大关，达到119亿美元。[①] 在贸易规模迅速扩大的同时，中国与中亚地区的投资与技术合作也在不断增加。据不完全统计，中国在中亚五国累计投资近70亿美元，涉及油气、交通、电信、农业、化工、

---

① 本部分数据根据中国海关统计的资料计算得出。

铁路机车和电站设备供应、城市基础设施建设、工程承包等多个领域。[①] 并且，中国向中亚地区提供了大量援助和贷款，为该地区的经济建设和中国与中亚各国的经贸合作起到了积极作用。到目前为止，中国与中亚四国已分别签署了政府间经贸合作协定和投资保护协定，建立了政府间经贸合作委员会或分委会机制，还与哈、乌、吉等三国签署了避免双重征税协定和商品质量检验检疫协定。这些协定和机制的达成，为中国与中亚四国的经贸合作的长期稳定发展提供了法律保障。

中国与哈萨克斯坦的直接贸易联系始于 1992 年。在十几年的时间里，中哈贸易从无到有，发展较快。2001 年中哈双边贸易额为 12.88 亿美元，而在上海合作组织成立后的第五年即 2006 年，中哈两国贸易已跨上了一个新的台阶，双边贸易额达到了 83.58 亿美元，与 2001 年相比增长了五倍多。从进出口商品结构来看，中哈两国间贸易商品品种仍然较单一。[②] 中国企业从哈萨克斯坦进口的主要是原材料性商品，而中国对哈萨克斯坦出口的主要为日用消费品、纺织服装类商品、轻工产品等。随着中哈经济的不断发展及各自经济结构的调整，中国向哈萨克斯坦出口的机电产品、家电以及高新技术产品的数量逐年增加，而自哈萨克斯坦进口的商品主要为原油、废钢、钢锭、铁矿砂、铜矿砂、铜、铝、羊毛、牛皮等。两国的经济技术合作规模不大，除石油开发项目外，其他合作项目规模较小，经营效果不明显。在地域结构上，中国新疆对哈贸易额占两国进出口贸易总额的比重高达 80%。

吉尔吉斯斯坦和塔吉克斯坦两国有相似之处，都是小国，经济比较落后，工业基础设施薄弱，自我安全保障能力较弱，长期直接遭受三股势力的威胁。自中国与吉尔吉斯斯坦和塔吉克斯坦建交以来，中国与这两国的经贸合作发展就十分迅速。在 2001 年，中吉、中塔贸易总额分别为 1.19 亿美元和 0.11 亿美元，到 2006 年，已分别增长到 22.26 亿美元和 3.24 亿美元。① 中国向吉塔两国出口的主要商品有纺织品、机电产品、服装、计算机和通信技术产品等；中国自吉尔吉斯斯坦进口的主要商品为棉花、牛羊皮、有色金属等，从塔吉克斯坦进口的为棉机织物、铝锭、废钢等。综合来看，中国与吉、塔两国的贸易结构比较单一，交易品种多、数量少、中低档商品居多，高附加值商品少，并且吉塔两国的市场需求都比较有限，企业和银行实力较小，贸易和投资环境有待改善。特别值得注意的是，在中塔两国的经贸往来中，新疆的民营企业和个体企业占据了主要地位，而大中型企业较少，中国新疆地区与塔吉克斯坦的贸易额占两国贸易总额的80% 以上。

同样地，中国自与乌兹别克斯坦建交以来，双边贸易一直保持稳步增长。2001 年双边贸易额为 0.58 亿美元，而在 2006 年已达到9.72 亿美元。中国向乌兹别克斯坦主要出口拖拉机、电器及电子产品、通讯技术产品、服装、茶叶、石油设备、化工产品、塑料制品等商品，而中国从乌兹别克斯坦进口的主要商品有棉花、飞机备件、成品油、棉纱线等。中乌在电力机车、拖拉机、煤气表等项目上的合作也进展顺利，2004 年乌总统访华期间签署了能源合作协定，中国政府为此已决定向乌方投资 6 亿美元用于开发一些具体项目。

总体而言，中国自从与这四国建交以来，一直奉行的"睦邻、安邻、富邻"的方针取得了良好效果。不仅双方的经贸合作规模不断增大，层次不断提升，而且安全合作也在不断深入和完备，政治互信也进一步加深，中国与中亚地区的睦邻友好关系始终保持着良好的发展势头。但是同时，我们也必须注意到，中国与中亚地区的关系中也存在着一些滞后因素。

第一，中亚四国正处于政治交替的敏感时期，中亚国家得来不易的主权和多年努力的改革成果正面临严峻挑战。美国及一些西方国家从各自的全球战略出发，视中亚地区为战略要地，发动"颜色革

---

① 数据来源于中国海关统计。

命"，强行移植西方模式，企图改变现有政权，已造成了一些国家的局部动荡。同时，三股势力也借机发难，多次挑起领土、民族和宗教纠纷，使中亚国家关系蒙上了一层阴影。

第二，中国与中亚四国建交以来，经贸合作虽成绩斐然，但仍滞后于政治合作，且双方经贸合作的广度和深度不够，尤其是产业合作水平较低，大型项目和技术含量高、效益好的项目较少；规范性不够，政策性问题较突出，支付手段单一，办事效率不高，基础设施和管理也有待完善。① 而且，与中国积极开展区域经济合作的态度相比，中亚四国的区域经济一体化进程缓慢。由于经贸关系不仅是中国与中亚国家政治关系的基础，而且也是衡量双方整体体系的重要标志，因此中国与中亚四国应该从繁荣地区经济和稳定大局出发，加强战略筹划，完善合作机制，根据各国的经济结构和特点尽快启动能源、信息、交通和农业等领域的合作。

第三，中亚与俄罗斯的天然关系，使其在上海合作组织的区域经济合作中更倾向于与俄罗斯而不是中国开展合作。由于中亚四国是苏联的加盟共和国，传统上与俄罗斯有更密切的经济关系和相互依赖的产业结构，在意识形态上与俄罗斯等国家有一定的一致性。俄罗斯作为苏联的继承者，因为传统的经济联系以及政治军事能力，对中亚国家有着巨大的政治、军事和经济影响力。因此相形之下，中亚国家对中国的担忧和恐惧要大得多。中国应该加强与中亚四国在文化、教育等领域的交流与合作，尽量消除民族偏见，增加文化认同感。

二、中国在上海合作组织中的地位和作用

上海合作组织是由中国发起成立的区域合作组织，中国作为上海合作组织的倡导者，本身就对上海合作组织的发展具有天然的引导作用；同时，中国作为区域经济合作发展的主力，又对上海合作组织成员国的发展具有示范作用。因此，不管是在组织层面还是在成员国层

---

① 石泽：《试论全方位发展的中国与中亚国家关系》，《国际问题研究》2006 年第 1 期。

面，中国在上海合作组织中都具有举足轻重的地位和作用。

（一）上海合作组织共同发展的精神需要中国发挥优势

上海合作组织各成员国的经济差别和制度差异很大，发展极不平衡，虽然上海合作组织成员国在产业结构和产品结构上具有一定的互补性，但也存在着多边与双边、长期与短期、全局与局部的多重利益与矛盾。由于经济目标只能在市场机制作用下实现，而政府间的种种努力只能为经济合作和发展创造一个较好的平台，因此，这就要求各成员国旗帜鲜明地在"共同发展"的上海精神指引下克服种种困难，把上海合作组织区域经济合作推向前进。

对中国而言，"上海精神"从不同层次、各个方面规定了中国在上海合作组织区域经济合作中必须积极发挥重要的带头作用。一方面，上海合作组织成员国基本上都处于经济转轨时期，虽然中国与其他成员国国家政治体制有很大差异，但是中国经济在改革开放以来的成就却有目共睹，因此中国经济发展的道路和举措对上海合作组织其他成员国具有很好的借鉴作用；另一方面，中国经济稳定增长的溢出效应已在亚太地区的经济繁荣中体现出来，因此中国市场的进一步拓展已成为上海合作组织区域经济合作的基础。

对上海合作组织其他成员国而言，中国具有不可替代的地位。对俄罗斯而言，中国是其最大邻国，两国之间漫长的边境线在为其开展与中国之间的经贸合作创造条件的同时，也增加了安全隐患。俄罗斯需要一个友好的邻邦来实现其经济发展的稳定外部环境，在这种情况下，加强与中国的经济合作就成为一种战略必需。从目前的情况看，俄罗斯已经在逐步调整其经济发展战略。2005 年 7 月俄罗斯联邦议会通过的经济特区法，表明俄罗斯开始重视区域经济合作对经济发展的推动、示范作用。对中亚四国而言，由于其本身的经济政治实力不强，且又地处连接欧亚大陆的关键部位，因此中亚四国的经济发展既需要以俄罗斯强大的经济为依托，又有赖于中国发展的带动。

基于上述原因，中国在积极利用自己在改革开放的成就带动其他成员国共同发展的同时，也应该在上海合作组织的框架下进一步拓展与其他成员国的经济合作，在促进自身经济繁荣社会稳定的同时也为其他成员国经济发展创造机会，真正做到"睦邻、安邻、富邻"，使"谋求共同发展"成为上海合作组织推动区域经济发展的准则。

（二）中国参与区域经济合作的成果是上海合作组织区域经济合作的重要补充，并对其发展具有引导作用

通过对上海合作组织成员国和观察员国的区域经济合作现状的介绍，我们可以看到，与该组织其他成员国相比，中国对区域经济合作的态度非常积极，而且也取得了较好的成果。就目前来看，虽然在上海合作组织区域内存在多个次区域经济组织，如独联体、中亚合作组织、亚行中亚组织区域经济合作机制、欧亚经济共同体、欧亚运输走廊、突厥语国家首脑会议、中西亚经济合作组织、中国与港澳地区的CEPA等，但是运转较为成功的只有三个，分别是欧亚经济共同体、亚行倡导并资助的中亚区域经济合作机制以及CEPA。

上海合作组织与CEPA、欧亚经济共同体有很多相似之处，尤其是在实施贸易投资便利化这一方面。由于上述组织已先于上海合作组织在其成员方推进了贸易投资便利化，因此这些组织的发展在对上海合作组织区域经济合作带来压力的同时，也起到了一定的示范作用。

中国由于领先一步加入WTO这一全球多边贸易体系，又有参与泛区域、区域和次区域经济合作的经验，且中国—东盟自由贸易区已明确在2010年前建成，CEPA等机制又已先试先行，因此中国开展区域经济合作发展成果不仅对成员国起到了示范作用，而且也为上海合作组织区域经济合作的未来运作模式提供了范例和有益的借鉴。目前，CEPA的顺利进行为上海合作组织区域经济合作积累了经验，在实践中树立了榜样；而且，将CEPA的内容逐步扩展到上海合作组织区域经济合作中来，不仅可以为上海合作组织的区域经济合作注入新的力量，而且也为上海合作组织区域经济合作的迅速发展提供了新的途径。

（三）中国政府的积极参与是上海合作组织区域经济合作向前发展的重要推动力量

在上海合作组织区域经济发展的过程中，一直都是各成员国的中央政府在主导和推动着各项经济活动的开展。按照区域经济合作发展

的规律，各国政府对区域经济合作的积极参与和引导是推动区域经济合作的重要力量。而上海合作组织是中国主动发起参与并以中国城市命名的第一个地区合作性组织，从某种意义上讲，中国是上海合作组织成员国中对该组织寄予希望最大、利益诉求最多的国家。又由于中国作为发起国和该区域内经济政治实力较强的国家，对上海合作组织的发展具有很强的引导作用，因此中国政府对上海合作组织的态度在一定程度上左右着其发展方向。

上海合作组织作为中国谋求经济发展以及在国际事务中发挥更大作用的一个战略平台，一直是中国政府关注的重点对象。从该组织建立之初，中国就一直遵守《上海合作组织成立宣言》中"利用各成员国之间在经贸领域互利合作的巨大潜力和广泛机遇，开展区域经济合作，启动贸易投资便利化进程"的提议，积极寻求与成员国在各个领域的合作。中国与其他成员国的能源合作已成为上海合作组织区域经济合作的重要内容和拉动力量。

第二节　中国推进上海合作组织区域经济合作的意义

中国积极推进上海合作组织区域经济合作，不仅是解决中国实现可持续发展面临的国内外市场空间不足的客观需要，而且还能构筑起中国的地缘战略体系，具有重要的政治、经济和军事战略意义。

一、中国参与区域经济合作的必要性

改革开放以来，我国国民经济一直保持着 7.5% 以上的增长率（1979～2007 年年均增长率达到 9.81%）。持续二十多年的高速增长在提升中国综合国力的同时，也使中国经济的进一步增长面临着日益严峻的国内外市场空间不足的问题。

（一）国内市场环境

投资、消费和净出口是拉动经济增长的三驾马车。从长期看，作为大国，三驾马车应齐头并进，才能使我国经济保持长期稳定的增

长。事实上，投资和净出口一直在我国经济增长中占据着重要的地位，其促进经济增长的效果也十分明显，而国内消费需求长期不足，需求增长速度跟不上供给增长速度，消费需求对经济增长的拉动作用有限。在这种情况下，扩大内需成为促进国民经济持续发展的必然选择。

扩大内需，包括扩大投资需求和消费需求，总的来看，目前这两者形势有所缓和，但仍不尽如人意。据国家统计局发布的最新数据显示，2007 年城镇居民人均可支配收入 13786 元，实际增长 12.2%，增速加快 1.8 个百分点；农村居民人均纯收入 4140 元，实际增长 9.5%，增速加快 2.1 个百分点；全年社会消费品零售总额 89210 亿元，比上年增长 16.8%，增速提高 3.1 个百分点。提高消费对经济增长的贡献率是一个缓慢的过程，加上不完善的社会保障体系、教育和医疗等因素的制约，提高居民的消费倾向仍然存在不少困难。要保持我国经济的持续稳定增长，必然要在相当长的时间里依赖于国外市场。

（二）国际市场环境

从可持续发展的内涵来看，仅在国内寻求发展的动力是不够的，还要从国际关系中寻找推动我国经济发展的力量。实际上从 20 世纪 90 年代起，在出口的带动下，我国的对外贸易依存度不断提高。据相关资料显示，2004 年我国的商品贸易依存度接近 60%，2005 年上升到 63.6%，2006 年上升到 66.5%；而 2006 年美国的商品贸易依存度仅为 22.4%，日本为 28.2%，由此我国成为世界上对外贸易依存度最高的国家。① 过度依赖外资和出口，使我国经济持续发展面临的国际市场环境并不令人乐观。其最突出的表现就是中国与其他国家或地区的贸易摩擦不断加剧，并呈现出扩大化、复杂化、多样化的特点。根据 WTO 秘书处统计的数据，2007 年上半年，中国产品遭遇反倾销调查 16 起，比排在第二位的欧盟等国家和地区高出 3 倍（仅 4 起）。从反倾销措施来看，中国产品被采取措施的数量达到 22 种，

---

① 本数据根据国家统计局的相关修正数据计算得出，http://www.stats.gov.cn。

几乎占了同期所有 WTO 成员被采取措施产品的半壁江山（共 57 起）。2007 年，除欧盟和美国之外对我国发起反倾销调查或做出反倾销裁决的国家和地区总共有 19 个。其中，发达国家为 4 个，包括加拿大、日本、澳大利亚和新西兰，发展中国家和地区有 15 个，包括印度、巴基斯坦、印度尼西亚、泰国、韩国、中国台湾地区、土耳其、墨西哥、阿根廷、哥伦比亚、巴西、埃及、俄罗斯、乌克兰、南非。从涉案金额来看，2007 年欧盟对华发起的反倾销案涉案金额达数十亿美元。从摩擦对象来看，2007 年美国对华贸易救济措施最突出和引人注目的一点是发起反补贴调查并采取反补贴措施，美国"两反"齐举的行为使中国的压力陡增；而其他发展中国家对中国发起的调查案件数量同时剧增。

扩大内需是经济可持续发展的重要方面，在当前我国国内投资增长趋缓、消费增长乏力的情况下，依靠扩大内需来实现我国经济又好又快地可持续发展是一个缓慢的过程，中国对其他国家贸易依赖的状况仍将持续。我国传统出口市场的贸易摩擦日益加剧，因此，必须加强区域经济合作，开拓和培育新的国际市场是保持经济持续稳定增长最为可行的、最有效的途径。

二、中国推进上海合作组织区域经济合作的战略意义

中国积极推进上海合作组织的区域经济合作，除了有利于提高中国在经济、政治、文化、军事等方面的凝聚力和影响力之外，还具有重要的战略意义。

（一）中国推进上海合作组织区域经济合作具有重要的地缘政治意义

1. 重要的地理位置和丰富的自然资源对中国的战略安全和可持续发展具有重大意义

汉斯·J. 摩根索在其著作《国家间利益——寻求权利与和平的斗争》中曾说，地理和自然资源（特别强调的是石油）是一国权力依赖的较稳定的两种因素。而中国的周边区域，都是既有重要战略地位又有丰富自然资源的地缘战略枢纽地区。例如，东亚的朝鲜半岛地

处东北亚腹地，位于中、俄、日、美四大国的外围边缘，既是各国势力的缓冲区，又是各国利益的冲突区，素有"亚洲的巴尔干半岛"之称。南亚的印度洋也不仅是许多国家仰仗的石油输送的"战略生命线"，也是军事意义上任何海洋大国在全球调兵遣将的"中继站"。而"中亚地区处于欧亚大陆的连接点和战略结合部，属于麦金德所讲的国际政治的心脏地带"。① 另外，我国周边地区也拥有丰富的农业、林业和以石油、天然气、有色金属为代表的矿产资源。把握这些战略要地，对于保持中国在新世纪的可持续发展具有重要的战略意义，同时也有利于在未来的政治格局中抢占有利地位，制衡美、日、俄等国的政治、军事力量，形成国家实力博弈的纳什均衡。

2. 解决大国政治难题，维护地区和世界的和平与稳定

由于当前国际经济关系政治化和政治关系经济化的趋势，越来越棘手、复杂的政治难题可以通过经济手段加以解决，充分利用经济外交实现具有隐蔽性、有效性和直接性特点的政治目标。为了最大限度地实现本国的国家利益，中国应积极发展与周边国家的良好经济关系并以此作为中国经济外交新战略的支轴。② 中国积极开展与俄罗斯和中亚四国的区域经济合作，从某种程度上可以消除这些国家对中国不必要的担忧，能够推动双方政治关系的良性发展，有利于建立由敌视到友好、从疏离戒备到合作相依的互信、互利、平等、合作的新型国家关系；并且，双方在能源问题上的合作，能够充分发挥中国作为一个负责任的地区大国应有的作用，稳定中国的战略边疆和安全圈。

3. 有利于在新世纪打破美国对华的围堵战略

长期以来，对华战略是美国亚太战略的核心内容。美国在《亚洲2025》研究报告中指出目前对美国安全造成最大的潜在威胁不是俄罗斯而是中国。③ 因而美国对华一直怀有遏制意图，特别是小布什

---

① 侯松岭、迟殿堂：《东南亚与中亚：中国在新世纪的地缘战略选择》，《当代亚太》2003 年第 4 期。

② 柳剑平：《当代国际经济关系政治化问题研究》，人民出版社 2002 年 12 月版。

③ 转引自《布什重新给战争下定义》，《参考消息》2001 年 2 月 17 日。

政府，提出"围堵性接触战略"，不仅从朝鲜半岛、日本、中国台湾到中南半岛，而且从印度到中亚与蒙古等国家或地区，进行军事政治渗透活动。企图形成一条新的从四面防范与围堵中国的"满月型遏制圈"①（比冷战时期的新月形包围圈更甚），其中以东部沿海为进攻重点。② 从中国周边地缘环境的整体视角来看，美国的这一战略部署不仅与中国"稳定周边"的战略目标相冲突，而且严重影响中国未来的发展空间。因此，中国积极开展与上海合作组织的区域经济合作，不仅可以使中国免于美国的战略围堵，为中国进一步拓展国际空间特别是陆地活动空间提供有利条件，而且可以使中国在新世纪周边地缘战略中形成两翼并举、陆海兼顾的有利态势，从而最大限度地维护中国的国家战略意义。

（二）中国推进上海合作组织区域经济合作具有重要的地缘经济意义

1. 有利于提高中国的经济地位，为全球经济合作积累经验

日本是亚洲头号经济强国，但是近十年来经济一直萎靡不振。随着以日本为雁首的亚洲产业分工和产业转移雁阵的瓦解，建立多层次、全方位的以中国为核心的区域经济合作模式不仅有利于促进中国经济的开放和发展，抵御其他区域一体化组织带来的贸易自由化对中国出口市场的冲击，而且有助于提高中国在亚洲的国际分工中的地位，构建新的中国处于前位的雁阵，从而形成并加强中国与亚洲的互动关系。从长远角度来看，在上海合作组织框架下的、以中国为核心的区域经济合作的顺利开展，更为中国积累了包括经济方面在内的区域合作的宝贵经验，从而为中国开展亚太地区、亚欧地区乃至全球整体的经济合作、政治合作和军事合作等奠定了良好基础，从而真正实现由地区大国向世界大国的战略转变。

2. 有利于我国与上海合作组织成员国共同抵御全球化带来的

---

① "满月型遏制圈"概念引自军事科学院战略研究部：《世纪回眸与前瞻——2002年版战略评估》，军事科学出版社2002年版，第222页。

② 沈伟烈：《中国未来的地缘战略之思考》，《世界经济与政治》2001年第9期，第73页。

挑战

随着经济全球化的迅猛发展，与机遇、收益并存的风险也在全球范围内迅速传播。城门失火，殃及池鱼。一个国家仅凭自己的实力无法应对全球化的挑战，1992 年英镑、里拉危机和 1997 年东南亚金融危机就是典型的例子。因此，走区域经济合作的道路，联合起来，共享收益、共担风险，已成为世界大多数国家的现实选择。随着我国对外开放度的不断提高，我国也应增强防范风险的能力，通过与俄罗斯和中亚四国在贸易、金融、投资等领域的区域经济合作，密切我国同周边国家在经济政策方面的协调与配合，构筑防范风险的第一道防波堤，提高我国的经济安全度。

3. 有利于提高区域内的社会福利，实现中国与上海合作组织成员国的共存、共享、共荣

区域经济合作，特别是区域经济一体化的实现，有利于形成区域范围内的规模经济，从而形成集团竞争力，在激烈的国际竞争中谋取和维护区域整体的经济利益。而且，"上海精神"也要求中国与周边国家共同发展，因此，作为一个正在崛起的地区大国，中国必须大力加强与组织内的国家和地区的经济合作，通过取消成员国之间的贸易壁垒，发挥各成员国的比较优势，形成一张内部经济关系紧密、生产分工布局合理的网络，提高区域内社会福利，从而实现中国与组织内国家的经济增长与发展，由以前惧怕中国的"中国威胁论"发展到"中国机遇论"再到"中国—亚洲共同机遇论"，实现共存、共享、共荣。

（三）中国推进上海合作组织区域经济合作具有重要的地缘军事意义

客观地来看，中国在与上海合作组织成员国积极发展经贸合作与政治关系的同时，也不能忽视与这些国家间存在的不稳定因素和安全挑战。例如，中国一直与中亚国家存在着领土争端，并且这些国家的民族分裂、宗教极端、国际恐怖等邪恶势力与中国新疆境内外的"东突"分裂势力相互勾结，妄图破坏中国西北边疆的稳定。另外，美国在中国周边国家通过经济援助、政治合作和军事扶持进行

积极渗透，对中国的战略边疆构成了严重威胁。在和平与发展成为当今时代两大主题的背景下，军事上的诸多矛盾，不能武断地仅以军事手段来解决。"经济安全是安全的基础，军事安全不能建立在真空中。"① 中国要强调以和平与合作的方式解决与这些国家的军事矛盾和争端。

中国的这一策略已取得了较好的成果。中国积极倡导上海合作组织加强以能源为重点领域的经济合作，解决边界地区的军事信任和裁军、联合军事演习和打击恐怖主义等问题。今后中国要在安西靠北争东南②的地缘战略体系下，继续进一步深化与这些国家或地区的区域经济合作，以经济利益的一致性保障军事利益的协调性，以经济的一荣俱荣、一损俱损来和平地解决军事上的各种矛盾和争议，继续优化中国经济发展的战略环境，维护地区和世界的繁荣与稳定。

第三节　中国参与上海合作组织区域经济合作的效果预测——基于引力模型的分析

上海合作组织区域经济合作的基本思路是先实行贸易投资便利化，再深化经贸合作，最后在适当的时候建立自由贸易区。上海合作组织区域经济合作的效果到底如何，对成员国是否带来了经济利益，还需要应用模型来进行实证检验。

分析区域经济合作效果的最常用模型是引力模型。尽管目前上海合作组织的区域经济合作还处于初级阶段，应用引力模型分析上海合作组织框架下成员国将可能获得的经济效应存在一定的局限，但是其仍然可在一定程度上反映出未来自由贸易区建立以后各成员国可获得的经济效应。

---

① 庞中英：《中国的亚洲战略：灵活的多边主义》，《世界经济与政治》2001 年第 10 期。

② 安定新疆，背靠俄罗斯，争夺东南。

本节应用引力模型对中国在上海合作组织框架下的静态效应（包括贸易创造效应和贸易转移效应）、贸易潜力、动态效应进行了实证分析。分析结果表明：（1）在上海合作组织框架下，中国产生了贸易转移效应，但这却提高了其他成员国的福利；同时也产生了贸易创造效应，促进了各成员国之间双边贸易增长，提高了中国的福利。（2）上海合作组织在区域经济合作领域实质性合作的有效开展，将会扩大中国的出口市场；来自国外的投资将会促使区域内垄断行业的竞争，而成员国之间的良性竞争使各产业在区域内产生规模效应，具备了竞争优势。（3）贸易潜力预测分析显示，中国不仅与其他五个成员国存在着贸易潜力，而且与该组织的四个观察员国也存在着巨大的贸易潜力。因此，上海合作组织将这四个国家吸收为观察员国，不仅更有利于该区域的政治稳定，还更有利于区域经济的长远发展。

一、模型的建立和数据的获取及处理

（一）模型的建立

1. 贸易创造效应的引力模型

拟实证分析中国在上海合作组织框架下的贸易创造效应，被考察国为中国，因此可以建立如下的引力模型。

$$\ln(T_{cjt}) = \beta_0 + \beta_1 \ln(Y_{ct} Y_{jt}) + \beta_2 \ln(P_{ct} P_{jt}) + \beta_3 \ln(D_{cj})$$
$$+ \beta_4 SCO_{cjt} + \varepsilon_t \qquad (5-1)$$

其中，T_{cjt} 表示 t 年中国与 j 国之间的双边贸易量；$Y_{ct} Y_{jt}$ 表示 t 年中国与 j 国的国内生产总值之积；$P_{ct} P_{jt}$ 表示 t 年中国和 j 国的人口之积；D_{cj} 表示中国与 j 国之间的距离；SCO_{cjt} 为虚拟变量，当中国与 j 国在 t 年进行上海合作组织框架下的区域经济合作时，取值为1，否则取值为0；β_0、β_1、β_2、β_3 和 β_4 分别为变量前的系数，ε_t 为误差项。

如果 j 国为上海合作组织成员国，该模型可以解释为中国与 j 国在 t 年进行上海合作组织框架下的区域经济合作，对中国与 j 国之间双边贸易所产生的影响。当中国与 j 国在 t 年进行上海合作组织框架下的区域经济合作时，其双边贸易量与前一年相比较，将增长 $(e^{\beta_4} - 1)\%$。如果 β_4 为正，表示产生了正的贸易创造效应；反之亦然。在引力模型中，预期符号为正，即随着实质性区域经济合作的形成，成员国之间的双边贸易量逐步扩大，产生贸易创造效应，提高了区域内各成员国的福利。

在已有区域经济合作组织产生的贸易创造效应引力模型基础上，该模型中加入了人口变量。如果影响双边贸易增减的产品主要为劳动密集型产品，那么人口将与双边贸易量成正比，反之亦然。所以在贸易创造效应模型中添加了人口变量，考察中国与 j 国的人口如何影响中国与 j 国之间的双边贸易。

2. 贸易转移效应的引力模型

从全球视角看，贸易转移表示区域经济合作组织扭曲了资源的有效配置，降低了世界福利。但从区域经济合作组织的视角而言，贸易转移提高了区域内成员国的福利。贸易转移表明区域内成员国提高了从其他成员国的进口，减少了从非成员国的进口。因此可以建立如下的引力模型。

$$\ln(IMPORT_{ejt}) = \beta_0 + \beta_1 \ln(Y_{et}Y_{jt}) + \beta_2 \ln(P_{et}P_{jt}) + \beta_3 \ln(D_{ej})$$
$$+ \beta_4 NSCO_{ejt} + \varepsilon_t \qquad (5-2)$$

其中，$IMPORT_{ejt}$ 表示 t 年中国从 j 国的进口量；$NSCO_{ejt}$ 为虚拟变量，当中国与 j 国在 t 年进行上海合作组织框架下的区域经济合作时，取值为 0，否则取值为 1；$Y_{et}Y_{jt}$、$P_{et}P_{jt}$、D_{ej}、β_0、β_1、β_2、β_3、β_4 和 ε_t 含义如前所述。

该模型可以解释为：如果 j 国为上海合作组织成员国，中国与 j 国在 t 年没有进行上海合作组织框架下的区域经济合作，对中国从 j 国的进口所产生的影响。当中国与 j 国在 t 年没有进行上海合作组织框架下的区域经济合作时，如果 β_4 为负，中国从 j 国的进口量与前一年相比较，将减少 $(e^{-\beta_4} - 1)\%$。这表示产生了贸易转移，被考察国减少了从非成员国的进口，转而从成员国进口；反之亦然。在引力模型中，预期符号为负，即随着实质性区域经济合作的形成，成员国从非成员国的进口量逐步减少，产生贸易转移效应。

该模型不同于 Lucian Cernat 模型之处在于：根据贸易转移的定义构造模型，单独测量上海合作组织区域经济合作对中国进口来源国的影响,将 $NSCO_{cjt}$ 作为解释变量,$IMPORT_{cjt}$ 作为被解释变量,分析了中国的贸易转移效应。如果该进口来源国为非区域经济合作组织成员国,那么该模型可以有效度量出中国从区域经济合作组织非成员国的进口转移。

3. 贸易潜力的引力模型

在考察贸易潜力时,将分别分析中国与别国之间的双边贸易潜力和中国向别国的出口贸易潜力,确定中国存在巨大出口贸易潜力的市场,为中国日益增加的生产能力寻找新的出口市场。

(1) 双边贸易潜力的引力模型

$$\ln(T_{cjt}) = \beta_0 + \beta_1\ln(Y_{ct}Y_{jt}) + \beta_2\ln(P_{ct}P_{jt}) + \beta_3\ln(D_{cj})$$
$$+ \beta_4 SCO_{cjt} + \varepsilon_t \qquad (5-3)$$

其中,T_{cjt}、$Y_{ct}Y_{jt}$、$P_{ct}P_{jt}$、D_{cj}、SCO_{cjt}、β_0、β_1、β_2、β_3、β_4 和 ε_t 含义如前所述。

通过该模型,可以计算出 t 年中国与 j 国双边贸易的理论值,然后将理论值与该年度的实际值进行比较,分析两国之间的双边贸易潜力。

(2) 出口贸易潜力的引力模型

在预测中国出口潜力时,对中国向上海合作组织各国的出口贸易量做出模拟,得到理论模拟值。然后将理论值与实际值进行比较,分别分析中国向上海合作组织总体以及向各国的出口贸易潜力。建立引力模型如下:

$$\ln(EXPORT_{cjt}) = \beta_0 + \beta_1\ln(Y_{ct}Y_{jt}) + \beta_2\ln(P_{ct}P_{jt}) + \beta_3\ln(D_{cj})$$
$$+ \beta_4 SCO_{cjt} + \varepsilon_t \qquad (5-4)$$

其中,$EXPORT_{cjt}$ 表示 t 年中国向 j 国出口的贸易量;$Y_{ct}Y_{jt}$、$P_{ct}P_{jt}$、D_{cj}、SCO_{cjt}、β_0、β_1、β_2、β_3、β_4 和 ε_t 含义如前所述。

通过该模型,可以计算出 t 年中国向 j 国出口量的理论值,然后将理论值与该年度的实际值进行比较,分析中国向 j 国出口的贸易潜力。

根据已有研究成果,对外直接投资也将影响一国对外出口。但是,由于中国分国别的对外投资数据不易获得,因此不把对外直接投资作为解释变量纳入模型。

4. 市场扩大效应的引力模型

在区域经济合作组织内部，国内市场与其他成员国市场之和，相对于狭小的国内市场而言，能容纳得下规模更大的生产。市场扩大效应是指随着出口市场的扩大，导致贸易规模扩大，从而产生生产和流通的规模效益，带来产业集聚效果。因此可以建立如下的引力模型。

$$\ln(EXPORT_{ejt}) = \beta_0 + \beta_1 \ln(P_{ct}P_{jt}) + \beta_2 \ln(D_{ej}) + \beta_3 \ln(MES_t) + \varepsilon_t$$
$$(5-5)$$

其中，MES_t 为 t 年中国与同时进行上海合作组织框架下区域经济合作的其他成员国 GDP 之和，$EXPORT_{ejt}$、$P_{ct}P_{jt}$、D_{ej}、β_0、β_1、β_2、β_3 和 ε_t 含义如前所述。该模型可以解释为 MES_t 的增减变化所引起的中国对外出口量的变化。在引力模型中，预期 β_3 符号为正，即随着实质性区域经济合作的形成，成员国所获取的出口市场逐步扩大，出口量增加。

该模型突破了现有引力模型只分析贸易静态效应而没有对市场扩大效应进行实证分析的不足，通过构造解释变量 MES_t，定量分析了中国在上海合作组织框架下的市场扩大效应。

5. 外来投资促进效应的引力模型

外来投资是指区域内其他成员国向某一被考察国的投资。其中包括外商直接投资和外商其他投资。外来投资促进效应是指随着区域统一市场的形成，来自国外的投资将会促进区域内垄断行业的竞争，提高生产效率，进而提高该国的出口量。

$$\ln(EXPORT_{ejt}) = \beta_0 + \beta_1 \ln(Y_{ct}Y_{jt}) + \beta_2 \ln(P_{ct}P_{jt}) + \beta_3 \ln(D_{ej})$$
$$+ \beta_4 \ln(INVEST_{jct}) + \varepsilon_t \qquad (5-6)$$

其中，$INVEST_{jct}$ 表示 t 年 j 国向中国的投资，包括外商直接投资和其他外商投资，$EXPORT_{ejt}$、$Y_{ct}Y_{jt}$、$P_{ct}P_{jt}$ 和 D_{ej} 含义如前所述。该模型可以解释为外商对华投资所引起的中国出口量的变化。如果 β_4 为正，表示外来投资促进了中国与 j 国之间的双边贸易，即证明了上海合作组织框架下在中国存在具有垄断优势产业的情况下，外来投资促进了中国该产业的竞争优势的进一步发展，提高了中国向外出口的能力，反之亦然。

该模型考虑了外来投资对中国出口产业的影响，度量了中国在上海合作组织框架下的外来投资促进效应。

市场扩大效应和外来投资促进效应两个引力模型不再拘泥于以往引力模型只分析静态贸易效应的不足，分析了动态贸易效应，扩大了引力模型的分析范围。

（二）数据的获取及处理

1. 数据获取

为了考察贸易转移效应，选取的数据不仅应该包括上海合作组织成员国，还应包括其他多个国家。同时为了计算贸易创造和贸易转移效应之差，实证分析贸易创造效应的数据必须和贸易转移效应一致。因此，采用的数据为中国与52个国家与地区之间的数据。

为了保持数据的一致性，分析市场扩大效应和外来投资扩大效应所采用的数据也为中国与52个国家与地区之间的相关数据。

52个样本分别为老挝、越南、新加坡、菲律宾、印度尼西亚、马来西亚、文莱、柬埔寨、泰国、缅甸、中国台湾、日本、韩国、中国香港、英国、德国、法国、意大利、荷兰、俄罗斯、加拿大、美国、澳大利亚、苏丹、赞比亚、西班牙、墨西哥、秘鲁、智利、新西兰、巴布几内亚、哈萨克斯坦、吉尔吉斯斯坦、塔吉克斯坦、乌兹别克斯坦、比利时、卢森堡、丹麦、爱尔兰、希腊、葡萄牙、奥地利、芬兰、瑞典、印度、孟加拉、斯里兰卡、巴基斯坦、蒙古、尼泊尔、土库曼斯坦和伊朗。年度范围为1992~2004年。

2. 数据处理

数据种类为中国和52个国家和地区之间的双边贸易量、进口量、出口量、距离、国内生产总值、人口和各国向中国的投资。采用单位分别为：双边贸易量、进口量、出口量、国内生产总值和各国向中国的投资均为百万美元，距离为千米，人口为百万人。其中：距离为两国首都之间的距离；国内生产总值采用的是不变价格；数据通过取对数所得结果，均保留两位小数。我们将采用面板数据对模型进行回归。

对于 SCO_{ejt} 和 $NSCO_{ejt}$ 两个虚拟变量的取值，当2003年上海合作组织进行实质性区域经济领域合作时，SCO_{ejt} 取值为1，$NSCO_{ejt}$ 取值为0，反之亦然。因此，将2003年作为虚拟变量取值的分界点。

数据来源分别为：中国的双边贸易量、出口量、进口量和各国向中国的投资均来自1993～2005年《中国统计年鉴》，距离通过 www. indo. com 查询所得，国内生产总值和人口来自 www. imf. org。

二、中国在上海合作组织框架下的贸易效应分析

（一）静态贸易效应分析

静态效应包括贸易创造效应和贸易转移效应。贸易创造效应提高世界福利，而贸易转移效应则降低了世界福利。因此，判断上海合作组织是否提高了世界整体福利，应该看贸易创造效应和贸易转移效应孰大孰小。但是考察视角的改变，即不从世界角度考虑问题，而只是从上海合作组织来考虑得到的结论也会不同。从世界整体角度看，贸易转移效应降低了世界福利。但是从上海合作组织来看，贸易转移效应使成员国进口了更低价格的商品，增加了区域内贸易，有利于该区域组织在经济领域的进一步合作。

1. 贸易创造效应

（1）引力模型实证结果

引力模型实证结果如下所示：

$$\ln(T_{ejt}) = -2.92 + 0.53\ln(Y_{et}Y_{jt}) + 0.36\ln(P_{et}P_{jt}) - 0.79\ln(D_{ej}) + 0.68SCO_{ejt}$$
$$\quad (-6.05) \quad (15.65) \qquad (41.75) \qquad (-15.60) \qquad (2.94)$$

$$(5-7)$$

调整后的可决系数为0.98。公式下括号中的数值为对应系数估计量的 t 值。

（2）对实证结果的分析

在其他条件不变的情况下，在 t 年当中国与 j 国之间的距离增加1%，其双边贸易量下降0.79%；其国内生产总值乘积增长1%时，其双边贸易量增长0.53%；其人口乘积增长1%时，其双边贸易量增长0.36%；当中国与 j 国在 t 年进行上海合作组织框架下的区域经济

合作时，其双边贸易量增长$(e^{0.68}-1)\%$，即0.97%，产生了正的贸易创造。通过计算，2003年中国在上海合作组织框架下产生的贸易创造效应为1.90亿美元，2004年中国在上海合作组织框架下产生的贸易创造效应为2.59亿美元。距离对中国与j国的双边贸易量起制约作用，而国内生产总值、人口和加入上海合作组织对其起推动作用。

上海合作组织成员国之间经济互补性强，随着区域内贸易壁垒的逐步降低和消除，区域内贸易总量逐渐增加。1992～2004年中国与俄罗斯、哈萨克斯坦、吉尔吉斯斯坦、塔吉克斯坦和乌兹别克斯坦五国的贸易增长情况如表5—1所示。1993～2002年中国与其的双边贸易量增长率一直处于波动状态。在1994年，其增长率为－32.24%，而在2000年为39.26%，且期间正负不定，呈现不规则性。但是，在上海合作组织于2003年进入到实质性的区域经济合作阶段后，2003～2004年中国与上海合作组织其他五国的双边贸易量分别增长到197.50亿美元和269.70亿美元，增长率提高到38.81%和36.56%，且趋于稳定。可见，2003年上海合作组织在区域经济方面的实质性合作，确实促进了中国与区域内各成员国之间双边贸易的发展，使中国在上海合作组织框架下产生了正的贸易创造效应。

表5—1　中国与上海合作组织其他五国的双边贸易量

（单位：亿美元）

年度	1992	1993	1994	1995	1996	1997	1998	1999	2000	2001	2002	2003	2004
双边贸易量	63.21	82.83	56.12	62.28	76.11	69.76	64.24	70.42	98.06	121.46	142.28	197.50	269.70
增长率(%)	—	31.03	-32.24	10.97	22.21	-8.34	-7.91	9.61	39.26	23.85	17.15	38.81	36.56

资料来源：1993～2005年《中国统计年鉴》。

上海合作组织各成员国均为发展中国家，具有比较优势的产品为资源密集型和劳动密集型产品。2003～2004年中国分别与俄罗斯、哈萨克斯坦、吉尔吉斯斯坦、塔吉克斯坦和乌兹别克斯坦五国的双边贸易中，产生贸易创造的商品主要为资源密集型和劳动密集型商品。

其中，俄罗斯主要出口商品为能源、钢材、化肥和木材等原料性商品；主要进口商品为机电和纺织服装鞋帽等。哈萨克斯坦出口商品主要为矿产品、黑色金属及其制品、食品及其生产原料、化工产品、机械设备和交通工具等；进口商品主要是机械产品、日用消费品和食品及其生产原料。吉尔吉斯斯坦出口商品主要为黄金、电力、航空煤油、灯泡、棉花、烟草和皮革；进口商品主要为石油天然气产品、选矿设备、造纸设备和通讯设备。塔吉克斯坦出口商品主要为矿产品、铝及其制品、棉花、黑金属制品、铜及其制品、生丝等产品；进口商品主要为机电产品、机械及交通设备、矿产品及石油产品、黑色金属及其制品、瓷器、家具、灯具等产品。乌兹别克斯坦主要出口商品为棉花、石油天然气、黄金、有色及黑色金属、食品、机械设备；主要进口商品有机械设备、化工产品和食品。

贸易创造效应表明上海合作组织促进了中国与俄罗斯、哈萨克斯坦、吉尔吉斯斯坦、塔吉克斯坦和乌兹别克斯坦之间双边贸易的增长，双方之间进出口商品的种类和贸易量均得到增加，提高了中国的福利。

2. 贸易转移效应

贸易转移效应是指形成区域经济组织之后，由于取消或降低了成员国之间的关税但保持了对非成员国的关税水平，从而使成员国的高成本生产取代非成员国的低成本生产，被考察国转而进口生产成本较高的产品。贸易转移扭曲了资源的有效配置，减少了世界福利。

（1）引力模型实证结果

引力模型实证结果如下所示：

$$\ln(IMPORT_{ejt}) = -4.25 + 0.61\ln(Y_{ct}Y_{jt}) + 0.29\ln(P_{ct}P_{jt}) - 0.86\ln(D_{cj}) - 0.34NSCO_{ejt}$$
$$(-6.47) \quad (12.18) \qquad (34.72) \qquad (-11.69) \qquad (-1.02)$$

$$(5-8)$$

调整后的可决系数为 0.99。公式下括号中的数值为对应系数估计量的 t 值。

（2）对实证结果的分析

在其他条件不变的情况下，在 t 年当中国与 j 国之间的距离增加 1%，中国从 j 国的进口量下降 0.86%；其国内生产总值乘积增长 1% 时，中国从 j 国的进口量增长 0.61%；其人口乘积增长 1% 时，中国从 j 国的进口量增长 0.29%；当中国与 j 国在 t 年不进行上海合作组织框架下的区域经济合作时，中国从 j 国的进口量下降 $(e^{0.34} - 1)\%$，即 0.40%，产生了贸易转移。通过计算，在本书所选取的 52 个样本国和地区的情况下，2003 年中国在上海合作组织框架下产生的贸易转移为 13.64 亿美元，2004 年中国在上海合作组织框架下产生的贸易转移为 18.15 亿美元。距离和上海合作组织非成员国对中国从 j 国进口起制约作用，而国内生产总值和人口对其起推动作用。

在中国产生的贸易转移，主要是将部分进口商品从非上海合作组织成员国转向上海合作组织成员国。虽然中国在上海合作组织框架下的贸易转移效应为负，世界福利下降。但是仅对上海合作组织各成员国而言，却提高了各成员国的福利。这有利于为区域内成员国扩大出口市场以及形成规模效应创造条件，加强区域内各成员国的经济发展和相互依赖性，有助于上海合作组织在经济贸易领域的进一步合作。

3. 贸易净效应分析

贸易净效应为贸易创造效应和贸易转移效应之差，其考察视角为整个世界，分析的是对全球福利的影响。

贸易净效应可以从相对值和实际值两个方面来计算。相对值显示的是长期的趋势，而绝对值显示的是当前的实际情形。因此当关注的问题为中国在上海合作组织框架下的长期贸易效应时，从相对值上分析贸易创造效应和贸易转移效应更为恰当。当关注的问题为短期贸易效应时，分析绝对值更为合适。因此，本书在分析短期情形时，采用绝对值计算结果；而在分析长期情形时，采用相对值计算结果。

　　从长期来看，在相对数值上，如实证分析中所示，当中国与 j 国在 t 年进行上海合作组织框架下的区域经济合作时，中国与 j 国的双边贸易量增长 0.97%；当中国与 j 国在 t 年不进行上海合作组织框架下的区域经济合作时，中国从 j 国的进口量减少 0.40%。因此从长期来看，上海合作组织对中国产生的贸易净效应为正。

　　从短期来看，在绝对数值上，贸易创造效应为中国与上海合作组织五国的双边贸易量之和乘以 $\dfrac{0.97\%}{1+0.97\%}$，贸易转移效应为中国从除上海合作组织五国外的 47 国的进口量之和乘以 $\dfrac{0.40\%}{1-0.40\%}$。如表 5—2 所示，根据本书所选取的 52 个样本国计算，2003 年净效应为 −11.74亿美元，2004 年净效应为 −15.56 亿美元。

表 5—2　2003～2004 年中国在上海合作组织框架下的贸易净效应

（单位：亿美元）

贸易效应　　　　　年度	2003	2004
贸易创造	1.90	2.59
贸易转移	−13.64	−18.15
贸易净效应	−11.74	−15.56

资料来源：1993～2005 年《中国统计年鉴》，www. imf. com，www. indo. com。

　　虽然，在近期来看，如同其他发展中国家之间建立的区域经济合作组织一样，中国在上海合作组织框架下的贸易净效应为负值，贸易转移效应大于贸易创造效应，降低了全球福利。但是，从长期来看，在区域经济方面，只要上海合作组织按照目前的态势继续发展下去，中国在上海合作组织框架下所产生的贸易净效应将会为正，从而提高全球福利。

　　4. 中国与上海合作组织各国的贸易潜力分析

　　实证分析表明，2004 年中国在上海合作组织框架下已经产生了贸易创造效应。如果能够具体明确 2004 年与中国在双边贸易和出口贸易方面还存在较大潜力的国家，将有利于中国采取恰当的对外贸易政策。因此，以下将分别分析中国与上海合作组织成员国和观察国之间的贸易潜力。

（1）引力模型实证结果

① 双边贸易潜力实证结果

分析中国与别国的双边贸易潜力的实证结果与公式（5-7）相同，如下所示：

$$\ln(T_{cjt}) = -2.92 + 0.53\ln(Y_{ct}Y_{jt}) + 0.36\ln(P_{ct}P_{jt}) - 0.79\ln(D_{cj}) + 0.68SCO_{cjt}$$
$$\quad (-6.05) \quad (15.65) \quad\quad (41.75) \quad\quad\quad (-15.60) \quad\quad (2.94)$$

$$(5-7)$$

调整后的可决系数为 0.98。公式下括号中的数值为对应系数估计变量的 t 值。方程解释如前所述。

② 出口贸易潜力实证结果

分析中国向别国出口的贸易潜力，有利于中国政府采取合适的对策。中国向别国出口的潜力实证结果为：

$$\ln(EXPORT_{cjt}) = -4.45 + 0.70\ln(Y_{ct}Y_{jt}) + 0.49\ln(P_{ct}P_{jt}) - 1.34\ln(D_{cj}) + 0.94SCO_{cjt}$$
$$\quad (-3.18) \quad (9.04) \quad\quad (18.83) \quad\quad\quad (-8.08) \quad\quad (1.67)$$

$$(5-9)$$

调整后的可决系数为 0.63。公式下括号中的数值为对应系数估计量的 t 值。

在其他条件不变的情况下，在 t 年当中国与 j 国之间的距离增加 1% ，其出口量下降 1.34% ；其国内生产总值乘积增长 1% 时，其出口量增长 0.70% ；其人口乘积增长 1% 时，其出口量增长 0.49% ；当中国与 j 国在 t 年进行上海合作组织框架下的区域经济合作时，其出口量增长（ $e^{0.94} - 1$ ）% ，即 1.56% 。

（2）中国与上海合作组织各成员国之间的贸易潜力分析

2004 年中国分别与俄罗斯、哈萨克斯坦、吉尔吉斯斯坦、塔吉克斯坦和乌兹别克斯坦五国之间的贸易理论值和实际值如表 5—3 所示。

表5—3　2004年中国与上海合作组织各成员国的贸易量

(单位：亿美元)

贸易量＼国家		俄罗斯	哈萨克斯坦	吉尔吉斯斯坦	塔吉克斯坦	乌兹别克斯坦	五国总和
双边贸易	理论值	218.93	19.35	5.15	4.72	18.45	266.60
	实际值	212.26	44.98	6.02	0.69	5.76	269.71
	潜力	6.67	−25.63	−0.87	4.03	12.69	−3.11
中国出口	理论值	283.62	10.22	2.23	1.90	11.84	309.81
	实际值	90.98	22.12	4.93	0.54	1.72	120.29
	潜力	192.64	−11.90	−2.70	1.36	10.12	189.52

资料来源：1993～2005年《中国统计年鉴》，www.indo.com 和 www.imf.com。

　　由实证分析得出2004年中国与俄罗斯、哈萨克斯坦、吉尔吉斯斯坦、塔吉克斯坦和乌兹别克斯坦五国总体之间的双边贸易量理论值为266.60亿美元，而实际值为269.71亿美元，不存在贸易潜力，需要重新创造开拓。中国向这些国家总体出口的理论值为309.81亿美元，实际值为120.29亿美元，中国尚存在189.52亿美元的出口潜力。中国在这五国拥有广阔的出口市场，有继续开展区域经济合作的必要。其中，中国与哈萨克斯坦和吉尔吉斯斯坦两国在双边贸易和出口方面，均不存在贸易潜力，但中国与俄罗斯、塔吉克斯坦和乌兹别克斯坦均存在贸易潜力。

　　根据双边贸易实际值与模拟值之间的比值，将中国与各国双边贸易的潜力分为三种类型，具体如下：

　　第一类是潜力巨大型。中国与俄罗斯贸易潜力巨大。由实证分析可知，在理论上，中国与俄罗斯在双边贸易上存在6.67亿美元的潜力，中国向俄罗斯出口的潜力为192.64亿美元。中国向俄罗斯的出口潜力有待进一步开发。由于中国对能源产品需求的日益扩大和中俄两国在能源领域合作步伐的加快，俄罗斯对中国具有巨大出口潜力的产品为能源产品。而中国对俄具有出口贸易潜力的产品主要为机电产品。中俄两国之间的机电产品贸易和能源产品贸易，将拉动中俄两国双边贸易的发展。

第二类是潜力开拓型。中国与塔吉克斯坦、乌兹别克斯坦之间存在可开拓的贸易潜力前景。在双边贸易方面，中国与塔吉克斯坦的双边贸易潜力为 4.03 亿美元，中国与乌兹别克斯坦的双边贸易潜力为 12.69 亿美元。在出口方面，中国向塔吉克斯坦尚存在 1.36 亿美元的出口潜力，中国向乌兹别克斯坦尚存在 10.12 亿美元的出口潜力。能源领域合作将进一步开拓中国与塔吉克斯坦、乌兹别克斯坦之间的双边贸易。

第三类是潜力再造型。中国与哈萨克斯坦、吉尔吉斯斯坦之间存在可重新创造的贸易潜力。在理论上，中国与这两国在双边贸易和出口贸易方面已经不存在贸易潜力。中国与哈萨克斯坦的双边贸易潜力为 −25.63 亿美元，中国向其出口的潜力为 −11.90 亿美元。中国与吉尔吉斯斯坦之间的双边贸易潜力为 −0.87 亿美元，中国向其的出口潜力为 −2.70 亿美元。但是中国与哈萨克斯坦、吉尔吉斯斯坦之间经济互补性大，可以通过寻找新的贸易契机，挖掘新的贸易潜力。在上海合作组织框架下能源领域合作的开展和交通设施的建设将为其双边贸易的开展提供新的契机。

上海合作组织成员国所在区域是资源异常丰富的地区，因而各成员国在能源领域的合作潜力巨大。随着上海合作组织成员之间在能源领域合作的逐步开展，能源产品贸易将会拉动区域内贸易的发展，充分开发出中国与俄罗斯、哈萨克斯坦、吉尔吉斯斯坦、塔吉克斯坦和乌兹别克斯坦之间的贸易潜力，促进中国与其在机械设备和交通设施等方面贸易的发展。

（3）中国与上海合作组织观察国之间的贸易潜力分析

从 2004 年开始，上海合作组织启动了观察员机制，蒙古随即获得观察员资格。2005 年 7 月，上海合作组织第五次元首会晤在哈萨克斯坦首都阿斯塔纳举行，决定给予巴基斯坦、伊朗、印度观察员地位。分析中国与蒙古、巴基斯坦、伊朗和印度之间的贸易潜力，可以判断观察国是否有利于中国开展上海合作组织区域经济合作。下面将分别分析蒙古、巴基斯坦、伊朗和印度作为观察国和假设其成为成员国两种情况下，中国与这四国的贸易潜力。

① 蒙古、巴基斯坦、伊朗和印度作为观察国，中国与其贸易潜力

上海合作组织的观察国有蒙古、巴基斯坦、伊朗和印度。中国与这四国之间存在很大的贸易潜力。2004 年中国分别与蒙古、巴基斯坦、伊朗和印度四国之间的贸易潜力如表 5—4 所示。

表 5—4　2004 年中国与上海合作组织观察国的贸易潜力

（单位：亿美元）

贸易潜力 \ 国家		蒙古	巴基斯坦	伊朗	印度	四国总和
双边贸易	理论值	4.03	59.77	44.11	346.24	454.15
	实际值	6.94	30.61	70.45	136.14	244.14
	潜　力	-2.91	29.16	-26.34	210.10	210.01
中国出口	理论值	2.11	55.16	32.81	584.66	674.74
	实际值	2.33	24.66	25.55	59.36	111.90
	潜　力	-0.22	30.50	7.26	525.30	562.84

资料来源：1993～2005 年《中国统计年鉴》，www.indo.com 和 www.imf.com。

根据实证模型，在双边贸易量潜力方面，2004 年中国与蒙古、巴基斯坦、伊朗和印度之间的理论预测值总和为 454.15 亿美元，而实际值总和为 244.14 亿美元，其中尚存在 210.01 亿美元的双边贸易潜力。其中，中国与印度的双边贸易潜力最大，达到 210.10 亿美元，而与伊朗和蒙古的双边贸易潜力均为负，分别为 -26.34 亿美元和 -2.91 亿美元。

在出口潜力方面，2004 年中国向上海合作组织观察国出口的理论预测值总和为 674.74 亿美元，而实际值总和为 111.90 亿美元，中国向其出口尚存在 562.84 亿美元的潜力。其中向印度的出口潜力最大，达到 525.30 亿美元，而向蒙古的出口潜力为 -0.22 亿美元。

按照中国分别与蒙古、巴基斯坦、伊朗和印度四国贸易潜力的大小，将中国对其的贸易潜力分为以下三大类：

第一类是潜力巨大型。中国向印度出口以及进行双边贸易的潜力

很大。目前，中国向印度出口的商品主要为机电产品、钢铁及其制品、煤炭、矿产品、化工品、纺织品、玩具和运动用品等。中国从印度进口的商品主要为矿产品、钢铁及其制品、纺织原料及制品、化工产品、珠宝和贵金属等。中国在机电产品和纺织等劳动密集型商品出口上处于优势地位，而印度则在矿产品和纺织原料及其制品等原料型商品出口上具有优势，双边贸易还有进一步发展的潜力。

除此之外，中国和印度在 IT 行业的软硬件商品贸易上也有巨大潜力。印度的软件开发在全世界都处于优势地位，而中国在硬件生产上具有比较优势。现在中印两国在 IT 业商品上贸易互补，存在很大贸易潜力。

第二类是潜力开拓型。中国与巴基斯坦之间的贸易有待于进一步开发。2004 年，中国与巴基斯坦的双边贸易潜力为 29.16 亿美元。中国向巴基斯坦的出口潜力为 30.50 亿美元。中国向巴基斯坦出口的商品主要为机电音像设备、纺织品、车辆及运输设备、化工原料及制品、贱金属及其制品等。巴基斯坦向中国出口的商品主要为纺织原料及制品、矿产品、皮革及制品、化工原料及制品、活动物及动物产品等。中国与巴基斯坦在这些产品上的贸易潜力有待进一步开发。

第三类是潜力再造型。2004 年，中国与蒙古和伊朗之间的双边贸易潜力分别为 - 2.91 亿美元和 - 26.34 亿美元，而中国向蒙古和伊朗的出口潜力为 - 0.22 亿美元和 7.26 亿美元。我国向伊朗出口的商品主要是机械设备、轻工产品、矿产品、化工产品、纺织品等工业品。伊朗向我国出口的商品主要为能源、矿产品和农产品等。机电产品和纺织品是中国与伊朗之间贸易的潜力所在。蒙古向中国出口的商品为铜粉、废钢铁和旧轮胎等。中国向蒙古出口的商品为纺织品、粮食、机电产品等。而机电产品、纺织品、粮食和废旧钢铁轮胎等回收性的工业品是中蒙之间的贸易潜力所在。

② 假设蒙古、巴基斯坦、伊朗和印度成为成员国，中国与其贸易潜力

蒙古、巴基斯坦、伊朗和印度现在的身份是上海合作组织观察国。如果该四国成为上海合作组织成员国，其与区域内国家的贸易潜

力将影响其加入上海合作组织的经济意义大小。所以假设该四国
2004 年为上海合作组织成员国，分析中国与其之间的贸易潜力。

表 5—5　假设蒙古、巴基斯坦、伊朗和印度为 SCO 成员国，
2004 年中国与其贸易潜力　　　　　　　　（单位：亿美元）

贸易潜力国家		蒙古	巴基斯坦	伊朗	印度	四国总和
双边贸易	理论值	7.96	117.97	87.06	683.43	896.42
	实际值	6.94	30.61	70.45	136.14	244.14
	潜　力	1.02	87.36	16.61	547.29	652.28
中国出口	理论值	0.55	114.92	45.69	3343.84	3505.00
	实际值	2.33	24.66	25.55	59.36	111.90
	潜　力	-1.78	90.26	20.14	3284.48	3393.1

资料来源：1993～2005 年《中国统计年鉴》，www.indo.com 和 www.imf.com。

　　如表 5—5 所示，假设 2004 年蒙古、巴基斯坦、伊朗和印度四国
为上海合作组织成员国，那么中国与这四国之间将存在比目前更大的
贸易潜力。中国与这四国的双边贸易潜力总和为 652.28 亿美元，中
国向这四国的出口贸易潜力总和为 3393.1 亿美元。当将这四国纳入
上海合作组织区域经济合作框架内时，中国的商品将有巨大的出口市
场。其中，在双边贸易潜力上，中国与印度的潜力最大，为 547.29
亿美元；中国与巴基斯坦的潜力次之，为 87.36 亿美元；中国与蒙
古、伊朗的潜力最小，分别为 1.02 亿美元和 16.61 亿美元。在中国
向其的出口贸易潜力上，也是中国与印度的潜力最大，为 3284.48 亿
美元；中国与巴基斯坦、伊朗次之，分别为 90.26 亿美元和 20.14 亿
美元；中国与蒙古的潜力为 -1.78 亿美元。

　　上海合作组织各成员国与这四国具有很大的贸易潜力，与其合作
将不仅更有利于该区域的政治稳定，而且更有利于区域经济的发展。
另外，根据已有的研究成果，中国对外投资对其对外出口也有影响，
且多数引力模型的实证结果都指明，在区域经济合作组织内，对外直
接投资与对外出口之间的关系是互补的。因此，中国积极开展对外直

接投资将有利于其对外出口的发展。通过资源开发和境外加工贸易等多种形式的对外投资，能发挥中国的比较优势，促进中国经济的发展。

5. 结论

中国不仅与俄罗斯、哈萨克斯坦、吉尔吉斯斯坦、塔吉克斯坦和乌兹别克斯坦等五个上海合作组织成员国之间存在贸易潜力，还与蒙古、巴基斯坦、伊朗和印度等四个上海合作组织观察国之间存在贸易潜力。中国与俄罗斯、印度两国的贸易潜力巨大，在能源、机电和计算机软硬件等商品贸易方面均存在贸易潜力；中国与塔吉克斯坦、乌兹别克斯坦、蒙古和巴基斯坦四国在能源、纺织、机电和化工等商品的贸易潜力有待开发；中国与哈萨克斯坦、吉尔吉斯斯坦和伊朗三国在能源、矿产品、机电产品和农产品等商品的贸易潜力可重新创造。其中，能源合作将拉动中国与这些国家之间的贸易，充分挖掘出贸易潜力。中国与上海合作组织成员国和观察国之间贸易潜力的开发和重新拓展，将有利于中国开拓更加广阔的出口市场，为中国日益增长的商品生产能力寻找到新的出路。贸易潜力分析从实证数据上证实，中国应该与这些国家积极开展区域经济合作，充分开发中国与他们之间的贸易潜力。

对中国与蒙古、巴基斯坦、伊朗和印度四国的贸易潜力分析显示：中国与他们之间存在巨大的贸易潜力；而且当其成为上海合作组织成员国时，中国与他们之间的贸易潜力更大。因此，上海合作组织将其吸收为观察国，不仅有利于该区域的政治稳定，还有利于区域经济的发展。

除此之外，各国应积极开展对外直接投资。这将有利于其对外出口的发展，充分挖掘其相互之间的贸易潜力。通过资源开发和境外加工贸易等多种形式的对外投资，能发挥各国的比较优势，促进各国经济的稳健发展。

（二）动态贸易效应分析

贸易静态效应研究主要关注区域经济合作组织对成员国的当前影响，而动态效应的研究则更加关注其长期发展。贸易动态效应包括市场扩大效应、竞争效应和外来投资促进效应。这三种动态效应都将对成员国经济的长期发展产生重大影响。区域经济合作组织所产生的规模效应、产业竞争力以及区域内合理分工都会对成员国经济产生长远且决定性的影响。上海合作组织的目标绝对不是仅仅在于使成员国产生积极的贸易静态效应，还在于使成员国产生积极的贸易动态效应，对成员国的经济产生长期积极的影响。

1. 市场扩大效应

市场扩大效应是指随着出口市场的扩大，导致贸易规模扩大，从而产生生产和流通的规模效益，带来产业集聚效果。

（1）引力模型实证结果

引力模型实证结果如下所示：

$$\ln(EXPORT_{ejt}) = 1.20 + 0.71\ln(P_{et}P_{jt}) - 0.66\ln(D_{et}) + 0.34\ln(MEST_t)$$
$$\qquad\quad (0.76)\quad(11.37)\qquad\quad(-3.68)\qquad\qquad(10.59)$$
$$(5-10)$$

调整后的可决系数为 0.37。公式下括号中的数值为对应系数估计量的 t 值。

（2）对实证结果的分析

在其他条件不变的情况下，当 t 年中国与 j 国之间的距离增加 1%，其双边贸易量下降 0.66%；其人口乘积增长 1% 时，其双边贸易量增长 0.71%；当中国与区域内成员国的国内生产总值之和增长 1%，其双边贸易量增长 0.34%，即产生了正的市场扩大效应。

由于上海合作组织区域经济合作的开展，区域内各国市场一体化，使中国面临的出口市场规模扩大，提高了中国的出口量。如表 5—6 所示，2003 年中国在上海合作组织框架下的市场扩大效应为 24.36 亿美元，2004 年为 13.18 亿美元。其中，在俄罗斯和哈萨克斯坦两国，中国在上海合作组织框架下的市场扩大效应巨大。2003 年，中国在俄罗斯产生的市场扩大效应为 6.80 亿美元，在哈萨克斯坦产生的市场扩大效应为 13.54 亿美元。中国在这两国所产生的市场扩大效应达到了 20.34 亿美元，占总和的 83.50%。2004 年，中国在俄罗斯产生的市场扩大效应为 9.97 亿美元，在哈萨克斯坦产生的市场扩大效应为 2.42 亿美元。中国在这两国产生的市场扩大效应达到了 12.39 亿美元，占总和的 94.01%。

表5—6　2003～2004年中国在上海合作组织框架下的市场扩大效应

（单位：亿美元）

年度	俄罗斯	哈萨克斯坦	吉尔吉斯斯坦	塔吉克斯坦	乌兹别克斯坦	总和
2003	6.80	13.54	2.43	0.21	1.38	24.36
2004	9.97	2.42	0.54	0.06	0.19	13.18

资料来源：历年《中国统计年鉴》，www.indo.com 和 www.imf.com。

　　随着上海合作组织在区域经济领域合作的开展，中国扩大了向俄罗斯、哈萨克斯坦、吉尔吉斯斯坦、塔吉克斯坦和乌兹别克斯坦五国的出口。2002～2004年中国向上海合作组织各成员国的出口情况如表5—7所示。

表5—7　2002～2004年中国向上海合作组织其余五国出口额

（单位：亿美元）

年度	指标	俄罗斯	哈萨克斯坦	吉尔吉斯斯坦	塔吉克斯坦	乌兹别克斯坦	总和
2002	出口额	35.2074	6.001	1.4616	0.065	1.0437	43.7787
2003	出口额	60.2993	15.719	2.4516	0.2081	1.4678	80.1458
	增长率（%）	71.27	161.94	67.73	220.15	40.63	83.07
2004	出口额	90.9812	22.1181	4.9274	0.5356	1.7244	120.2867
	增长率（%）	50.88	40.71	100.99	157.38	17.48	50.08

资料来源：历年《中国统计年鉴》。

　　2003年，中国向俄罗斯、哈萨克斯坦、吉尔吉斯斯坦、塔吉克斯坦和乌兹别克斯坦的出口总额为 80.1458 亿美元。以 2002 年出口额为基期，出口增长率均在 40% 以上。其中最高是中国向塔吉克斯坦的出口增长率，为 220.15%；最低为中国向乌兹别克斯坦的出口增长率，为 40.63%。其中，中国向俄罗斯和哈萨克斯坦的出口额最高，分别为向俄罗斯的出口 60.2993 亿美元，向哈萨克斯坦的出口 15.719 亿美元。中国向这两国出口，不仅出口额大，而且增长率高。以 2002 年为基期，中国向俄罗斯出口的增长率为 71.27%，中国向哈萨克斯坦出口的增长率为 161.94%。这也从侧面证明了中国在俄罗斯和哈萨克斯坦两国所产生的市场扩大效应大。

2004 年，中国向五国的出口总额为 120.2867 亿美元。以 2003 年为基期，出口增长率处于 17.48% 到 100.99% 之间。其中，最高为中国向吉尔吉斯斯坦的出口增长率，为 100.99%；最低为中国向乌兹别克斯坦的出口增长率，为 17.48%。其中，同样是中国向俄罗斯和哈萨克斯坦的出口额最高，分别为向俄罗斯的出口 90.9812 亿美元，向哈萨克斯坦的出口额为 22.1181 亿美元。以 2003 年为基期，中国向俄罗斯出口的增长率为 50.88%，中国向哈萨克斯坦出口的增长率为 40.71%。

从 2003~2004 年的市场扩大效应看，上海合作组织在区域经济领域合作的有效开展，扩大了中国的出口市场，为中国的商品寻找到了新的出口市场。中国在上海合作框架下产生的市场扩大效应，有助于中国出口贸易的长远发展。

2. 竞争效应

竞争效应，是指由于区域内的贸易自由化，区域内成员国为了使本国出口产品在区域内具有竞争优势，处于垄断地位，相互之间开展竞争。成员国的出口部门为了在区域内保持垄断地位，迫于国际市场的压力会不断加大研发力度，提高生产效率，降低生产成本，改进产品质量。区域内效率低下的出口部门将放弃生产，转而由区域内生产效率最高的一国出口部门生产并出口，使区域内成员国之间按照比较优势进行分工，形成规模经济。最终，竞争效应将使某一成员国处于垄断地位的产业，不仅在区域内具有竞争优势，而且可能在全球范围内都具有竞争优势。这有利于区域内各成员国经济的长远发展。

在上海合作组织框架下，区域内贸易将进一步自由化。由于竞争效应，区域内资源得到优化配置，逐步形成规模经济。在垄断竞争市场中，来自区域内其他成员国的竞争使市场垄断程度下降。国内垄断厂商为了保持垄断地位，不断进行技术改进和创新，提高本国的竞争力，在区域内形成竞争优势。在不完全竞争且存在规模经济的市场中，随着产出的增加，平均成本下降，所形成的规模经济使该国内垄断厂商生产的产品相对于进口品而言，其竞争力不断加强，在该区域内处于垄断地位。最终，该国垄断厂商有可能最终在全球范围内处于垄断地位。

相对于俄罗斯、哈萨克斯坦、吉尔吉斯斯坦、塔吉克斯坦和乌兹别克斯坦而言，目前中国在机电产品、交通机械设备和纺织品等产品上已经具有竞争优势，这为中国在区域内取得垄断地位创造了条件。在市场开放的情况下，中国只要在技术上不断创新，重视科研投入，使这些产业继续保持领先地位，就可以获取上海合作组织区域内的长期垄断地位。长期在区域内保持竞争优势，处于垄断地位，将使中国在这些产业的生产上形成规模经济。在区域内长期处于优势地位，将使这些产业最终在世界范围内具备竞争优势。

因此从长期看，竞争效应将不断促进上海合作组织成员国相互之间积极竞争，使各产业在区域内产生规模效应，进而在全球范围内具有竞争优势，提高各成员国的产业竞争力，为其经济的长期发展提供空间。

3. 外来投资促进效应

外来投资促进效应是指随着区域统一市场的形成，来自国外的投资将会促进区域内垄断行业的竞争，提高生产效率，进而提高出口量。

引力模型的实证结果如下所示：

$$\ln(EXPORT_{cjt}) = -4.32 + 0.44\ln(Y_{ct}Y_{jt}) + 0.58\ln(P_{ct}P_{jt}) - 0.80\ln(D_{cj}) + 0.38\ln(INVEST_{jct})$$
$$(-2.44) \quad (10.11) \qquad (19.59) \qquad (-4.14) \qquad (7.84) \quad (5-11)$$

调整后的可决系数为 0.61。公式下括号中的数值为对应系数估计量的 t 值。

在其他条件不变的情况下，在 t 年当中国与 j 国之间的距离增加 1%，其出口量下降 0.80%；其国内生产总值乘积增长 1% 时，其出口量增长 0.44%；其人口乘积增长 1% 时，其出口量增长 0.58%；当 j 国向中国的投资增长 1% 时，其出口量增长 0.38%。实证结果表明，外来投资促使了中国具有竞争优势的垄断产业进一步提高了生产率，进一步提高了竞争优势。

俄罗斯、哈萨克斯坦、吉尔吉斯斯坦、塔吉克斯坦和乌兹别克斯坦五国通过向中国进行外商直接投资和外商其他投资，增加了中国在出口产品上的生产能力，提高了出口量。由于 2002～2004 年塔吉克斯坦对华投资为 0，2003 年乌兹别克斯坦对华投资为 0，因此表 5—7 中并没有给出塔吉克斯坦和乌兹别克斯坦对中国产生的外来投资促进效应。2003～2004 年，中国在上海合作组织框架下产生的外来投资效应如表 5—8 所示。

表 5—8　2003～2004 年中国在上海合作组织框架下的外来投资促进效应

（单位：亿美元）

外资来源国	俄罗斯	哈萨克斯坦	吉尔吉斯斯坦	五国总和
2003	8.04	-6.22	1.22	9.06
2004	30.50	8.98	1.97	40.64

资料来源：《中国统计年鉴》，www.indo.com 和 www.imf.com。

实证结果显示，将俄罗斯、哈萨克斯坦、吉尔吉斯斯坦、塔吉克斯坦和乌兹别克斯坦五国作为一个整体，2003～2004 年对中国产生的外来投资促进效应分别为：2003 年为 9.06 亿美元，2004 年为 40.64 亿美元。俄罗斯对中国产生的外来投资促进效应分别为：2003 年为 8.04 亿美元，占总和的 88.74%；2004 年为 30.50 亿美元，占总和的 75.05%。俄罗斯对华投资的主要项目为核电、汽车、农机组装、化工、建材、能源和基础设施等，均有力地促进了中国在这些行业竞争力的提高。

目前从总体上来看，外来投资的主要项目为劳动密集型产业。在外来投资促进效应的作用下，中国在服装、鞋帽、纺织品和简单加工组装等产业的竞争力已经得到提高。中国出口商品主要为机电产品、纺织品、瓷器、家具和灯具等劳动密集型商品。

能源投资和基础设施项目作为今后上海合作组织区域内投资的重点，将推动中国在能源加工和机械设备等产业上的竞争力进一步提高。假以时日，中国在能源加工和机械设备等产业上，将不仅在上海合作组织区域内，而且在全球范围内都具有竞争优势。

4. 结论

从 2003～2004 年的市场扩大效应看，中国在俄罗斯、哈萨克斯坦、吉尔吉斯斯坦、塔吉克斯坦和乌兹别克斯坦五国所取得的市场扩大效应均为正。区域经济领域实质性合作的有效开展，扩大了中国的出口市场，为中国的商品寻找到了新的出口市场，有助于中国出口贸易的长远发展。竞争效应在长期将不断促进上海合作组织成员国之间相互积极竞争，使各产业在区域内产生规模效应，进而在全球范围内具有竞争优势，提高各成员国的产业竞争力，为其经济的长期发展提供空间。中国在上海合作组织框架下的外来投资扩大效应总和为正，外来投资提高了中国出口能力，促进了中国的经济发展。能源投资和基础设施项目作为今后上海合作组织区域内投资的重点，将推动中国在能源加工和机械设备等产业上的竞争力进一步提高。

从长远看，上海合作组织在区域经济领域的积极合作促进了中国经济的长期稳健发展。中国在区域内具有竞争优势的产业，按照比较优势进行了合理分工，中国在能源加工和机械设备等产业上，在全球范围内都将具有竞争优势。中国在上海合作组织框架下所产生的动态贸易效应，与静态贸易效应相区别，从长远角度分析了上海合作组织对中国产生的影响。

（三）对实证分析结果的总体认识

上海合作组织在反恐、军事、政治和经济方面开展了广泛的合作，取得了令人瞩目的成绩。在互信、互利、平等、协商、尊重多样文明、谋求共同发展的"上海精神"指引下，上海合作组织终于在区域经济合作领域进入了实质性的阶段。地理上的毗邻、经济上的互补和能源上巨大的合作潜力，都使上海合作组织具有开展区域经济合作的必要性和必然性。

　　静态贸易效应和动态贸易效应的实证分析表明：上海合作组织在区域经济领域的合作有利于推动成员国贸易的开展。实证分析证明在上海合作组织框架下，中国产生了贸易创造效应和贸易转移效应。上海合作组织促进了中国与俄罗斯、哈萨克斯坦、吉尔吉斯斯坦、塔吉克斯坦和乌兹别克斯坦之间双边贸易的增长，产生了贸易创造效应，提高了中国的福利。在仅研究中国的情况下，上海合作组织产生了贸易转移效应。贸易转移效应表明上海合作组织降低了世界福利。但是对上海合作组织各成员国而言，却是提高了各成员国的福利。这有利于为区域内成员国扩大出口市场以及形成规模效应创造条件，加强区域内各成员国的经济发展和相互依赖，有助于上海合作组织在经济贸易领域的进一步合作。

　　在净贸易效应方面，从全球视角看，虽然在近期，如同其他发展中国家之间建立的区域经济合作组织一样，中国在上海合作组织框架下的贸易净效应为负值，贸易转移效应大于贸易创造效应，降低了全球福利。但是，从长期来看，在区域经济方面，只要上海合作组织按照目前的态势继续发展下去，中国在上海合作组织框架下所产生的贸易净效应将会为正，从而提高全球福利。

　　在动态贸易效应方面，中国在上海合作组织框架下产生了正的市场扩大效应、积极的竞争效应和正的外来投资扩大效应。

　　在市场扩大效应的作用下，上海合作组织在区域经济领域实质性合作的有效开展，扩大了中国的出口市场，为中国的商品寻找到了新的出口市场。积极的竞争效应不断促使上海合作组织各成员国之间相互积极竞争，使各产业在区域内产生规模效应，具备了竞争优势。相对于俄罗斯、哈萨克斯坦、吉尔吉斯斯坦、塔吉克斯坦和乌兹别克斯坦而言，目前中国在机电产品、交通机械设备和纺织品等产品上已经具有竞争优势，这为中国在区域内取得垄断地位创造了条件。在市场开放的情况下，中国只要在技术上不断创新，重视科研投入，使这些产业继续保持领先地位，就可以获取上海合作组织区域内的垄断地位。长期在区域内保持竞争优势，处于垄断地位，将使中国在这些产业的生产上形成规模经济。在区域内长期处于优势地位，将使这些产业最终在世界范围内具备竞争优势。外来投资促进效应提高了中国服装、鞋帽、纺织品和简单加工组装等产业上的竞争力。而能源投资和基础设施项目作为今后上海合作组织区域内投资的重点，将推动中国在能源加工和机械设备等产业上的竞争力进一步提高。动态贸易效应的实证分析表明了中国在上海合作组织框架下的贸易效应的长期发展态势。市场扩大效应、竞争效应和外来投资促进效应都有效促进了中国对外贸易的发展。

区域经济合作组织所包括的国家越多，其所产生的贸易创造效应越大。其贸易创造效应就越可能大于贸易转移效应，即贸易净效应越可能为正，从而提高全球福利。从 2004 年开始，蒙古、巴基斯坦、伊朗和印度四国先后被吸收为上海合作组织观察国。通过贸易潜力预测分析显示：中国不仅与俄罗斯、哈萨克斯坦、吉尔吉斯斯坦、塔吉克斯坦和乌兹别克斯坦等五个上海合作组织成员国之间存在贸易潜力，还与蒙古、巴基斯坦、伊朗和印度等四个上海合作组织观察国之间存在巨大的贸易潜力。中国与俄罗斯、印度两国的贸易潜力巨大，在能源、机电和计算机软硬件等商品贸易方面均存在贸易潜力；中国与塔吉克斯坦、乌兹别克斯坦、蒙古和巴基斯坦四国在能源、纺织、机电和化工等商品的贸易潜力有待开发；中国与哈萨克斯坦、吉尔吉斯斯坦和伊朗三国在能源、矿产品、机电产品和农产品等商品的贸易潜力可重新创造。能源将成为拉动上海合作组织成员国以及观察国之间贸易发展的推动器。在假设蒙古、巴基斯坦、伊朗和印度四国将在未来成为上海合作组织成员国的情况下，中国与其的贸易潜力变得非常巨大。因此，上海合作组织将蒙古、巴基斯坦、伊朗和印度吸收为观察国，不仅更加有利于该区域的政治稳定，还更加有利于区域经济的长远发展。

在吸收蒙古、巴基斯坦、伊朗和印度为上海合作组织观察国的基础上，将更多地存在贸易潜力的国家纳入上海合作组织框架下的区域经济合作，将更加有利于上海合作组织区域内经济的长期发展。

第四节　推进上海合作组织区域经济 合作的对策性思考

中国积极推进上海合作组织区域经济合作；不仅对中国具有极其重要的政治、经济和军事意义，而且对其他成员国的经济发展具有重要的促进作用，还能够通过经贸合作的加强进一步密切中国与这些国家的关系。下面就结合中国在推进上海合作组织区域经济合作中遇到的一些具体问题，从政府和企业两个层面，来探讨中国推进上海合作组织区域经济合作的措施。

一、中国在推进上海合作组织区域经济合作中存在的 问题

中国政府把"引进来"和"走出去"紧密结合起来，与上海合作组织成员国开展了双边、多边和民间等多种渠道的经济、贸易和投资领域的合作。这些合作在取得业绩的同时，也存在着一些问题。总的来看，中国与这些国家的经济合作仍处于自发投资、零散寻求合作、缺乏集团行动等为主要特征的起步阶段，不能满足中国加快经济发展的需求。其存在的主要问题具体表现在以下五个方面：

（一）中国与上海合作组织其他成员国的贸易结构亟待改善

通过中国与俄罗斯和中亚四国关系的分析我们可以看到，中国与上海合作组织其他成员国的贸易总额虽然在这几年有了大幅度增长，但是相对于中国与其他国家或地区如东盟的经济合作，其总额仍有差距。并且，中国与这些国家的主要贸易方式仍然是一般贸易，边境贸易虽然有所发展，但是在双边贸易中，中国与某些国家如俄罗斯一直处于贸易逆差状态，且随着贸易额的上升，逆差也有进一步扩大的趋势。而这一贸易逆差的产生，主要是由于中国与这些国家进出口商品结构的特点及进口量所造成的。目前，中国与俄罗斯及中亚四国的进出口贸易仍以劳动密集型和资源密集型产品为主，中国对这几个国家出口的大类商品仍集中在服装、鞋类、纺织品、家电及消费类电子这

几类，而这几个国家对华出口仍以原材料和资源性产品为主，如原油及成品油、原木、钢材、有色金属、矿砂、纸浆等。尽管近几年中国与俄罗斯和中亚四国的双边贸易发展迅速，规模不断扩大，但是双边贸易结构单一的情况仍然未能得到根本改善，大规模、深层次的合作格局仍未形成。

（二）政府和企业对上海合作组织区域经济合作的认识不充分，缺乏战略眼光

地方政府对与上海合作组织成员国开展经济合作的潜力和发展战略的重要性认识不够，缺乏总体安排，没有明确的区域经济合作发展战略。从目前的情况来看，除了中国新疆地区与上海合作组织其他成员国的经贸合作比较活跃以外，中国的其他地区对在上海合作组织框架下开展与周边国家的经贸合作都不甚积极。而且，目前新疆地区与俄罗斯和中亚四国的合作也主要集中在能源领域，其他领域的合作相对较少，缺乏全局考虑。

同时，企业对上海合作组织区域经济合作的重要性认识也不足，导致其境外发展目标不明确，投资与经贸合作项目缺乏科学论证。在目前参与上海合作组织经贸合作的企业中，"小、散、乱"的问题比较突出，难以形成规模化投资。企业运作的大部分项目技术含量低、投资少、竞争力低，产品虽然比较有"特色"，但是"绿色"不足。企业技术装备差、生产和科研能力弱、产品竞争力小，遏制了企业综合实力的提升，导致出口产品附加值低，这些因素成为制约中国企业开拓国际市场的"软肋"。而且，与上海合作组织开展区域经济合作的企业多为能源和农业领域合作，并且多为国有企业，缺乏民间社会资本参与。然而，国有企业由于长期受政府的关税和非关税措施保护，缺乏全球化战略意识、国际竞争意识和参与国际合作的经验，经营理念、经营方法和涉外能力都难以适应国际竞争的需要，缺乏熟练运用 WTO 规则的高层次经营管理人才。

（三）企业对合作国的信息掌握不充分，缺乏沟通与合作精神

中国企业在与上海合作组织其他成员国开展经贸合作的过程中，对合作国缺乏整体认识，没有正规渠道和权威机构发布市场供求信

息，大多数企业对合作国市场信息了解不够，境外投资有一定的盲目性，并且在纠纷发生后，缺乏必要的解决机制。目前在与上海合作组织其他成员国的对外经济活动领域，虽然出现了大量的中小企业，且经济合作也取得了一定成效，但是由于这些企业一般资金实力不强且缺乏从事国际贸易的经验，同时中国企业和人员对这些国家有关贸易和投资法规以及各种商业信息的了解不够，导致中国与这些国家的企业之间产生了大量的债务纠纷。由于中亚四国处于经济转轨时期，国内缺乏必要的政策保障和约束机制，这些国家企业拖欠款的现象比较严重，且难以得到有效解决，这不仅加大了中国企业的经营风险，而且在一定程度上影响了双方企业的贸易和投资合作。

另外，在合作国市场上，中国企业之间也缺乏沟通意识与合作精神，各自为战，甚至出现恶性竞争，甚至有一些地方政府也暗中支持，尤其是在一些较大的矿产资源开发项目上，争夺更为激烈。这种恶性竞争不仅使中国企业自身利益受损，而且也导致合作国趁机抬高价格。

（四）企业对外合作过程中缺乏配套的制度和法律保障

从目前参与上海合作组织区域经济合作的企业来看，大部分仍然是国有企业，而民营企业比较少。这一方面是因为国有企业实力比较雄厚，有中国政府作为后盾；另一方面也是因为中小企业在开展对外经贸合作过程中，抗击风险的能力较弱，缺乏必要的配套制度和法律保障。这主要表现在三个方面：（1）缺乏有效的融资渠道。中国企业到境外投资时，从本国国内银行融资就十分困难，要从合作国获得贷款就更难，因此从这一点看，中国银行的驻外机构没有很好地负担起帮助企业融资的任务。（2）缺乏法律保障和政策支持。从中央政府到各级地方政府，都还没有建立起一套有关海外投资的贷款、担保、保险等方面的法律和政策体系，而且政府对外投资审批手续繁琐，外汇管理过严。（3）政府对与上海合作组织其他成员国开展经济合作还缺乏系统的研究和统筹安排，对在何领域、何产业方面开展合作缺乏法律和政策引导，更缺乏体制保证、机制推动和政策鼓励。

（五）拓展周边国家区域市场的大环境还没有形成

拓展周边国家区域市场的大环境还没有形成，这主要体现在三个方面：一是中国与上海合作组织成员国的文化交流不强，各界对中国和其他成员国的文化、宗教等异质性缺乏包容理解心态。二是基础设施不够完备，特别是边境城市的基础设施建设还比较落后，不能适应发展的需要。从城市功能上来看，主要是还难以很好地为对方发挥边境口岸的功能、发挥边境贸易市场中心的功能、发挥中外交通运输枢纽中心的功能、发挥边境城市的城市功能及为城市功能的扩充与升级提供必要的前提与支持。当然，这种前提与支持是互动的，也是互为动力的，但我国民族地区边境城市在这方面的主动性亟待加强，否则，一方面会不断制约合作与发展的步伐；另一方面，即使大的机遇降临，也会措手不及而无法把握。三是教育和科研部门主动与之相适应的发展意识还不强，人才支持、科研成果的储备都严重不足。

二、积极推进上海合作组织区域经济合作的对策性思考

中国是上海合作组织的发起国和重要成员国，中国推进上海合作组织区域经济合作，不仅符合中国奉行的"以邻为善、以邻为伴"的外交方针，有利于改善和稳固中国与俄罗斯及中亚四国的关系，而且符合中国经济可持续发展的需要，有利于缓解面临的日益严峻的国内空间不足和国际贸易摩擦加剧问题。中国在参与上海合作组织区域经济合作过程中，要切实贯彻胡锦涛同志 2007 年 8 月在上海合作组织成员国元首理事会第七次会议上对该组织区域经济合作发展的建议，要努力把该地区建设成一个持久和平、共同繁荣的和谐地区。

（一）中国政府推进上海合作组织区域经济合作的措施

上海合作组织作为中国构筑地缘战略体系的重要部分，中国政府应该站在战略高度，依据国家发展战略，从整体利益出发，转变观念，切实重视开展区域经济合作对我国经济可持续发展的重要作用，加强引导，尽快完善区域经济合作的相关政策，建立起相应的制度和法律体系，制定对外经济合作指南，建立通畅的经济信息服务网络，同时加快基础设施建设和人才培养，促进文化交流，奠定企业开展区

域经济合作的基础。

1. 树立战略观念，重视开展区域经济合作对我国经济实现长期可持续发展的重要作用

在当前消费需求对经济增长的拉动作用有限和传统出口市场贸易摩擦不断加剧情况下，加强我国与其他国家和地区区域经济合作，不失为解决我国经济长期可持续发展的市场问题的一个可行途径。在国家力量主导下，一体化的区域经济把全球市场内部化为区域市场，不仅有利于我国与区域内部成员国实现优势互补，有效地实现规模经济，以经济合作带动成员国经济的共同发展，消除某些国家对中国经济稳定飞速增长的担忧，而且也为我国经济的可持续发展提供了更大的市场空间，有利于我国经济发展方式的转变和减少对发达国家的依赖，同时，也有利于中国企业在后 WTO 时代拥有更强大的竞争力。因此，我国不仅要积极推动上海合作组织的区域经济合作，还要积极推动中国与其他周边国家如日本、印度等国的全方位区域经济合作。

2. 切实加强政府引导，扎实推动与俄罗斯和中亚四国的区域经济合作

经济全球化和区域经济合作已是当今世界经济发展的两大潮流，而且积极推进与上海合作组织其他成员国的区域经济合作对中国具有重大的战略意义。近年来，随着中国与俄罗斯和中亚国家政治关系不断密切，在国家高层领导的不断推动下，双方的经贸合作关系也日益密切，经贸合作发展迅速。我国与上海合作组织其他成员国的双边贸易、经济技术合作和投资合作都保持着稳定增长的态势，并且合作的质量在逐步提升，规模在不断扩大，边境贸易正朝着规范化、规模化方向快速发展。在这种形势下，中国各级地方政府应该逐步转变观念，从战略的高度充分认识到，在国际合作中获取经济发展所需的资源是一项战略性选择，把发展能源、矿产资源、旅游、农业合作等作为对外开放和产业结构调整的重要方向，加强政策引导，增加投入比重，调动社会各方力量整合经济资源，使产业发展速度显著加快。

各级地方政府应该在中央政府的领导下，认真学习和贯彻"上海精神"，建立相应的领导机构，明确具体工作任务，落实人员和经

费，使区域经济合作从组织上和经费上得到保证。各级地方政府之间也要加强沟通和协作，不仅要加紧完善合作机制，拓宽合作领域，增强合作实效，做到通力配合，相互合作、相互协作，形成合力，而且也要及时研究、分析、解决区域经济合作中存在的困难和问题，最大限度地创造合作的条件和环境。第一，要组织力量研究上海合作组织其他成员国的产业政策，科学合理地制定政府与其他成员国政府之间长期合作发展的战略规划，明确合作的思路、目标、重点和扶持政策，把双边经济发展规划与区域经贸合作规划有机结合起来，把优势产业区域布局规划与区域经贸合作有机结合起来，把产业化发展目标与区域经贸合作的重大项目结合起来，适时调整投资结构，扩大投资与合作的范围，认真做好出口商品基地和重大合作项目建设的可行性论证，全面推进合作向深度和广度发展，采取铁腕措施开拓投资、消费和出口的国内外两个市场；第二，要组织力量认真研究对上海合作组织其他成员国的资源开发利用、经贸合作发展等战略性问题，并积极规划和组织实施好。①

总之，中央政府要加强对区域经济合作的引导，地方政府也应该结合本地区的产业发展方向和资源需求状况，制作出适合本地区经济发展需要的投资产业指导目录，确定本地区对外经济合作的方向、重点领域或项目以及中长期的发展目标，并制定具有前瞻性和指导性的政策意见和可操作的措施安排。

3. 尽快完善区域经济合作的相关政策，建立相应的制度和法律保障体系

从目前的情况看，中国现行的审批制度并不能很好地适应与上海合作组织其他成员国开展全方位区域经济合作的要求，外汇管理制度也不能满足当前形势的需要，而且企业的对外经济合作战略并不是很明确。因此，中国应该加快经济体制改革，尽快完善相关政策，积极主动与 WTO 贸易体制接轨。

---

① 顾华详：《制约我国民族地区与周边国家开展区域经济合作的主要因素及对策》，《贵州民族研究》2007 年第 2 期。

中央政府要加大对地方政府开展区域经济合作项目的资金投入，支持地方与上海合作组织其他成员国尽快实现由低层次的边境旅游购物、边民互市向高层次的区域经济合作发展，实现推动双方经济的互补性发展和产业结构的优化。

地方政府要尽快地制定出本地区对外开放的战略性行动计划和支持企业"走出去"的鼓励政策，建立和完善相应的制度和法律体系，如完善在合作国市场投资的法规和保险制度，对企业加强政府资金支持，包括对企业贷款进行担保、对重点企业进行扶持等。政府在积极推动企业"走出去"的同时，也要积极争取完善本地区的基础设施，加强政府透明度，建立起良好的投资环境，将合作国的企业"引进来"。

4. 制定对外经济合作指南，建立通畅的经济信息服务网络

中央政府要抓住机遇，积极扩大中国与上海合作组织其他成员国区域经济合作的规模，增加合作项目，广泛、深入地了解合作国经济发展所需要投资的领域和项目，与合作国政府共同商定和谐统一的经济发展计划。

各级地方政府在切实落实中央经济发展计划的同时，要责成有关部门抓紧研究编制适合本地区发展的对外经济合作项目指南，并建立专门与合作国对口联系的部门，通过双方政府间的沟通与合作，定期向企业发布短期、中长期投资导向指南。这可以以各级地方计委、发改委为牵头单位，以现有的信息网络为基础，加大投资力度，更新技术设备，建设以省会城市为中心、覆盖全国的经济发展信息服务网络，通过对合作国经济发展情况的系统分析，建立专门的投资咨询机构，为企业提供合作国经济发展的市场需求、价格变动、政策法规动态信息和市场行情等方面的服务，降低企业对外投资的风险。

5. 加快基础设施建设和人才培养，为开展区域经济合作奠定基础

中国与俄罗斯和中亚四国大多有铁路、公路或水路相通，在地理位置上具有同这些国家开展对外贸易和经济合作的地缘优势。例如，

新欧亚大陆桥全线开通以后，将为中国与这些国家进行商品贸易提供最短、最佳的运输路线，大大降低运输成本。但是，由于中国与俄罗斯、中亚接壤的地区多为偏远落后地区，这些地区的通道、口岸和物流中心等基础设施建设水平还比较低，难以适应开展区域经济合作的需求。然而，交通是通商的前提，这个"瓶颈"问题不解决，中国与上海合作组织成员国之间的区域经济合作必将受到制约。因此，中国政府应该加快基础设施特别是运输线路的建设，奠定开展区域经济合作的基础。

第一，政府应该树立现代陆桥经济新观念，除建设交通基础设施外，还应规划建设与交通干线配套的高速通道；进一步加快国际客流、物流大通道建设速度，重点推进与合作国的国际铁路、国际公路、主要城市间的国际航线开辟等项目的建设；积极发展沿国际交通干线的经济走廊，形成人流、物流、信息流、技术流的国际综合大通道。第二，要重视提升口岸办协调管理能力，及时修改完善不适应我国民族地区与周边国家加强区域经济合作的边境管理地方性法规，提高通关效率，尽快把国家一、二类口岸建成全天候贸易便利化口岸。第三，大力提升通道、口岸和物流中心的信息化水平，改善口岸的联检、仓储、换装、停车、通信、食宿等服务设施，使其适应不断扩大的经济贸易合作和旅游业发展的需要。第四，加快建设以省会城市的物流园为核心，加快大型物流基地建设，努力将省会城市建成中国面向周边国家的现代物流中心，带动客流、资金流的发展，优化经济合作的基础。①

在加强基础设施建设的同时，要积极调动各方力量，加快培养有跨国开展区域经济合作能力的各类人才。中国与上海合作组织的区域经济合作，涉及面广、专业性强，需要一大批有较高外语水平、技术水平、管理能力和对 WTO 规则能够进行实际操作的人才。目前，在上海合作组织成员国中，吉尔吉斯斯坦已加入 WTO，哈萨克斯坦、

---

① 顾华详：《制约我国民族地区与周边国家开展区域经济合作的主要因素及对策》，《贵州民族研究》2007 年第 2 期。

乌兹别克斯坦、塔吉克斯坦都在积极申请加入世贸组织，俄罗斯也即将成为世界贸易组织成员方。这不仅要求中国企业在与这些国家进行经贸合作时要规范操作和经营，而且也对人才培养提出了更高的要求。各级地方政府和有关高校要加强对小语种人才、通关人才、金融人才、管理人才、法律人才、会计人才、中介机构人员和专业技术人员的培训，同时重视通过多渠道的培训与引进，加强双边人员往来和人才交流，大力引进能够运作 WTO 规则的人才、具有跨国经营管理经验的高级人才，积极创造条件，为企业引进人才牵线搭桥，搞好服务，优化人力资源配置。

（二）中国企业应对上海合作组织区域经济合作的举措

政府在加强对企业引导的同时，企业自身也要转变观念和经营机制，充分利用政府资源，掌握市场信息，实施企业集团化发展，建立战略联盟，提高企业的综合竞争力，减少区域经济合作中的风险。

1. 企业转变观念和经营机制，建立战略性发展意识

中国企业参与上海合作组织区域经济合作的过程中，一些传统的认识和观念仍制约着企业"走出去"的发展战略，甚至有一些企业只注重对外贸易扩大带来的经济实效而并未将对外直接投资纳入到企业发展战略中来。而事实上，对外直接投资可以充分利用国内、国外两个市场，更好地配置国内、国外资源，有利于扩大内需，拉动经济增长，因而对外直接投资不仅是在更高层次上实行对外开放和国际分工的战略需要，也是推动产业升级，实现国民经济持续快速协调健康发展的需要。

在这种新形势下，中国企业迫切需要转变观念。首先，是要加强对上海合作组织其他成员国的认识。一是要加强对其他成员国经济发展水平的总体认识。俄罗斯和中亚国家独立十多年来，随着国内经济形势的好转和经济发展水平的提高，商品短缺现象已基本消除，各国市场需求的结构和消费层次也发生了变化。在这种情况下，中国应该采取贸易与投资齐头并进的合作方式，在扩大与各国贸易总量提升贸易品层次的同时，也应该积极推进对外直接投资的进行。二是要加强对其他成员国法律法规的了解。尽管这些国家因处于经济转轨时期有

些法律法规不是很完备，但是中国已成为世界贸易组织的成员国，且其他成员国也都在加快加入 WTO 进程，双边贸易也在逐步过渡到国际规范上来，因此中国企业要加强对这些国家法律法规的认识，做到合法经营。

其次，中国企业应重视转变经营机制。在开拓这一市场的过程中，中国的许多国有企业因经营体制不能适应这些经济转轨国家的特点，逐渐退出了市场。在加入世贸组织以后，国有企业机制的不适应性表现得更加明显，而民营企业和个体企业却异军突起，在这一市场中逐渐生存下来并有所发展。从这一情况中我们看到，企业在开展对外经济合作的过程中，必须采取适应市场经济发展的机制才能在激烈的国际竞争中获得一席之地。

2. 实施企业集团化发展，建立战略联盟，提高企业的综合竞争力

企业在有效利用政府扶持的同时，也要通过资本向关键领域集中实现行业"龙头"企业的快速发展，并通过股份制改革和大型企业调整重组来实现"龙头"企业股权多元化，将之做大做强，加快培育具有国际竞争力的企业主体。同时，采取收购、控股、参股、兼并、租赁等形式，通过国际资本运营，广泛吸引国内和区域内的民间资本和区域外资本的参与，形成面向上海合作组织区域经济合作的大企业集团。

企业在将集团做大做强的同时，要实施战略联盟策略，避免过度的价格竞争和贸易条件的恶化。要尽量走多边合作的路子，以"龙头"企业为依托，适当地与所在国的企业合资合作，或与西方国家信誉度较好的企业合作。通过多边的联合与协作，进一步整合发展资源，建立起以市场为导向、以资产为纽带、以优势企业为龙头的发展机制，提高企业的综合竞争力。

3. 加强对政府资源的利用，充分掌握合作国信息，减少合作风险

政府为了促进企业积极参与上海合作组织区域经济合作，采取了各种措施。这不仅包括政策的引导、基础设施的完善和人才的培养，

还包括投资指南的制定、信息网络的建立以及相应的制度和法律的建立，如进一步完善在合作国市场投资的法规和保险制度，对企业加强政府资金支持，包括对企业贷款进行担保、对重点企业进行扶持等。因此，企业要充分利用政府资源，充分掌握对外经济合作国的信息，从而明确投资方向，减少交易成本，避免盲目投资带来的经济损失。

参考文献

1. ［以］埃尔赫南·赫尔普曼、［美］保罗·R. 克鲁格曼：《市场结构和对外贸易》，上海三联书店 1993 年第 5 版。

2. 奥利格·西多罗夫：《上海合作组织成员国的地缘政治利益与前景》，《国际问题研究》2006 年第 3 期。

3. 安烨、李秀敏、张立学：《贸易引力模型对东北亚五国的施政检验及贸易潜力分析》，《长春金融高等专科学校学报》2005 年第 4 期。

4. 伯纳德·霍克曼、迈克尔·考斯泰基：《世界贸易体制的政治经济学》，法律出版社 1999 年第 1 版。

5. 白当伟、陈漓高：《区域贸易协定的非传统收益：理论、评述及其在东亚的应用》，《世界经济研究》2003 年第 6 期。

6. 布瑞恩·麦克唐纳：《世界贸易体制》，上海人民出版社 2002 年版。

7. 曹和平、周鉅乾：《中国东盟自由贸易区成长五阶段预测与分析》，《云南大学学报》2006 年第 2 期。

8. 陈康：《中国—东盟自由贸易区及其经济效应分析》，《国际商务研究》2005 年第 5 期。

9. 陈泰锋、贺剑瑜：《与多边贸易体制并行——区域经济合作的新动向》,《世界贸易组织动态与研究》2005 年第 7 期。

10. 曹建明、贺小勇:《世界贸易组织》,法律出版社 2004 年版。

11. 陈秀莲:《产业转移与区域经济集团》,《大经贸》2006 年第 3 期。

12. 程惠芳、阮翔:《用引力模型分析中国对外直接投资的区位选择》,《世界经济》2004 年第 11 期。

13. 崔暨:《积极推动上海合作组织建立地方合作机制》,《当代世界》2006 年第 5 期。

14. 崔颖:《上海合作组织的区域经济合作研究——兼论中国的地位和作用》,2006 年暨南大学博士学位论文,第 26 页。

15. 狄湛、任飞:《上海合作组织区域经济一体化初探》,《俄罗斯中亚东欧市场》2005 年第 1 期。

16. 杜亚平:《中国与中亚区域经济合作的前景分析》,《亚非纵横》2004 年第 4 期。

17. 汉斯·J. 摩根索:《国家间政治——寻求权力与和平的斗争》,徐昕、郝望、李保定译,中国人民公安大学出版社 1990 年第 1 版,第 223 页。

18. 高飞:《上海合作组织研究综述》,《俄罗斯中亚东欧研究》2004 年第 4 期。

19. 高永久:《中国新疆周边地区非传统安全问题及其特征》,《新疆社会科学》2005 年第 3 期。

20. 顾华详:《制约我国民族地区与周边国家开展区域经济合作的主要因素及对策》,《贵州民族研究》2007 年第 2 期。

21. 谷克鉴:《国际经济学对引力模型的开发与应用》,《世界经济》2001 年第 1 期。

22. 古惠冬:《北美自由贸易区的解析及其对区域经济合作的启示》,《改革与战略》2001 年第 6 期。

23. 郭晓合、胡忠平:《上海与东盟国家贸易实证分析》,《改革与战略》2005 年第 4 期。

24. 韩龙:《市场准入与国内规制在 WTO 法中应如何合理界分》,

《政法论坛》2006 年第 4 期。

25. 华玉洁（Gudrun Wacker）：《上海合作组织：地区安全与经济合作》，《世界经济与政治》2005 年第 1 期。

26. 贾建华、阚红：《国际贸易理论与实务》，首都经济贸易大学出版社 2002 年 6 月第 3 版。

27. 姜书竹、张旭昆：《东盟贸易效应的引力模型》，《数量经济技术经济研究》2003 年第 10 期。

28. 李钢、刘华芹：《上海合作组织——加速推进的区域经济合作》，中国海关出版社 2004 年版第 1 版。

29. 李婧：《多边贸易自由化与贸易保护主义》，《首都经济贸易大学学报》2001 年第 1 期。

30. 李猛：《对中国—东盟自由贸易区贸易效应的引力模型分析》，《贵州财经学院学报》2006 年第 4 期。

31. 李连仲：《墨西哥加入北美自由贸易区的利弊》，《宏观经济研究》2001 年第 7 期。

32. 李敏伦：《"颜色革命"后的上海合作组织成员国利益诉求分析》，《社会科学家》2006 年第 7 期。

33. 李灵稚：《中国与周边国家及地区经贸关系的态势研究》，《南京理工大学学报》2004 年第 12 期。

34. 李向阳：《全球化时代的区域经济合作》，《世界经济与政治》2002 年第 5 期。

35. 李向阳：《新区域主义与大国战略》，《国际经济评论》2003 年第 4 期。

36. 李向阳：《全球区域经济合作发展趋势及其对策》，《世界风云透视》2004 年第 7 期。

37. 李向阳：《东北亚区域经济合作的非传统收益》，《国际经济评论》2005 年第 5 期。

38. 李荣林：《中国—东盟自由贸易区与东亚区域经济一体化》，《当代亚太》2005 年第 8 期。

39. 梁双陆、程小军：《国际区域经济一体化理论综述》，《经济问题探索》2007 年第 1 期。

40. 林 玲、王 炎：《贸易引力模型对中国双边贸易的实证分析和政策含义》，《世界经济研究》2004 年第 7 期。

41. 林其屏：《开放型区域经济合作：一种新的世界经济合作模式》，《亚太经济》2004 年第 3 期。

42. 林长华：《全球经济一体化与两岸经济协作》，《厦门大学学报》2003 年第 3 期。

43. 柳剑平：《当代国际经济关系政治化问题研究》，人民出版社 2002 年 12 月版。

44. 刘光溪：《互补性竞争论——区域集团与多边贸易体制》，经济日报出版社 1996 年 9 月版。

45. 刘芝平、钟成：《撒哈拉以南非洲经济发展之我见》，《西华师范大学学报》2005 年第 1 期。

46. 刘青峰、姜书竹：《从贸易引力模型看中国双边贸易安排》，《浙江社会科学》2002 年第 6 期。

47. 刘兴华：《从地缘经济合作看今年来的东盟对外贸易》，《当代财经》2006 年第 1 期。

48. 刘玉贵、张雯：《全球区域经济一体化浪潮的特点及动因探析》，《特区经济》2006 年第 3 期。

49. 毛玉西：《俄白争端奏响全球"能源暗战"新时代来临的序曲》，新华网，2007 年 1 月 14 日。

50. 梅俊杰：《促进上海合作组织向区域经济合作体转型》，《社会科学》2004 年第 7 期。

51. 梅学惠、卢光盛：《地缘经济学及其对中国经济安全的启示》，《亚太纵横》2005 年第 1 期。

52. 彭星间等：《创新力与控制力统一——企业持续发展的新思维》，中国商务出版社 2007 年 9 月版。

53. ［英］彼得·罗布森：《国际一体化经济学》，戴炳然等译，上海译文出版社 2001 年版。

54. 庞效民：《国际性区域经济合作进展效果评价》，《地理科学进展》1998 年第 12 期。

55. 丘丹阳:《中国—东盟自由贸易区:中国和平崛起的地缘经济学思考》,《当代亚太》2005 年第 1 期。

56. 商务部欧洲司和国际贸易经济合作研究院联合课题组:《上海合作组织区域经济合作研究》,《俄罗斯中亚东欧研究》2004 年第 1 期。

57. 商务部研究院:《上海合作组织简况》,上海合作组织区域经济合作网,2003 年 9 月 23 日。

58. 盛斌、廖明中:《中国的贸易流量与出口潜力:引力模型的研究》,《世界经济》2004 年第 2 期。

59. 沈伟烈:《中国未来的地缘战略之思考》,《世界经济与政治》2001 年第 9 期,第 73 页。

60. 沈玉良:《多边贸易体制与我国经济制度变迁》,上海社会科学院出版社 2003 年版。

61. 石岚、毛志文:《东盟自由贸易区的产业内贸易发展研究》,《沿海企业与科技》2006 年第 4 期。

62. 尚德良:《南方共同市场的发展及其影响》,《国际资料信息》2000 年第 11 期。

63. 舒波:《北美自由贸易区成效分析及利益比较》,《世界经济研究》2004 年第 7 期。

64. 宋岩、侯铁珊:《区域贸易协定成员国社会福利效应的纳什均衡分析》,《财经问题研究》2006 年第 1 期。

65. 唐宝才:《对伊拉克战争后中国与中东经贸关系的思考》,《阿拉伯世界研究》2006 年第 3 期。

66. 外交部欧洲司:《上海合作组织成员国多边经贸合作纲要》,上海合作组织区域经济合作网,2003 年 9 月 23 日。

67. 王国顺、刘洋:《南方共同市场贸易创造和贸易转移效应分析》,《企业家天地》2005 年第 12 期。

68. 王萍:《南方共同市场的发展、作用及面临的挑战》,《拉丁美洲研究》1998 年第 1 期。

69. 王子昌：《东盟的文化特征意识》，《东南亚研究》2003 年第 3 期。

70. 王子昌：《东亚区域合作的动力与机制》，中国社会科学出版社 2004 年 10 月第 1 版。

71. 王宪磊：《经济全球化中区域经济合作的新发展》，《江西社会学院学报》2002 年第 9 期。

72. 王永无：《中亚＋中国经济一体化构想》，《财经界》2005 年 8 月 5 日。

73. 王玉敏：《如何深化中国与东盟贸易区域合作》，《商业时代》2006 年第 1 期。

74. 王瑛：《区域经济一体化发展的驱动机制分析》，《企业经济》2005 年第 4 期。

75. 王胜今、王凤玲：《东北亚区域经济合作新构想》，《东北亚论坛》2003 年第 1 期。

76. 温思美：《经济政策的有效性和商业周期的成因：一种新的理论与方法论视角》，《学术研究》2004 年第 11 期。

77. 吴郁秋：《中国—东盟自由贸易区建设的利益分析及其对策研究》，《北方经贸》2006 年第 1 期。

78. 武长海：《2006 年，如何应对贸易摩擦》，《中国对外贸易》2006 年第 2 期。

79. 席艳乐、王雪飞：《区域经济一体化的非传统收益：文献综述》，《当代经理人》2006 年第 9 期。

80. 肖德：《论世界贸易组织在国际经贸关系发展中的作用》，中国经济出版 2002 年版。

81. 肖德：《论美国在新一轮服务贸易谈判中的立场》，载《美国新经济周期与中美经贸关系》，武汉大学出版社 2004 年版。

82. 肖德、王玉华：《中小企业国际化战略分析》，《理论月刊》2004 年第 11 期。

83. 王玉华、肖德：《利用海外华人经济网络促进中国全方位区域经济的发展》，《国际论坛》2004 年第 5 期。

84. 肖德、吴燕：《中国软件业的国际竞争力分析——基于与印度软件业的比较》，《湖北大学学报》2006 年第 1 期。

85. 肖德、李坚：《中美贸易摩擦的成因与对策》，载《美国经济走势与中美经贸关系》，上海社会科学院出版社 2006 年 11 月版。

86. 肖德、杜丽莉：《我国经济发展面临的市场环境与参与区域经济合作的战略选择》，《红旗文稿》2007 年第 1 期。

87. 肖德、涂燕：《上海合作组织框架下中国的贸易效应分析》，载彭星闾主编《春华秋实》，中国商务出版社 2007 年版。

88. 肖欢容：《中国的大国责任与地区主义战略》，《世界经济与政治》2003 年第 1 期。

89. 肖洋、柳思思：《论上海合作组织的发展对中国与东北亚关系的影响》，《文史博览》2005 年第 20 期。

90. 谢建国：《激励相容、互惠贸易区规模与世界自由贸易》，《世界经济》2004 年第 7 期。

91. 许涛等：《上海合作组织——新安全观与新机制》，时事出版社 2002 年版。

92. 许涛：《中亚区域合作与上海合作组织》，《现代国家关系》2005 年第 11 期。

93. 薛真、彭升：《东亚区域合作对欧盟经验的借鉴与超越》，《社会科学战线》2006 年第 3 期。

94. 杨丹辉：《国际产业转移的动因与趋势》，《河北经贸大学学报》2006 年第 5 期。

95. 于培伟：《关于我国积极参加与区域经济合作的战略思考》，《经济研究参考》2005 年第 27 期。

96. 余盛兴、成坤、贾征：《2007 各国对华贸易救济综述："两反"并举 压力陡增》，《WTO 经济导刊》2008 年第 1~2 期。

97. 张陟遥：《上海合作组织区域经济合作路径选择研究》，《河南师范大学学报》2005 年第 3 期。

98. 张红霞、李平：《经济全球化、发展中国家与区域经济合作》，《山东理工大学学报》2004 年第 3 期。

99. 张杰、古斯达·克里斯坦森：《引力模型在国际贸易理论中的发展和应用——兼论欧共体与其他国家（地区）的贸易》，《国际贸易问题》1996 年第 1 期。

100. 张洁：《世界贸易组织保障措施评述——兼论中国保障措施立法的完善》，《当代法学》1999 年第 6 期。

101. 张骥、闫磊：《论欧洲一体化进程中文化因素的影响》，《当代世界社会主义问题》2004 年第 1 期。

102. 张燕：《西方区域经济理论综述》，《当代财经》2003 年第 12 期。

103. 张锡镇：《中国入世与中国—东盟自由贸易区》，新加坡《联合早报》2001 年 11 月 27 日。

104. 张蕴岭：《东亚合作的发展及其意义》，《亚太经济》2004 年第 5 期。

105. 张蕴岭：《亚太区域合作的发展》，世界知识出版社 2003 年版。

106. 张蕴岭：《世界区域化的发展与模式》，世界知识出版社 2004 年版。

107. 赵晋平：《从推进 FTA 起步——我国参与区域经济合作的新途径》，《国际贸易》2003 年第 6 期。

108. 赵晋平：《上海合作组织的经济一体化前景及其影响》，《中国经济时报》2005 年 9 月 15 日。

109. 周文贵：《北美自由贸易区：特点、运行机制、借鉴与启示》，《国际经贸探索》2004 年第 1 期。

110. 周泽红：《世界区域经济合作的新趋向与我国的战略选择》，《经济纵横》2004 年第 9 期。

111. 周延丽、王兵银：《推进上海合作组织发展——俄罗斯实施区域经济一体化的重要战略选择》，《俄罗斯中亚东欧研究》2006 年第 3 期。

112. 朱国镂：《论中国与南亚各国的长期建设性合作伙伴关系》，《西南民族法学学报》2005 年第 4 期。

113. 朱显平、李天籽:《东北亚区域能源合作研究》,《吉林大学社会科学学报》2006 年第 3 期。

114. Agata Antkiewicz, John Whalley: "China's New Regional Trade Agreements", http://www.nber.org/papers/w10992.

115. Amita Batra: "India's Global Trade Potential: the Gravity Model Approach ", www3.grips.ac.jp/~wpfau/econometrics/GravityModelIndia.pdf.

116. Andrew Wyatt-Walter: *Regional, Globalization and World Economic Order*, Regionalism in World Politics, Oxford University Press, 1995.

117. Andriamananjara S. & M. Schiff: "Regional Groupings among Microstates", World Bank, 1998.

118. Andrzej Cieslik, Michael Ryan: "Explaining Japanese Direct Investment Flows into an Enlarged Europe: A Comparison of Gravity and Economic Potential Approaches", *Economics*, 18(2004).

119. Anthony J. Venables: "International Trade; Regional Economic Integration", *Prepared for the "International encyclopedia of Social and Behavioral Sciences"*, Article 3.4.

120. Anthony J. Venables: "Winners and Losers from Regional Integration Agreements", *The Economic Journal*, Vol. 113, October 2003.

121. Balassa B: "The Theory & Economic Integration", Allen & Unwin, 1962.

122. Bruce A. Blonigen: "A Review of the Empirical Literature on FDI Determinants", www.uoregon.edu/~bruceb/FDISurvey2.pdf.

123. Brulhart, Marius and Johan Torstensson: "Regional Integration, Scale Economies and Industry Location", Discussion Paper No. 1435, Centre for Economic Policy Research, 1996.

124. Celine Carrere: "Revisiting the Effect of Regional Trade Agreements on Trade Flows with Proper Specification of the Gravity Model", *European Economic Review* 50, 2006.

125. Charles P. Kindleberger, Power and Money: *The Economics of International Politics and the Politics of International Economics*, New York: Basic Books, 1970.

126. Christopher Edmonds, SumnerJ. La Croix, and Yao Li: "China's Rise as an International Trading Power", www. EastWestCenter. org.

127. Claudia M. Bush, Robert M. Kok, Daniel Piazolo: "Foreign Direct Investment in Europe: Is there Redirection from the South to the East?", *Journal of Comparative Economics*, Vol. 31, 2003.

128. David Karemera, Wilbur I. Smith, Kalu Ojah and John A. Cole: "A Gravity Model Analysis of the Benefits of Economic Integration in the Pacific Rim", *Journal of Economic Integration*, Vol. 14, 1999.

129. Deardorff. A: "Determinants of Bilateral Trade: Does Gravity Work in a Neoclassical World, National Bureau of Economic Research", *Working Paper* No. 5377, 1995.

130. Dilip K. Das: *Regionalism in Global Trade*, Edward Alger Publishing Ltd. , 2004.

131. Dr Sanoussi Bilal North-South Agreements: "Integrating Developing Countries into the World Trading System?", *WTO Secretariat Seminar*, 14 November, 2003.

132. Fernandez R. & Portes J: "Return to Regionalism: An Analysis of Non-traditional Gains from Regional Trade Agreements", *The World Bank Economic Review*, Vol. 8, No. 2, 2001.

133. Fernandez, R. J. Portes: "Returns to Regionalism: An Analysis of Nontraditional Gains from Regional Trade Agreements", *the World Bank Economic Review*, Vol. 12, No. 2, 1998.

134. Francesca Di Mauro: "The Impact of Economic Integration on FDI and Exports: A Gravity Approach", *Centre for European Policy Studies Working Document* No. 156, http://www. ceps. be/files/subscription/ FullCatalogue. pdf.

135. Gilbert J. : "Assessing Regional Trading Agreements in the

Asia-Pacific Policy", *Issue in International Trade and Commodities Studies* No. 15, . UNCTD, 2001.

136. Isidro Soloaga, L. Alan Winters: "Regionalism in the Nineties: What Effect on Trade?", *North American Journal of Economics and Finance*, No. 12, 2001.

137. Jagdish Bhagwati and Arvind Panagariya: "The Theory of Preferential Trade Agreements: Historical Evolution and Current Trends", *The American Economic Review*, Vol. 86, No. 2, 1996.

138. Jaime de Melo, Arvind Panagariya and Dani Rodrik: "The New Regionalism: A Country Perspective", *International Trade*, www. cepr. org/pubs/dps/DP715. asp.

139. James E. Anderson, Eric van Wincoop: "Gravity with Gravitas: A Solution to the Border Puzzle", *NBER WORKING PAPER SERIES*, *Working Paper* 8079, 2003.

140. Jeffrey Frankel: "Regional Trading Blocs in the World Economic System", Washington D. C. .

141. Johnson, H. G. : "Optimum Tariffs and Retaliation", *Review of Economic Studies* 21, 1953.

142. Jonathan Eaton Samuel Kortum: "Technology and Bilateral Trade", *NBER WORKING PAPER SERIES*, *Working Paper* 6253, 1997.

143. Jongmoo Jay Choi , Bang Nam Jeon: "Financial Factors in Foreign Direct Investments: A Dynamic Analysis of International Data", *Research in International Business and Finance* , 2005.

144. Kennan, J. and Riezman, R. : "Do Big Countries Win Tariff Wars?", *International Economic Review* 29, 1988.

145. Kimberly A. Clausing: "Tax-motivated Transfer Pricing and US Intra-firm Trade Prices", 2002.

146. Kozo Kiyota: "An Analysis of the Potential Economic Effects of Bilateral, Regional, and Multilateral Free Trade", *RIETI Discussion Paper Series* 06-E-027, 2006.

147. Krugman. P.: "On the Number and Location of Cities", *European Economic Review*, No. 37, 1993.

148. Kydland F. & E. Prescott: "Rules rather than Discretion: The Inconsistency of Optimal Plans", *Journal of Political Economy*, No. 85, 1997.

149. Lardy, Nicholas R: *Integration China into the Global Economy*, Washington D. C.: Brookings Institution Press, 2002.

150. Laura Marquez-Ramos, Inmaculada Martinez-Zarzoso: "Does Heterogeneity Matter in The Context of The Gravity Model?", http://www. economicsbulletin. uiuc. edu.

151. Linda F. Y. Ng, Chyan Tuan: "Location Decision of Manufacturing FDI in China: Implication of China's WTO Accession", *Journal of Asian Economics*, No. 14, 2003.

152. Linnemann: "An Econometric Study of International Trade Flows", 1966.

153. Louise Fawcett: *Regionalism in World Politics: Regional Organization and International Order*, Oxford University Press, 1995.

154. Lucian Cernat: "Assessing Regional Trade Agreements: Are South-South RTAs more Trade Diversion?", www. eldis. org/static/DOC13097. htm.

155. Maurice Schiff and L. Alan Winters: "Dynamics and Politics in Regional Integration Arrangements: An Introduction", *The World Bank Economic Review*, No. 2, Vol. 12.

156. Maurice Schiff: "Multilateral Trade Liberalization, Political Disintegration, and the Choice of Free Trade Agreements versue Customs Unions", Development Research Department World Bank.

157. Matthias Lucke: "Comparative Advantage in International Trade for Central Asia", www. worldbank. org.

158. MATYASL: "Proper Econometric Specification of the Gravity Model", *The World Economy*, No. 3, Vol. 20, 1997.

159. McCallum, John: "National Borders Matter: Canada-U. S. Regional Trade Patterns", *American Economic Review*, Vol. 85, June, 1995.

160. M. Kabir Hassan: "Is SAARC a Viable Economic Block? Evidence from Gravity Model", *Journal of Asian Economics*, No. 12, 2001.

161. Michael Frenkel, Katja Funke, Georg Stadtmann: "A Panel Analysis of Bilateral FDI Flows to Emerging Economies", *Economic Systems*, No. 28, 2004.

162. Michael Hart: *A Matter of Synergy: The Role of Regional Agreement in the Multilateral Trading Order, Regionalism, Multilateralism, and the Politics of Global Trade*, University of British Columbia Press, 1999.

163. Mordechai E. Kreinin, Michael G. Plummer: "Effects of Economic Integration in Industrial Countries on ASEAN and the Asian NIEs", *World Development*, Vol. 20, September 9, 1992.

164. M. Schiff, Winters L. A: "Regional Integration as Diplomacy", *The World Bank Economic Review*, Vol. 12, 1998.

165. Matthieu Bussiere, Jarko Fidrmuc, Bernd Schnatz: "Trade Integration of Central and South Eastern European Countries: Lessons from a Gravity Model", http://www.ecb.in.

166. Maurice Schiff and L. Alan Winters: "Dynamics and Politics in Rational Integration Arrangements an Introduction", *the World Bank Economic Review*, Vol. 12, 1998.

167. Paul Bowles and Brian MacLean: "Understanding Trade Bloc Formation: The Case of the ASEAN Free Trade Area", *Review of International Political Economy*, 1996.

168. Perroni Carlo, John Whalley: "The New Regionalism: Trade Liberalization or Insurance?", *Canadian Journal of Economics*, Vol. 33, No. 1, 2000.

169. Pishayasinee Mulapruk, Ian Coxhead: "Competition and Complementarities in Chinese and ASEAN Manufacturing Industries", www. aae. wisc. edu.

170. Poyhonen: "A Tentative Model for the Volume of Trade between Countries", *Welt. Arch.* 90, 1963.

171. Preusse, H. G. : "Mercosur—Another Failed Move Toward Regional Integration? ", *World Economy* , No. 72001.

172. Randall L. Schweller, "Bandwagoning for Profit", in Michael E. Brown, Sean Lynn-Jones and Steven E. Miller, eds. : *The Perils of Anarchy: Contemporary Realism and International Security*, Cambridge, Mass: MIT Press.

173. R. E. Baldwin : "Towards an Integrated Europe", *Centre for Economic Policy Research (CEPR)*, London, 1994.

174. R. G. LIPSEY : "The Theory of Customs Unions: Trade Diversion and Welfare", *Economica*, Vol. 24, No. 93, 1957.

175. Richard N. Cooper: *The Economics of Interdependence: Economic Policy in the Atlantic Community*, McGraw Hill Press, 1968.

176. Riezman: "Customs Unions and the Core", *Journal of International Economics*, Vol. 19, Issues 3—4, 1985.

177. Robert Gilpin: *The Political Economy of International Relations*, Princeton University Press, 1987.

178. Richard E. Baldwin, Gianmarco I. P. Ottaviano: "Multiproduct Multinationals and Reciprocal FDI Dumping", *Journal of international Economics*, No. 54, 2001.

179. Richard H. Snape: *NAFTA, the Americas, AFTA and CER: Reinforcement or Competition for APEC*, Pacific Economic Paper No. 254.

180. Susan F. Stone, Bang Nam Jeon: "The Role of APEC and the Relationship between FDI and Trade in the Asia-Pacific Economies", *Journal of Economic Integration*.

181. Hans Singer, Neelamber Hatti, Rameshwar Tandon: *New World*

Order Series Vol. 22 *Regional Trading Arrangements*, B. R. Publishing Corporation, 2003.

182. Stefan A. Schirm: *Globalization and the New Regionalism: Global Markets, Domestic Politics and Regional Cooperation*, Polity Press in association with Blackwell Publishers, 2002.

183. Stephen M. Walt: *The Origins of Alliance, Ithaca*, N. Y.: Cornell University Press, 1987, p. 17.

184. Susan Strange: *States and Markets*, London and New York: Pinter Publishers, 1994.

185. Sucharita Ghosh, Steven Yamarik: "Are Regional Trading Arrangements Trade Creating? An Application of Extreme Bounds Analysis", *Journal of International Economics*, No. 63, 2004.

186. Tinbergen, J.: "Shaping the World Economy—Suggestions for an International Economic Policy", *The Twentieth Century Fund*, 1962.

187. Tohn. Whalley: *The Regionalization of the World Economy*, University of Chicago Press, 1998.

188. Vamvakidis, A.: "Regional Integration and Economic Growth." *The World Bank Ecomomic Review*, Vol. 12, No. 2, 1998.

189. Viner J: *The Customs Union Issue*, Lancaster Press, 1995.

190. Winters L. A, W. Chang: "Regional Integration and the Prices of Imports: An Empirical Investigation", *Journal of International Economics*, Vol. 51. Issue 2, 2000.

191. Wilfred J. Ethier: "The New Regionalism", *The Economic Journal*, No. 108, 1998.

192. Whalley J: "Why do Countries Seek Regional Trade Agreements?" NBER Working Paper, No. 5552.

193. Walid Hejazi, A. Edward Safarian: "Explaining Canada's Changing FDI Patterns", http://economics. ca/2003/papers/0092. pdf.

后　记

　　本研究是教育部人文社会科学研究基金规划项目最终成果，也是我在中南财经政法大学工商管理博士后流动站从事研究的出站报告，还得到湖北大学重点学科出版基金的资助。首先要特别感谢人民出版社经济编辑室郑海燕女士对本书出版所做的努力和付出的辛勤劳动。感谢诸多中外文参考文献的作者，正是他们的出色研究才使我在思考问题时有所进步，拙作才得以完成。

　　博士后合作导师彭星闾教授是我国著名管理学专家，先生严谨的治学态度、睿智和富于启发的教诲使我终生难忘，感谢彭星闾先生的悉心指导。感谢张新国教授、朱延福教授、陈继勇教授、张彬教授、李卓教授、刘海云教授、黄汉民教授、张相文教授的指导，感谢我的同事严学军教授、柳剑平教授、杨仕辉教授、田野教授、朱小梅教授、彭斯达副教授、陈汉林副教授的帮助和指导，还要感谢我的学生逯小莹、李坚、加媛媛、何凡、涂燕、杜丽莉、程丽、杜雪飞、何艾平、杨弘、胡劼旸和姜倩等承担了资料收集、部分初稿和校对工作。感谢中南财经政法大学博士后办公室丁莉莉老师，她的耐心让我感动。

　　最后衷心谢谢家人长期对我的支持和鼓励！

肖　德
2009 年 5 月

策划编辑:郑海燕
封面设计:回归线视觉传达

图书在版编目(CIP)数据

上海合作组织区域经济合作问题研究/肖德 著.
-北京:人民出版社,2009.6
ISBN 978 - 7 - 01 - 007953 - 0

Ⅰ.上… Ⅱ.肖… Ⅲ.上海合作组织-经济合作-研究 Ⅳ.D814.1
  F114.46

中国版本图书馆 CIP 数据核字(2009)第 082890 号

上海合作组织区域经济合作问题研究
SHANGHAI HEZUO ZUZHI QUYU JINGJI HEZUO WENTI YANJIU

肖 德 著

人民出版社 出版发行
(100706 北京朝阳门内大街 166 号)

北京集惠印刷有限责任公司印刷 新华书店经销

2009 年 6 月第 1 版 2009 年 6 月北京第 1 次印刷
开本:710 毫米×1000 毫米 1/16 印张:16.25
字数:230 千字 印数:0,001-3,000 册

ISBN 978-7-01-007953-0 定价:35.00 元

邮购地址 100706 北京朝阳门内大街 166 号
人民东方图书销售中心 电话 (010)65250042 65289539